Studienreihe Informatik

Herausgegeben von W. Brauer und G. Goos

Elfriede Fehr

Semantik von Programmiersprachen

Springer-Verlag
Berlin Heidelberg New York
London Paris Tokyo

Prof. Dr. Elfriede Fehr
Institut für Informatik, Freie Universität Berlin
Nestorstraße 8–9
1000 Berlin 31

ISBN-13:978-3-540-15163-0   e-ISBN-13:978-3-642-70271-6
DOI: 10.1007/978-3-642-70271-6

CIP-Titelaufnahme der Deutschen Bibliothek
Fehr, Elfriede:
Semantik von Programmiersprachen / Elfriede Fehr. – Berlin ; Heidelberg ; New York ;
London ; Paris ; Tokyo : Springer, 1989
(Studienreihe Informatik)
ISBN-13:978-3-540-15163-0

Vorwort

Dieses Buch entstand als Ausarbeitung des Manuskriptes einer gleichnamigen, vierstündigen Vorlesung, die ich im Sommersemester 1981 an der TH Aachen und in den Wintersemestern 1981/82 sowie 1982/83 an der Universität Bonn gehalten habe. Es sollten die in der theoretischen Informatik bekannten Methoden der Formalisierung der Semantik von Programmiersprachen behandelt werden, wobei der Standardsemantik ein besonderes Gewicht eingeräumt wurde. In der Fachliteratur existieren voneinander unabhängige Darstellungen der zugrundeliegenden mathematischen Theorie, der technischen Methoden und der Anwendungen. Es gibt nur wenige Arbeiten, in denen verschiedene Methoden der Definition der Semantik von Programmiersprachen zusammengestellt und verglichen werden, etwa von Riedewald et al., Donahue, Hoare und Lauer, Pagan oder den Übersichtsartikel von Marcotty et al. Ziel dieses Buches ist es, einerseits in das gesamte Gebiet der formalen Semantik von Programmiersprachen einheitlich und systematisch einzuführen und andererseits die Standardsemantik mit ihrem mathematischen Hintergrund umfassend zu behandeln.

Als besonders geeignete Quelle für die Behandlung der Standardsemantik hat sich das bekannte Buch von Gordon erwiesen, das vor allem in Kapitel 4 eingegangen ist. Neben den im Literaturverzeichnis angegebenen Schriften habe ich insbesondere zur Stoffauswahl auch Vorlesungsmanuskripte von Klaus Indermark, Robin Milner und Christopher Wadsworth verwendet, die sie mir freundlicherweise zur Verfügung stellten.

Mein Dank geht an die Hörer der Vorlesungen, die mich durch ihr Interesse zum Schreiben dieses Buches ermuntert haben. Die drei Tutoren Thomas Boehmsdorff, Johann Tamme und Sigrid Warhaut haben durch viele kritische Bemerkungen das Manuskript mitgestaltet. Besonderer Dank für wertvolle Anmerkungen gebührt den Herausgebern Wilfried Brauer und Gerhard Goos sowie dem anonymen Gutachter des Springer-Verlags. Für gründliches Korrekturlesen danke ich Eva Pless, Sigrid Warhaut und Anne Fehr.

Die äußere Form des Manuskriptes ist mit Hilfe des von Knuth entwickelten Textsytems TeX und der darauf aufbauenden Weiterentwicklung LaTeX von Lamport entstanden.

Bonn, im November 1988   Elfriede Fehr

Inhaltsverzeichnis

Einleitung

Programmiersprachen sind künstliche Sprachen, die der Kommunikation zwischen Mensch und Maschine dienen.
Beim Studium von Sprachen unterscheidet man allgemein drei Aspekte: Syntax, Semantik und Pragmatik.

- Die *Syntax* beschreibt die lexikalische und die grammatikalische Struktur einer Sprache unabhängig von ihrer Interpretation.
  Die meisten syntaktischen Aspekte einer Programmiersprache werden durch kontextfreie Grammatiken spezifiziert.
  Gebräuchliche Techniken dafür sind die Backus-Naur-Form (BNF) [8] oder die Syntaxdiagramme nach Wirth [140].
  Programmiersprachen sind jedoch im allgemeinen nicht kontextfrei. Die syntaktische Korrektheit von Programmen hängt auch davon ab, ob die auftretenden Bezeichner konsistent mit ihren gegebenen Deklarationen benutzt werden. Die Formalisierung des kontextabhängigen Teils einer Programmiersprache ist zwar mittels kontextsensitiver Grammatiken möglich, wird aber meist nicht für erforderlich erachtet, zumal dafür ein recht aufwendiger Formalismus nötig wäre. So findet man in Sprachbeschreibungen etwa im Anschluß an die BNF-Regeln einige nicht formal spezifizierte Kontextbedingungen der Art: „Jede Variable muß vor ihrem ersten Auftreten deklariert sein", oder „Keine Variable darf in einem Block mehrfach deklariert werden".
  Neben den Regeln zum Aufbau syntaktisch korrekter Programme sind auch Algorithmen zur Analyse erforderlich, die ein gegebenes Programm daraufhin prüfen, ob es den Syntaxregeln genügt, und die seine Zerlegung in Komponenten angeben.
  Abstrahiert man von der konkreten Darstellung eines Programms und betrachtet nur den Aufbau aus seinen Komponenten, dann spricht man auch von der *abstrakten Syntax* dieses Programms.
  Zu Programmiersprachen existieren die gewünschten Analysealgorithmen (siehe z.B. Aho und Ullman [1]), die von der '*string*'-Repräsentation eines Programms den dazugehörigen *Syntaxbaum* erzeugen. Daher kann man bei der Untersuchung der anderen Sprachaspekte davon ausgehen, daß ein Programm in seiner abstrakten Syntax vorliegt. Dies ermöglicht insbesondere

ein direktes Ansprechen der unmittelbaren Programmkomponenten.

Die Kontextbedingungen werden im Rahmen des Übersetzerbaus meist bereits zur Semantik gezählt, da ihre Überprüfung in der Phase der Analyse der statischen Semantik erfolgt (siehe z.B. Zima [141]), im eigentlichen Sinne des Syntaxbegriffes gehören sie jedoch zur Syntax.

- Die *Semantik* beschreibt die Interpretation, d.h. den Bedeutungsgehalt einer Sprache.

  So können Sätze aus verschiedenen Sprachen die gleiche Semantik haben, z.B. der englische Satz: „I go to school" und der deutsche Satz: „Ich gehe zur Schule". In natürlichen Sprachen kann aber auch ein Satz mehrere voneinander verschiedene Interpretationen haben. Betrachtet man den Satz: „Man hat drei Buchstaben", so ergeben sich mindestens zwei unterschiedliche Interpretationen:

  1. Die Semantik von „man" ist eine Referenz auf das syntaktische Wort „man", etwa als Lösung der Aufgabe: „Nenne ein Wort mit drei Buchstaben".

  2. Die Semantik von „man" ist eine Person in einem allgemeinen Sinne, etwa in einem Buchstabenspiel, bei dem an einem gewissen Spielstand jeder Spieler drei Buchstaben hat.

Dieses Beispiel zeigt, daß die Semantik von deutschen Sätzen nicht eindeutig ist und daß die Bedeutung von Wörtern und Sätzen nur im Kontext zu erklären ist.

Seit den frühen sechziger Jahren, als erste Arbeiten über Semantik von Programmiersprachen entstanden, besteht Einigkeit darüber, daß die Bedeutung eines Programms durch seine Wirkung auf den Zustandsraum einer Maschine beschrieben werden kann. McCarthy schreibt: „The meaning of a program is defined by its effect on the state vector" [84]. Unterschiede gibt es in der Art, wie diese Wirkung formal definiert wird.

Der Wunsch nach einer eindeutigen, präzisen Semantikspezifikation bei Programmiersprachen besteht aus folgenden Gründen:

1. Programme höherer Programmiersprachen müssen erst in Maschinensprache übersetzt werden, bevor sie ausgeführt werden können. Zur *Konstruktion eines geeigneten Übersetzers* (Compilers) benötigt man genaue Kenntnis der Semantik, um die Portabilität von Programmen zu gewährleisten.

2. Bei Vorliegen einer formalen, standardisierten Semantikspezifikation ist eine *automatische Übersetzererzeugung* möglich. Auf Ansätze in dieser Richtung wird in Kapitel 6 genauer eingegangen.

3. Ein Programmierer braucht eine möglichst genaue Kenntnis der Semantik der verwendeten Sprache, um *Sicherheit beim Entwurf von Programmen* zu gewinnen.

4. Bei standardisierten Problem- und Semantikspezifikationen gibt es Ansätze, die eine *automatische bzw. rechnerunterstützte Programmentwicklung* zum Ziele haben.

5. *Zur Formulierung und zum Beweisen von Programmeigenschaften* wie Korrektheit, Terminierung und Äquivalenz ist ein formaler Rahmen erforderlich.

- Die *Pragmatik* behandelt den Gebrauch einer Sprache sowie alle Aspekte, die die Beziehung der Sprache zu ihren Benutzern und ihren Empfängern betreffen. Dazu gehören sowohl eine intuitive Begriffsbildung als auch eine einfache Übersetzbarkeit in die jeweiligen Maschinensprachen.
  Z.B. wird die Wahl der konkreten Syntax vorwiegend nach pragmatischen Aspekten getroffen. Landin hat den Begriff „*syntactic sugar*" zur Bezeichnung von Spracherweiterungen geprägt, die sich semantisch auf bereits vorhandene Konstrukte zurückführen lassen, aber besser lesbar oder einfacher zu handhaben sind als ihre äquivalenten Umschreibungen [67].
  Typische pragmatische Fragestellungen sind auch Fragen nach dem Zweck und der Wirkung eines Satzes bzw. Programmes.
  Im Rahmen einer Sprachbeschreibung gehört etwa folgender Satz zur Pragmatik: „Eine Anweisung der Form $I := E$ empfiehlt sich, wenn der Wert des Ausdruckes E im weiteren Programm mehrfach verwendet werden soll".
  Die Pragmatik von Programmiersprachen wurde bisher nicht formalisiert, jedoch wären einheitliche Ansätze zur formalen Beschreibung pragmatischer Aspekte sicher wünschenswert.

Dieses Buch beschäftigt sich mit verschiedenen Methoden der formalen Semantikspezifikation höherer Programmiersprachen. Während die syntaktischen Aspekte bereits zufriedenstellend formalisiert sind und weitgehend einheitlich in der Literatur behandelt werden, gibt es bei der Semantikspezifikation ein breites Spektrum unterschiedlicher Ansätze, die sich grob als operationell, denotationell und axiomatisch klassifizieren lassen. Diese Ansätze sollen hier kurz vorgestellt und im nächsten Kapitel exemplarisch behandelt werden.

1. Die *operationelle Methode* beschreibt die Wirkung von Programmen als schrittweise Zustandsänderung einer abstrakten oder konkreten Maschine. In einem engen Sinne ist jeder Übersetzer (Compiler) oder Interpretierer eine operationelle Semantikspezifikation, insofern implizit folgende Vereinbarung getroffen wird: die Bedeutung eines Programms ist der Effekt, den eine schrittweise Abarbeitung des übersetzten Programms auf den Anfangszustand der Maschine hat. Dabei gehen jedoch viele spezielle, maschinenabhängige Details in die Semantikspezifikation mit ein, die die abstrakte Struktur der Bedeutungsinhalte verwischen. Daher verwendet man bei der operationellen Methode meist abstrakte Maschinen mit wenigen, übersichtlichen Komponenten, die dann von konkreten Maschinen simuliert werden können.

Im Extremfall bildet die Programm-Daten-Kombination selbst den Anfangszustand, der durch systematische syntaktische Transformationen, die nach
bestimmten Regeln angewendet werden, in eine Darstellung des Ergebnisses
überführt wird. In einem solchen Falle spricht man auch von *Reduktionssemantik*. Eine Spezifikation im Stile der Reduktionssemantik findet vor allem
bei funktionalen Sprachen Verwendung. Darauf soll in Kapitel 5 näher eingegangen werden.
Die grundlegende Arbeit auf dem Gebiet der operationellen Semantik wurde
von Landin geleistet. Er beschrieb 1964, wie die wesentlichen Sprachkonstrukte höherer Programmiersprachen auf natürliche Weise in die λ-Notation
von Church übertragen und dann auf einer geeigneten Kellermaschine ausgewertet werden können [67]. Als Beispiel einer Anwendung dieser Ideen sei
auf das Buch von Bauer und Wössner [12] hingewiesen, in dem in Abschnitt
1.7 die operationelle Semantik rekursiver Programme, basierend auf einer
Kellermaschine, erklärt wird.
Eine Weiterentwicklung der operationellen Semantik, insbesondere zur Behandlung von Sprachen mit Prozedurkonzept, findet sich in den Arbeiten
von Langmaack [69] und [70], in denen die *Kopierregelsemantik* begründet
wird.
Wenn die Semantik einer Programmiersprache im Hinblick auf eine korrekte
Implementierung formalisiert werden soll, so ist sicher die operationelle Methode am besten geeignet. Hingegen ist das Beweisen von Programmeigenschaften bei operationell definierten Sprachen meist recht mühsam. In der
Regel lassen sich kaum die mathematischen Eigenschaften der durch ein Programm definierten Ein-/Ausgabefunktion verwenden, sondern das Verhalten
der zugrunde liegenden Maschine muß in Induktionen über die Zustandsfolge
simuliert werden. Beispiele solcher Beweise findet man bei Wegner [133], [134]
und [135], bei McGowan [88] und [89] sowie bei Burstall [21].
Die operationelle Methode wurde bei einigen für die Praxis relevanten Programmiersprachen verwendet. Die beiden wichtigsten Beispiele sind vielleicht
die Semantikspezifikationen von ALGOL 60 durch Landin 1966 [68] sowie
von PL/I durch Lucas und Walk 1970 [78].
Eine formale Beschreibung der operationellen Semantik einer Programmiersprache enthält das Buch von Greibach [41]. Eine allgemeine Methode zur
Beschreibung von operationeller Semantik ist die im Wiener IBM-Laborato-
rium entwickelte Metasprache VDL (*Vienna Definition Language*). In dieser
Sprache lassen sich die Strukturen sowohl der abstrakten Syntax als auch der
abstrakten Maschinen als markierte Bäume definieren. Die Sprache verfügt
ferner über elegante Methoden, geeignete Funktionen zur Manipulation solcher Bäume aufzuschreiben. Eine übersichtliche Beschreibung von VDL findet man bei Wegner [136].

2. Die *denotationelle Methode* abstrahiert von der schrittweisen Zustandsänderung einer Maschine und ordnet in statischer Weise jedem Programm die
   entsprechende Ein-/Ausgabefunktion als Semantik zu. Dies geschieht induk-

tiv über den Aufbau des Programms, indem jeder Programmkomponente ein geeignetes mathematisches Objekt als Wert zugeordnet wird. Diese Objekte sind im allgemeinen diskrete Objekte, stetige Funktionen oder Funktionale höherer Ordnung, aus denen dann die Semantik des Programms aufgebaut wird. Der entscheidende Gedanke dabei ist, daß Programmschleifen auf der Ebene der Semantikfunktionen durch Fixpunktbildung modelliert werden können; daher spricht man auch von *Fixpunktsemantik.*

Die Grundidee der denotationellen Semantik, nämlich die Bedeutung der elementaren syntaktischen Einheiten direkt in einer allgemein verständlichen Sprache anzugeben und die Bedeutung der zusammengesetzten Einheiten induktiv unter Verwendung der Bedeutung ihrer unmittelbaren Komponenten zu erklären, kann bereits auf Frege [35], Carnap [24] und Tarski [117] zurückgeführt werden. Die ersten Ansätze zur denotationellen Semantik von Programmiersprachen stammen von McCarthy. Er entwickelt eine Methode, die es ermöglicht, einfache Flußdiagramme in rekursive Gleichungssysteme über Zustandsvektoren zu übersetzen [84].

Die wohl wichtigste Grundlage für die heute üblichen denotationellen Spezifikationen wurde von Strachey entwickelt [114]. Allerdings war zunächst nicht klar, ob es mathematische Modelle gäbe, in denen Lösungen der dort verwendeten rekursiven Gleichungen gefunden werden könnten.

Schließlich gelang es Scott 1969, eine geeignete Modellklasse, nämlich bestimmte stetige vollständige Verbände, zu konstruieren ([107] und [108]). Später wurden anstelle von stetigen Verbänden als semantische Bereiche meist kettenvollständige Halbordnungen, *cpo's (complete partial order)*, gewählt, bei denen die Konstruktionen von Scott ebenfalls möglich sind.

Eine umfassende Darstellung der denotationellen Semantikspezifikation auf der Grundlage des Ansatzes von Scott und Strachey findet man in dem Buch von Stoy [113]. Eine weitere ausführliche Darstellung dieser Theorie enthalten die Bücher von Milne und Strachey [90], die besonders als Nachschlagewerk zu empfehlen sind. Eine kurze Einführung in das Gebiet der denotationellen Semantik bietet die Arbeit von Tennent [118]. Für den Praktiker erscheint das Buch von Gordon [39] gut geeignet, in dem die wichtigsten Techniken der denotationellen Methode vorgestellt werden, jedoch ohne den mathematischen Hintergrund zu erläutern.

Die denotationelle Methode der Formalisierung der Semantik einer Programmiersprache eignet sich besonders gut dazu, die Bedeutungen möglichst abstrakt, kurz, übersichtlich und vollständig anzugeben. Daher gewinnt man wegen der guten Lesbarkeit ein hohes Maß an Sicherheit beim Programmentwurf. Darüber hinaus existieren bei der denotationellen Semantikspezifikation mathematische Methoden zum Beweisen von Programmeigenschaften. Die wichtigsten davon sind die *Berechnungsinduktion* (siehe Manna [80] und Manna et al. [81]), die *strukturelle Induktion* (siehe Burstall [20] und Aubin [5]), die *Rekursionsinduktion* (siehe McCarthy [84]) und die *Fixpunktinduktion* (siehe Park [100]).

Eine ausführliche Diskussion dieser Beweismethoden einschließlich vergleichender Betrachtungen findet man in dem Buch von Manna [80], in den

Arbeiten Manna et al. [81] und Milner [91] sowie in dem Buch von Loeckx und Sieber [76].

Ein wichtiger Anwendungsbereich der denotationellen Semantik ist der Compilerbau. Es existieren mehrere Ansätze, aus einer standardisierten denotationellen Semantikspezifikation automatisch Übersetzer zu erzeugen. Einige davon werden in Kapitel 6 vorgestellt.

Als typisches Beispiel für die denotationelle Semantikspezifikation einer bekannten Programmiersprache, nämlich PASCAL, sei die Arbeit von Tennent [119] genannt.

Eine Variante der denotationellen Methode ist VDM (*Vienna Development Method*), die von Bjørner und Jones beschrieben wird [16]. Mit Hilfe von VDM spezifizieren sie die Semantik der Sprache Ada [17].

Ebenfalls eng verwandt mit der denotationellen Semantik ist die *algebraische Semantik*. Hier wird die Tatsache ausgenutzt, daß die abstrakte Syntax eine freie Algebra $\underset{\sim}{S}$ mit den syntaktischen Konstruktoren als Operationen ist. Nun lassen sich die semantischen Bereiche ebenfalls als Algebren mit der gleichen Operatormenge auffassen. Da es zu jeder solchen semantischen Algebra $\underset{\sim}{A}$ einen eindeutigen Homomorphismus $h_{\underset{\sim}{A}}$ von $\underset{\sim}{S}$ nach $\underset{\sim}{A}$ gibt, läßt sich die Semantik eines Programms P auf kanonische Weise als den Wert von $h_{\underset{\sim}{A}}$, angewendet auf P, in $\underset{\sim}{A}$ definieren.

Eine Einführung in die algebraischen Techniken findet man in dem Buch von Arbib und Manes [4], in Guessarian [42] oder bei Goguen et al. [38].

3. Die *axiomatische Methode* abstrahiert noch einen Schritt weiter. Hier werden keine konkreten Zustände transformiert, sondern nur noch logische Aussagen über Zustände.

Die Wirkung eines Programms P wird durch eine möglichst schwache Vorbedingung (*weakest precondition*), gegeben durch eine logische Formel Q, und eine möglichst starke Nachbedingung, gegeben durch eine weitere Formel R, charakterisiert. Man notiert diesen Zusammenhang in der Klausel

$$\{Q\}P\{R\}$$

und liest:

Wenn die Bedingung Q für einen Anfangszustand erfüllt ist, dann gilt nach Ausführung von P die Bedingung R für den Endzustand.

Die Vorgehensweise der axiomatischen Semantikspezifikation einer Programmiersprache ist nun wie folgt: Jedem atomaren Bestandteil einer Sprache wird ein Axiom, eine elementare Relation zwischen Vor- und Nachbedingungen, zugeordnet. Jedem zusammengesetzten Programmteil wird eine Ableitungsregel zugeordnet, mit deren Hilfe sich aus den Vor- und Nachbedingungen seiner Komponenten die Vor- und Nachbedingung dieses Programmteils gewinnen läßt.

Der erste Ansatz in diese Richtung ist die Arbeit von Floyd [34], bei dem jedoch die Bedingungen den Kanten des jeweiligen Flußdiagramms zugeordnet werden. Die entscheidende Entwicklung leistete Hoare 1969, indem er die Relationen zwischen Vor- und Nachbedingungen direkt auf den Programmtext zurückführte [48]. Nach ihm heißt die axiomatische Methode auch *Hoare-Semantik* und der entsprechende Kalkül *Hoare-Kalkül*.

Als Beweismethoden stehen alle prädikatenlogischen Beweisverfahren zur Verfügung. Spezielle Techniken gibt es zur Aufstellung von Schleifeninvarianten. Das Buch von Dijkstra [31] enthält zahlreiche Beispiele für eine systematische Entwicklung korrekter Programme unter Verwendung der axiomatischen Semantik. Von Dijkstra stammt auch der Begriff der „weakest precondition".

Das Buch von Loeckx und Sieber [76] enthält eine gute Einführung in die mathematischen Methoden der Programmverifikation unter Verwendung der axiomatischen Semantik.

Allgemein läßt sich sagen, daß die axiomatische Methode für Verifikationssysteme am leichtesten zugänglich ist, jedoch eine direkte Compilererzeugung nicht erlaubt. In der Regel ist die Formalisierung der Semantik einer Programmiersprache nicht vollständig in dem Sinne, daß jedes korrekte Tripel der Form $\{Q\}S\{R\}$ auch in dem Hoare-Kalkül hergeleitet werden kann.

Zu einigen höheren Programmiersprachen existieren axiomatische Semantikspezifikationen, so bei Donahue [32] sowie bei Hoare und Wirth [52] zu PASCAL und bei London et al. [77] zu EUCLID.

Einen genauen Überblick über den aktuellen Stand dieser Theorie findet man in der Arbeit von Apt [3]. Eine ausführliche Darstellung der axiomatischen Spezifikation gängiger Programmformen bietet das Buch von de Bakker [10].

Neben den oben erwähnten Methoden der formalen Semantikspezifikation gibt es noch einige Ansätze, sowohl die Syntax als auch die Semantik einer Programmiersprache mit *einem* Formalismus zu spezifizieren. Solche Ansätze können als Vorstufe zu einer formalen Semantik oder als Brücke zwischen Syntax und Semantik betrachtet werden. Sie sind zwar im Rahmen des Übersetzerbaus als eindeutige Sprachbeschreibung und als Konstruktionshilfe einsetzbar, eignen sich aber weniger als Hilfe beim Programmentwurf und bei der Programmverifikation, daher sollen sie in diesem Buch nicht weiter behandelt werden. An dieser Stelle seien jedoch eine kurze Charakterisierung und einige bibliographische Hinweise gegeben.

Die bekannteste Methode dieser Art sind die *attributierten Grammatiken* nach Knuth [64], die auf der Arbeit von Irons [54] aufbauen. Ausgangspunkt dieses Ansatzes ist die Zuordnung von sogenannten *Attributen* zu den syntaktischen Einheiten einer kontextfreien Grammatik. Die Werte dieser Attribute werden durch Angabe von *semantischen Funktionen* zu jeder Syntaxregel bestimmt.

Zur Einführung in das Konzept attributierter Grammatiken eignen sich neben Knuth [64] auch Marcotty et al. [82], Lewis et al. [74], Räihä [103] und Pagan [99]. Beispiele für die Beschreibung der Semantik bekannter Programmiersprachen findet man u.a. bei Wilner [139] für SIMULA 67, bei Watt [131] für PASCAL und bei Uhl et al. [127] für Ada.

Attributierte Grammatiken haben ihre Hauptbedeutung als Hilfsmittel zur Beschreibung der semantischen Analyse und als Formalismus zur Beschreibung der

Standardisierung und Optimierung von Compilern (siehe z.B. Neel und Amirchahy [98], Babich und Jazayeri [7], Wilhelm [137], Waite und Goos [129] sowie Zima
[141]).

Eine weitere Methode, die Syntax *und* die Semantik einer Programmiersprache
mit *einem* Formalismus zu beschreiben, sind die *W-Grammatiken* oder *Zweistu-
fengrammatiken* nach van Wijngaarden [138]. Eine W-Grammatik besteht aus zwei
Regelmengen, den Metaproduktionen und den Hyperregeln. Dabei sind die Hyperregeln kontextfrei mit parameterisierten, nichtterminalen Symbolen. Die Metare-
geln sind ebenfalls kontextfrei und beschreiben die Wertebereiche dieser Parameter. Die Semantik wird nun implizit dadurch spezifiziert, daß genau alle zulässigen
Kombinationen der Form (*Programm* , *Eingabe* , *Ausgabe*) syntaktisch mit einer
W-Grammatik spezifiziert werden.

Van Wijngaarden et al. führen den Begriff der W-Grammatik ein und verwenden
ihn zur Definition der Sprache ALGOL 68 (siehe [138] und auch die deutsche Übersetzung, Kerner [59]). Das Buch von Cleaveland und Uzgalis [26] sowie die Arbeit
von Hesse [46] erklären anhand von zahlreichen Beispielen die Definition und die
Anwendung von W-Grammatiken.

Ferner seien noch die von Ledgard entwickelten *Produktionssysteme* erwähnt ([72]
und [73]). Ein Produktionssystem besteht wiederum aus zwei Grammatiken, wobei die erste die Syntax inklusive der Kontextabhängigkeiten spezifiziert und die
zweite eine Abbildung definiert von der Menge der syntaktisch korrekten Programme in eine Zielsprache, deren Semantik als bekannt vorausgesetzt wird. Als
Zielsprache kann sowohl direkt eine Maschinensprache gewählt werden als auch
eine abstraktere Metasprache. Marcotty et al. spezifiziert in [82] eine Beispielsprache unter Verwendung von Produktionssytemen, wobei die Zielsprache auf der
axiomatischen Semantik nach Hoare [48] basiert.

Schließlich sei noch auf die *Affixgrammatiken* von Koster [66] hingewiesen, die
eng mit W-Grammatiken und Produktionssystemen verwandt sind. Crowe [28]
und Watt [132] diskutieren die Anwendung von Affixgrammatiken im Rahmen des
Compilerbaus.

Alle bisher angesprochenen Methoden eignen sich zur Formalisierung der Semantik
sequentieller Programmiersprachen. Zur Behandlung von Parallelität (nebenläufige
Programmausführung) entwickelt Milner [92] ein mathematisches Modell, CCS.
Hoare stellt in [50] die nicht sequentielle Sprache CSP vor und formalisiert die
Semantik nebenläufiger Programme. Weitere Ansätze zur Formalisierung von Parallelität gibt es im Rahmen der Theorie der Petri-Netze (siehe Brauer et al. [18]
und Reisig [105]).

Kapitel 2

Verschiedene Methoden der formalen Semantikspezifikation

In diesem Kapitel wird eine kleine imperative Beispielsprache, WHILE, vorgestellt. Die einzige elementare Anweisungsform der Sprache WHILE ist die Zuweisung eines Wertes an eine Variable (*assignment*). Die komplexen Anweisungen lassen sich mittels Komposition (*sequencing*), Verzweigung (*conditional*) und **while** - Schleifen aufbauen.

Obwohl diese Sprache im Sinne der Berechenbarkeit arithmetischer Funktionen bereits universell ist, eignet sie sich nicht zum eleganten Programmieren, da wesentliche Strukturierungsmöglichkeiten wie komplexe Datenstrukturen, Blockstruktur und Prozedurkonzept fehlen. Der Sprachumfang ist jedoch ausreichend, um die Techniken der verschiedenen Semantikspezifikationsmethoden auf einer halbformalen Ebene kennenzulernen.

Nach der Spezifikation der formalen Syntax unserer Beispielsprache WHILE im nächsten Abschnitt soll die Semantik dieser Sprache zunächst informell in einem Stil, wie er in Handbüchern gängiger Programmiersprachen üblich ist, angegeben werden. Anschließend wird je eine formale Semantikspezifikation nach den Methoden operationell, denotationell und axiomatisch vorgestellt. Dabei sollen auch ihre Verwendungsmöglichkeiten und die Frage nach ihrer Äquivalenz zueinander diskutiert werden.

Die formale Semantik einer umfassenderen Sprache wird unter Verwendung der denotationellen Methode in Kapitel 4 ausführlich behandelt.

2.1   Die Beispielsprache WHILE

Die Sprache WHILE ist mit einer Ausnahme eine echte Teilsprache der Programmiersprache PASCAL (siehe Jensen und Wirth [55]). Die Ausnahme besteht darin, daß in der Sprache WHILE bereits syntaktisch zwischen *arithmetischen* und *booleschen Ausdrücken* unterschieden wird, während diese Unterscheidung bei PASCAL erst in der Semantik vorgenommen wird.

Zur Erzeugung syntaktisch korrekter WHILE-Programme dient eine kontextfreie Grammatik in BNF-ähnlicher Notation. Dabei werden alle aus dieser Grammatik erzeugbaren Phrasen in zehn syntaktische Bereiche unterteilt:

1. Die Menge $ZAHL$ der Namen für ganze Zahlen, erzeugt aus dem Nichtterminal Z

2. die Menge $BOOL$ der Namen für Wahrheitswerte, erzeugt aus dem Nichtterminal W

3. die Menge KON der Namen für Konstanten, erzeugt aus dem Nichtterminal K

4. die Menge ID (identifiers) der Variablen, erzeugt aus dem Nichtterminal I

5. die Menge OP der Symbole für zweistellige arithmetische Operationen, erzeugt aus dem Nichtterminal $\underline{OP}$

6. die Menge BOP der Symbole für zweistellige boolesche Operationen, erzeugt aus dem Nichtterminal $\underline{BOP}$

7. die Menge $TERM$ der Terme (arithmetische Ausdrücke), erzeugt aus dem Nichtterminal T

8. die Menge BT der booleschen Ausdrücke, erzeugt aus dem Nichtterminal B

9. die Menge COM (commands) der Anweisungen, erzeugt aus dem Nichtterminal C

10. die Menge $PROG$ der Programme, erzeugt aus dem Nichtterminal P .

Die Nichtterminalsymbole dienen mit und ohne Indizes auch als Metavariablen über den entsprechenden Bereichen.

Definition 2.1 (Syntax der Sprache WHILE)

(i) Elementare Einheiten

$$Z \quad ::= \quad \underline{0} \mid \underline{1} \mid \underline{2} \mid \cdots \mid \underline{-1} \mid \underline{-2} \mid \cdots$$

$$W \quad ::= \quad \textbf{true} \mid \textbf{false}$$

$$K \quad ::= \quad Z \mid W$$

$$I \quad ::= \quad a \mid b \mid c \mid \cdots \mid x \mid a_1 \mid a_2 \mid \cdots \mid x_1 \mid x_2 \mid \cdots$$

$$\underline{OP} \quad ::= \quad + \mid - \mid * \mid \div \mid \underline{\mathrm{mod}}$$

$$\underline{BOP} \quad ::= \quad = \mid < \mid > \mid \leq \mid \geq \mid \neq$$

(ii) Induktiv aufgebaute Einheiten

$$T \quad ::= \quad Z \mid I \mid T_1 \; \underline{OP} \; T_2 \mid \textbf{read}$$

$$B \quad ::= \quad W \mid \textbf{not} \; B \mid T_1 \; \underline{BOP} \; T_2 \mid \textbf{read}$$

$$C \quad ::= \quad \textbf{skip} \mid I := T \mid C_1; C_2 \mid \textbf{if } B \textbf{ then } C_1 \textbf{ else } C_2 \mid \textbf{while } B \textbf{ do } C \mid$$

$$\textbf{output } T \mid \textbf{output } B$$

$$P \quad ::= \quad C$$

$\blacksquare$

An dieser Stelle beobachtet man, daß die Sprache WHILE nicht eindeutig ist. Z.B. läßt sich eine Anweisung der Form

$$\textbf{while } B \textbf{ do } C_1; C_2$$

auf zwei verschiedene Weisen erzeugen:

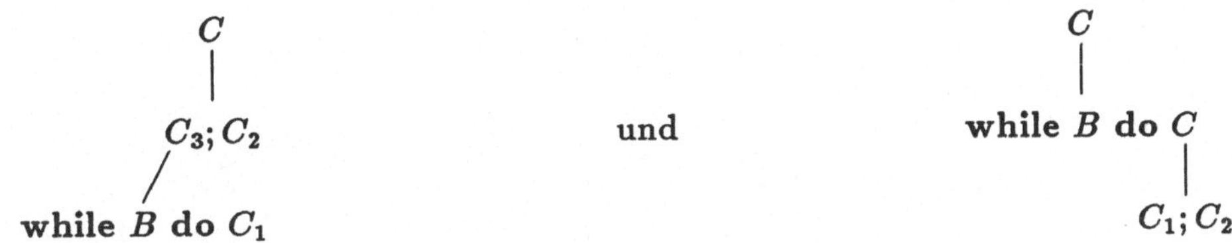

Auch in der Sprache PASCAL existieren diese syntaktischen Mehrdeutigkeiten. Sie werden durch folgende Maßnahmen beseitigt: Zunächst werden Prioritäten gesetzt, die zu jedem Programm nur eine Zerlegung zulassen. So bindet z.B. die **while** - Schleife stärker als die Komposition (;), so daß etwa in obigem Beispiel nur die erste Zerlegung gültig ist. Bei den arithmetischen Ausdrücken vereinbart man die in der Mathematik üblichen Prioritäten, etwa $*$ bindet stärker als $+$.
Zusätzlich führt man Klammern ein, um eine andere als die durch die Prioritäten bestimmte Zerlegung zu erzwingen. So gibt es in PASCAL die gewohnten Klammern für Terme und die **begin** - **end** Klammern für Anweisungen. Wird etwa in obigem Beispiel die zweite Zerlegung gewünscht, so schreibt man:

$$\textbf{while } B \textbf{ do}$$
$$\textbf{begin}$$
$$C_1;$$
$$C_2$$
$$\textbf{end}$$

Da in diesem Buch jedoch nicht die Syntaxanalyse im Vordergrund steht, wird im folgenden bei der Interpretation eines Programms stets angenommen, daß seine Struktur bekannt ist und es in seiner abstrakten Syntax vorliegt.
In Programmbeispielen wird die Struktur durch geeignete Einrückungen deutlich gemacht, während bei den Semantikspezifikationen ausschließlich davon Gebrauch gemacht wird, daß man auf die unmittelbaren Komponenten einer syntaktischen Einheit zugreifen kann. Die abstrakte Syntax eines Programms wird auch häufig durch den dazugehörigen *Syntaxbaum* dargestellt.

Beispiel 2.2 (Ein Programm zur Berechnung der ganzzahligen Division)

In konkreter Syntax :

$$
\begin{aligned}
&\textbf{while } x \geq y \ \textbf{ do} \\
&\quad g := g + \underline{1}; \\
&\quad x := x - y; \\
&\textbf{output } g
\end{aligned}
$$

In abstrakter Syntax :

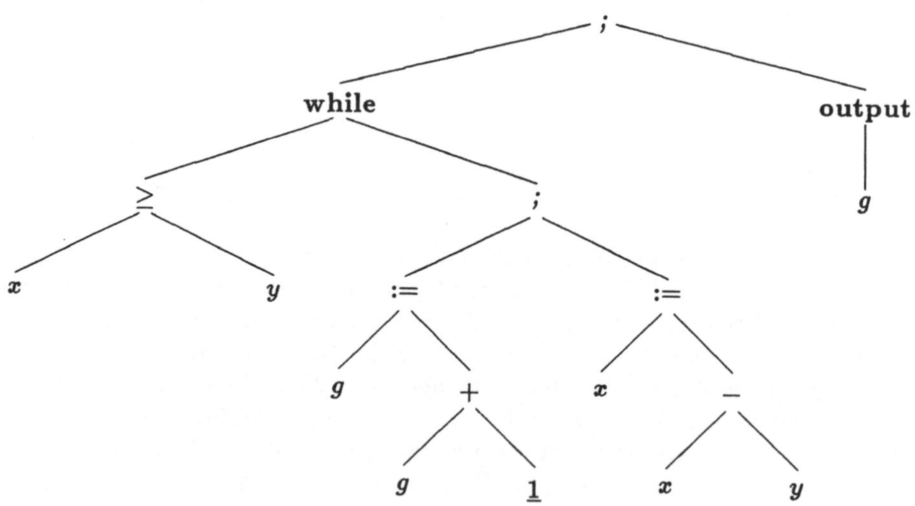

Die Semantik einiger verbreiteter Programmiersprachen, wie z.B. FORTRAN IV, ist nur informell in natürlicher Sprache beschrieben. Eine solche Beschreibung von WHILE wird im nächsten Abschnitt angegeben.

2.2   Informelle Beschreibung der Semantik von WHILE

Der Interpretation von WHILE ist ein Speicherkonzept mit einer Ein- und einer Ausgabedatei zugrunde gelegt. Jede Variable bezeichnet die Adresse eines Speicherplatzes, und jeder Speicherplatz ist entweder frei oder er beinhaltet die Darstellung einer ganzen Zahl.
Die Definition der Bedeutung der syntaktischen Einheiten wird von folgenden Grundvorstellungen geleitet:

- Die Semantik eines *arithmetischen Ausdruckes* ist die ganze Zahl, die seinem Wert entspricht.

- Die Semantik eines *booleschen Ausdruckes* ist der Wahrheitswert, der seinem Wert entspricht.

- Die Semantik einer *Anweisung* ist die Speichertransformation, die durch ihre Ausführung bewirkt wird.

- Die Semantik eines *Programms* ist die Ein-/Ausgabefunktion, die durch die Semantik der dazugehörigen Anweisung bestimmt wird.

Es soll nun der Reihe nach die Bedeutung der syntaktischen Einheiten erklärt werden:

Z — Der Wert von $\underline{0}, \underline{1}, \underline{2}, \ldots \underline{-1}, \underline{-2}, \ldots$ ist die jeweils entsprechende ganze Zahl $0, 1, 2, \ldots, -1, -2, \ldots$ aus $\mathbb{Z}$.

W — Der Wert von **true** bzw. **false** ist der dazugehörige Wahrheitswert *wahr* bzw. *falsch*.

I — Die Werte der Variablen sind dynamisch, d.h. sie lassen sich nur in Bezug auf den Zustand des Speichers erklären. So ist der momentane Wert einer Variablen x gleich dem momentanen Wert des Inhaltes des Speicherplatzes mit der symbolischen Adresse x.

$\underline{OP}$ — Die Bedeutungen der Zeichen $+, -, *, \div$ und $\underline{mod}$ sind die entsprechenden mathematischen Operationen, wobei $\underline{mod}$ die Modulofunktion bezeichnet, d.h. der Wert eines Ausdruckes der Form $a \underline{\;mod\;} b$ ist gleich dem Wert des Ausdruckes $a - ((a \div b) * b)$. Die Bedeutung von $\div$ ist die ganzzahlige Division, wobei nicht gerundet wird.
Führt die Anwendung einer Operation aus dem darstellbaren Zahlbereich hinaus, so ist das Ergebnis undefiniert.

$\underline{BOP}$ — Die Bedeutungen der Zeichen $=, <, >, \leq, \geq$ und $\neq$ sind die entsprechenden Vergleichsoperationen, die von der Menge der darstellbaren ganzen Zahlen in die Menge der Wahrheitswerte erklärt sind.

$T_1 \underline{OP} \, T_2$ — Der Wert eines solchen Ausdruckes ist das Ergebnis der durch $\underline{OP}$ bezeichneten Funktion, angewendet auf die Werte von T_1 und T_2.

read — Der Wert von **read** ist die erste Konstante aus der Eingabedatei, falls diese nicht leer ist, andernfalls ist der Wert undefiniert. Die Berechnung von **read** hat die Nebenwirkung, daß die Eingabedatei um die erste Stelle verkürzt wird.

not B — Der Wert eines Ausdruckes der Form **not** B ist die Negation des Wertes von B.

$T_1 \underline{BOP} \, T_2$ — Der Wert eines solchen Ausdruckes ist das Ergebnis der durch $\underline{BOP}$ bezeichneten Funktion, angewendet auf die Werte von T_1 und T_2.

skip — Die Ausführung von **skip** läßt den Speicher unverändert.

$I := T$ — Die Ausführung einer solchen Wertzuweisung ändert den Speicher derart, daß der Wert von T in dem Speicherplatz mit der symbolischen Adresse I abgelegt wird.

$C_1; C_2$ — Die zu $C_1; C_2$ gehörende Speichertransformation ergibt sich aus der Hintereinanderausführung von C_1 und C_2.

if B **then** C_1 **else** C_2 — Die Ausführung einer solchen Verzweigung führt zur Ausführung von C_1, falls der Wert von B *wahr* ist, und zur Ausführung von C_2, falls der Wert von B *falsch* ist.

while B **do** C — Die Speichertransformation, die durch die Ausführung einer solchen **while** - Schleife bewirkt wird, ist durch folgenden Algorithmus definiert:
Wenn die Berechnung des booleschen Ausdruckes B *wahr* ergibt, so wird erst die Anweisung C und anschließend noch einmal die gesamte Anweisung **while** B **do** C ausgeführt.
Ergibt die Berechnung von B *falsch*, so bleibt der Speicher unverändert und die Ausführung der gesamten Anweisung **while** B **do** C wird beendet.

output T — Bei der Ausführung einer solchen Anweisung wird der Wert des arithmetischen Ausdruckes T berechnet und in die Ausgabedatei geschrieben.

output B — Analog zur Anweisung **output** T wird hier der Wert des booleschen Ausdruckes B berechnet und in die Ausgabedatei geschrieben.

P — Die Semantik eines Programms P, das aus der Anweisung C besteht, ist die Ein-/Ausgabefunktion, die durch die von C bestimmte Speichertransformation definiert wird.

2.2.1　Diskussion der informellen Semantik von WHILE

Die oben angegebene Semantikbeschreibung legt einige Prinzipien der Programmausführung fest, läßt aber noch ein Spektrum unterschiedlicher Interpretationen zu. Folgende Aufzählung beschreibt die wichtigsten Bereiche, in denen Mehrdeutigkeiten auftreten:

Fehlerbehandlung
Bei der Programmausführung können folgende Fehler auftreten:

1. Bereichsüberschreitungen (Nur endlich viele Zahlen sind darstellbar.)
2. Division durch Null
3. Berechnung von **read** bei leerer Eingabedatei
4. Typkonflikte, z.B. $\underline{4}$ + **read** bei einer Eingabedatei der Form **true** .E

Die Meldung von Fehlern und ihre Behandlung in der weiteren Programmausführung ist zwar in der Regel auch Gegenstand von informellen Semantikbeschreibungen, jedoch sind solche Beschreibungen wegen der Komplexität, die durch Fehlerfortpflanzungen entsteht, oft nicht vollständig.

Reihenfolge der Berechnung von Teilausdrücken
In der Regel werden die üblichen Prioritäten der arithmetischen Operationen bei der Berechnung von Ausdrücken berücksichtigt. Die Reihenfolge vom gleichrangigen Teilausdrücken kann jedoch für den Wert entscheidend sein. Betrachtet man etwa den Ausdruck

$$T_1 \; + \; T_2 \; - \; T_3 \, ,$$

so kann sich bei großem Wert von T_1 oder T_2 eine Bereichsüberschreitung bei der Berechnung der Summe ergeben. Bei hinreichend großem Wert von T_3 tritt hingegen keine Bereichsüberschreitung auf, wenn erst die Differenz $T_2 - T_3$ berechnet wird. Eine andere Situation, in der diese Reihenfolge von Bedeutung ist, entsteht bei der Berechnung von Teilausdrücken, bei deren Auswertung Nebeneffekte vorkommen. So ergibt die Berechnung von (**read** − **read**) bei einer Eingabedatei $\underline{5}.\underline{2}.E$ je nach Reihenfolge der Berechnung der Unterausdrücke den Wert 3 oder -3 .
Die meisten Benutzerhandbücher legen diese Reihenfolge nicht fest, so daß es compilerabhängig ist, ob gleichrangige Teilausdrücke in einer festen Reihenfolge ausgewertet werden oder ob diese Reihenfolge nach bestimmten Kriterien dynamisch bestimmt wird.

Behandlung komplexerer Sprachstrukturen
Die einfache, übersichtliche Struktur der Beispielsprache WHILE hat auch eine leicht durchschaubare Semantik zur Folge. Viele Unsauberkeiten der informellen Semantikspezifikation ergeben sich bei der Behandlung höherer Sprachkonzepte, die hier noch nicht vorgestellt wurden. Typische Mehrdeutigkeiten entstehen durch Vereinbarung verschiedener Parameterübergabemechanismen und durch Nebeneffekte bei der Ausführung von Prozeduren.

2.3   Operationelle Semantik der Sprache WHILE

Die Spezifikation der operationellen Semantik einer Programmiersprache erfolgt durch die Definition einer abstrakten Maschine zur Simulation der Ausführung von Programmen. Zu einer solchen Definition gehören drei Angaben:

1. die Definition einer *Zustandsmenge* $\mathcal{Z}$, die aus geeigneten Informationsstrukturen aufgebaut ist,

2. eine Zuordnung, die zu jedem Programm P und jeder Eingabe E einen *Anfangszustand* $z_{P,E} \in \mathcal{Z}$ bestimmt und

3. die Definition einer deterministischen *Zustandsüberführungsfunktion*

$$\Delta : \mathcal{Z} \longrightarrow \mathcal{Z}$$

   zur Beschreibung des schrittweisen Effektes, den die Ausführung eines Programms auf der abstakten Maschine auslöst.

Aus diesen drei Angaben gewinnt man nun die operationelle Semantik einer Programm-Datenkombination (P, E) durch Iteration der Zustandsüberführungsfunktion Δ, angewendet auf den Startzustand $z_{P,E}$, wie folgt:
Wenn die Funktion Δ auf allen Folgezuständen definiert ist und jede einzelne Anwendung den Zustand verändert, so ist die Semantik der vorgelegten Programm-Datenkombination undefiniert, andernfalls ist sie definiert als die Ausgabekomponente desjenigen Zustandes z, für den gilt:

1. $z = \Delta^n(z_{P,E})$ für ein $n \in I\!N$,

2. $\Delta(z) = z$ und

3. $\Delta^k(z_{P,E}) \neq \Delta^{k+1}(z_{P,E})$ für alle $k < n$.

Dabei besagt die erste Bedingung, daß der Endzustand insbesondere ein Folgezustand des Anfangszustandes ist, die zweite Bedingung beschreibt die Terminierung der Programmausführung, und die letzte Bedingung garantiert die Eindeutigkeit der Semantikfunktion.

Folgendes Diagramm verdeutlicht in Form eines groben Schemas die operationelle Methode:

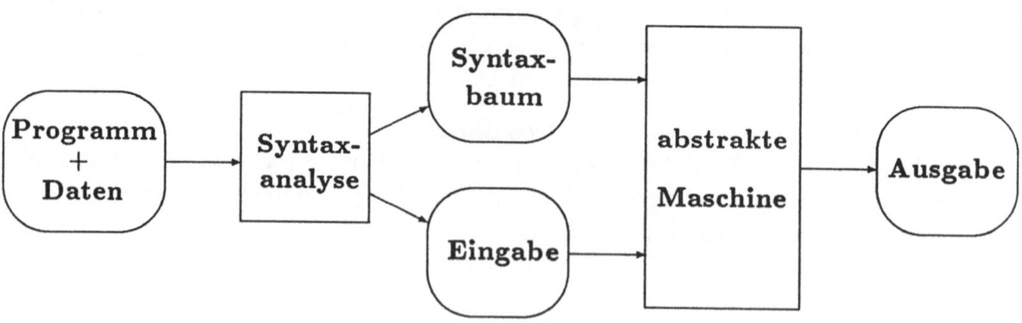

2.3.1 Die WSKEA-Maschine

Die WSKEA-Maschine ist eine abstrakte Maschine in obigem Sinne zur Ausführung
von WHILE-Programmen.
Nun lauten der Reihe nach die drei benötigten Angaben:

(i) **Die Zustandsmenge** $\mathcal{Z}$ ist das kartesische Produkt aus einem Wertekeller
W, einem Speicher S, einer endlichen Kontrolle K, einer Eingabedatei E und
einer Ausgabedatei A. Ein Maschinenzustand wird daher durch ein Fünftupel
$< W \mid S \mid K \mid E \mid A >$ beschrieben.
Die einzelnen Komponenten haben folgende Struktur:

- W ist ein Keller, in dem konstante Werte und Programmkomponenten
  (zur späteren Ausführung) abgelegt werden können (nicht zu verwechseln mit der Metavariable W für Wahrheitswerte).

- S ist der Speicher, d.h. eine Zuordnung von Variablen zu ihren Werten.
  Er wird durch eine Abbildung vom Typ

$$ID \longrightarrow ZAHL \cup \{\underline{frei}\}$$

  formalisiert.

- K ist ein Keller (Kontrolle), in dem Programmkomponenten (zur Aus-
  führung) und Symbole für spezielle Operationen ($\underline{not}$, $\underline{if}$, $\underline{assign}$,
  $\underline{while}$, $\underline{output}$) abgelegt werden können (nicht zu verwechseln mit
  der Metavariable K für Konstanten).

- E ist die Eingabedatei, d.h. eine Folge von Konstanten.

- A ist die Ausgabedatei, ebenfalls eine Konstantenfolge.

Bemerkung: Eine äquivalente, implementierungsfreundlichere Maschinenstruktur
ergäbe die Verwendung von Zeigern auf die Programmkomponenten, anstatt der
Programmteile selbst. Die obige Struktur ist jedoch wegen der einfacheren Notation
von Vorteil.

(ii) **Der Anfangszustand** $z_{P,E}$ zu einer Programm-Datenkombination (P,E)
ist das Fünftupel

$$< \varepsilon \mid S_0 \mid P.\varepsilon \mid E \mid \varepsilon > , \text{ wobei}$$

ε den leeren Keller bzw. eine leere Datei bezeichnet,

S_0 der leere Speicher ist, d.h. $S_0(I) = \underline{frei}$ für alle $I \in ID$ und

$k.K$ den Keller bezeichnet, der aus aus dem Keller K durch Hinzufügen
        eines neuen Kellerelementes k entsteht.

Bemerkung: Im allgemeinen verwendet man die Punktschreibweise auch für Dateien und Listen. Seien etwa $k, k_1, \ldots, k_r \in KON$ ($r \geq 0$), so wird die Eingabedatei $(k, k_1, \ldots, k_r)$ auch durch $k.(k_1, \ldots, k_r)$ bezeichnet oder die Ausgabedatei $(k_1, \ldots, k_r, k)$ durch $(k_1, \ldots, k_r).k$.

(iii) Die Zustandsüberführungsfunktion Δ wird induktiv über den Aufbau derjenigen Programmkomponente, die auf der Spitze des Kontrollkellers K liegt, angegeben:

Definition 2.3   *Sei* $z \in \mathcal{Z}$.

1. $z\ =\ < W\ \mid S\ \mid T.K\ \mid E\ \mid A >\ \ mit\ T \in TERM$

    (a) $\Delta\ < W\ \mid S\ \mid \underline{n}.K\ \mid E\ \mid A >\ :=$
        $< \underline{n}.W\ \mid S\ \mid\ \ K\ \mid E\ \mid A >\ \ \ für\ alle\ \underline{n} \in ZAHL$

    (b) $\Delta\ < W\ \mid S\ \mid x.K\ \mid E\ \mid A >\ :=$
        $< S(x).W\ \mid S\ \mid\ \ K\ \mid E\ \mid A >\ \ \ für\ alle\ x \in ID\ mit\ S(x) \neq \underline{frei}$

    (c) $\Delta < W\ \mid S\ \mid\ T_1\ \underline{OP}\ T_2.K\ \mid E\ \mid A >\ :=$
        $< W\ \mid S\ \mid\ T_1.T_2.\underline{OP}.K\ \mid E\ \mid A >$

    (d) $\Delta\ \ \ < \underline{n_2}.\underline{n_1}.W\ \mid S\ \mid +.K\ \mid E\ \mid A >\ :=$
        $< \underline{n_1 + n_2}.W\ \mid S\ \mid\ \ K\ \mid E\ \mid A >,$
    falls der Wert von $n_1 + n_2$ innerhalb des darstellbaren Zahlbereiches liegt

    (e) *analog für alle anderen arithmetischen Operationen*

    (f) $\Delta\ < W\ \mid S\ \mid\ read\ .K\ \mid \underline{n}.E\ \mid A >\ :=$
        $< \underline{n}.W\ \mid S\ \mid\ \ \ \ K\ \mid\ \ E\ \mid A >\ \ \ für\ alle\ \underline{n} \in ZAHL$

2. $z\ =\ < W\ \mid S\ \mid B.K\ \mid E\ \mid A >\ \ mit\ B \in BT$

    (a) $\Delta\ \ \ < W\ \mid S\ \mid\ \mathbf{true}\ .K\ \mid E\ \mid A >\ :=$
        $< \mathbf{true}\ .W\ \mid S\ \mid\ \ \ \ K\ \mid E\ \mid A >$

    (b) $\Delta\ \ \ < W\ \mid S\ \mid\ \mathbf{false}\ .K\ \mid E\ \mid A >\ :=$
        $< \mathbf{false}\ .W\ \mid S\ \mid\ \ \ \ K\ \mid E\ \mid A >$

    (c) $\Delta < W\ \mid S\ \mid\ \mathbf{not}\ B.K\ \mid E\ \mid A >\ :=$
        $< W\ \mid S\ \mid\ B.\underline{not}.K\ \mid E\ \mid A >$

(d) Δ $< b.W \mid S \mid \underline{not}.K \mid E \mid A > \;\; :=$
$< \neg b.W \mid S \mid \quad K \mid E \mid A > \quad$ *für alle* $b \in \{\text{true}, \text{false}\},$

$$\text{wobei} \;\; \neg b := \begin{cases} \text{false} & \text{falls} \;\; b = \text{true} \\ \text{true} & \text{falls} \;\; b = \text{false} \end{cases}$$

(e) $\Delta < W \mid S \mid T_1 \,\underline{BOP}\, T_2.K \mid E \mid A > \;\; :=$
$< W \mid S \mid T_1.T_2.\underline{BOP}.K \mid E \mid A >$

(f) $\Delta \quad < n_2.n_1.W \mid S \mid = .K \mid E \mid A > \;\; :=$
$< \underline{n_1 = n_2}.W \mid S \mid \quad K \mid E \mid A > \quad ,$
wobei $\underline{wahr}$ *für* **true** *steht und* $\underline{falsch}$ *für* **false**

(g) *analog für alle anderen booleschen Operationen*

(h) Δ $< W \mid S \mid \text{read} \,.K \mid b.E \mid A > \;\; :=$
$< b.W \mid S \mid \quad K \mid E \mid A > \quad$ *für alle* $b \in \{\text{true}, \text{false}\}$

3. $\underline{z = < W \mid S \mid C.K \mid E \mid A > \;\; mit \;\; C \in COM}$

(a) $\Delta < W \mid S \mid \text{skip} \,.K \mid E \mid A > \;\; :=$
$< W \mid S \mid \quad K \mid E \mid A >$

(b) Δ $< W \mid S \mid \quad I := T.K \mid E \mid A > \;\; :=$
$< I.W \mid S \mid T.\underline{assign}.K \mid E \mid A >$

(c) $\Delta < \underline{n}.I.W \mid S \quad \mid \underline{assign}.K \mid E \mid A > \;\; :=$
$< W \mid S\,[\underline{n}/I] \mid \quad K \mid E \mid A > \quad , \; wobei$

$$S\,[\underline{n}/I]\,(x) := \begin{cases} \underline{n} & \text{falls} \;\; x = I \\ S(x) & \text{falls} \;\; x \neq I \end{cases}$$

(d) $\Delta < W \mid S \mid C_1 ; C_2.K \mid E \mid A > \;\; :=$
$< W \mid S \mid C_1.C_2.K \mid E \mid A >$

(e) $\Delta < W \mid S \mid \text{if } B \text{ then } C_1 \text{ else } C_2.K \mid E \mid A > \;\; :=$
$< W \mid S \mid \qquad\qquad B.\underline{if}.C_1.C_2.K \mid E \mid A >$

(f) $\Delta < \text{true} \,.W \mid S \mid \underline{if}.C_1.C_2.K \mid E \mid A > \;\; :=$
$< W \mid S \mid \qquad C_1.K \mid E \mid A >$

(g) $\quad \Delta < \textbf{false} .W \mid S \mid \underline{if}.C_1.C_2.K \mid E \mid A> \; :=$
$\qquad\qquad < W \mid S \mid \qquad C_2.K \mid E \mid A>$

(h) $\quad \Delta \quad < W \mid S \mid \textbf{while } B \textbf{ do } C.K \mid E \mid A> \; :=$
$\qquad\quad < C.B.W \mid S \mid \qquad B.\underline{while}.K \mid E \mid A>$

(i) $\quad \Delta < \textbf{true} .C.B.W \mid S \mid \qquad \underline{while}.K \mid E \mid A> \; :=$
$\qquad\qquad < W \mid S \mid C;\textbf{while } B \textbf{ do } C.K \mid E \mid A>$

(j) $\quad \Delta < \textbf{false} .C.B.W \mid S \mid \underline{while}.K \mid E \mid A> \; :=$
$\qquad\qquad\qquad < W \mid S \mid \qquad K \mid E \mid A>$

(k) $\quad \Delta < W \mid S \mid \textbf{output } T.K \mid E \mid A> \; :=$
$\qquad\quad < W \mid S \mid \quad T.\underline{output}.K \mid E \mid A>$

(l) $\quad \Delta < \underline{n}.W \mid S \mid \underline{output}.K \mid E \mid A> \; :=$
$\qquad\quad < W \mid S \mid \qquad K \mid E \mid A.\underline{n}>$

(m) *analog für* **output** B

4. $\underline{z = \; < W \mid S \mid \varepsilon \mid E \mid A>}$

$\Delta < W \mid S \mid \varepsilon \mid E \mid A> \; := \; < W \mid S \mid \varepsilon \mid E \mid A>$ $\qquad\qquad\blacksquare$

Man prüft leicht nach, daß die Zustandsüberführungsfunktion Δ deterministisch, aber nicht vollständig definiert ist, und daß eine Programmausführung beendet ist, wenn der Kontrollkeller leer ist oder kein Folgezustand existiert.

Die formale Semantik eines Programms wird meist nicht als Funktion auf den *Namen* für die Konstanten, sondern direkt auf den mathematischen Wertebereichen definiert. Daher bezeichnet $\overline{KON}$ die entsprechende Menge der Konstanten, d.h.:

$$\mathbb{Z} := \{\ldots, -2, -1, 0, 1, 2, \ldots\},$$

$$\overline{BOOL} := \{wahr, falsch\} \text{ und}$$

$$\overline{KON} := \mathbb{Z} \cup \overline{BOOL}.$$

Analog bezeichnet $\overline{k}$ den Wert von k für alle $k \in KON$, und das Tupel $\overline{(k_1, \ldots, k_n)}$ bezeichnet das Wertetupel $(\overline{k_1}, \ldots, \overline{k_n})$ für alle $k_\nu \in KON$ mit $1 \leq \nu \leq n, n \in I\!N$.

Die operationelle Semantik von WHILE läßt sich nun präzise als partielle Funktion definieren.

Definition 2.4 (Die operationelle Semantik der Sprache WHILE)

$$\mathcal{O} : PROG \longrightarrow [\overline{KON^*} \longrightarrow \overline{KON^*} \cup \{\underline{Fehler}\}]$$

$$\mathcal{O}(P)(\overline{E}) := \begin{cases} \overline{A} & \text{falls} \quad \Delta^n(z_{P,E}) = \Delta^{n+1}(z_{P,E}) \text{ für ein } n \in I\!N \text{ und} \\ & \qquad \Pi_5(\Delta^n(z_{P,E})) = A \\[2ex] \underline{Fehler} & \text{falls} \quad \text{für ein } n \in I\!N \ \Delta^n(z_{P,E}) \text{ nicht definiert ist} \\[2ex] undefiniert & \text{sonst} \end{cases}$$

wobei für alle $i \in I\!N$, Π_i *die Projektion auf die i-te Komponente bezeichnet.* ∎

Zur Illustration dieser Definition soll die Ausführung eines kurzen WHILE-Programms auf der WSKEA-Maschine nachvollzogen werden.

Beispiel 2.5 (Ein Programm zur Berechnung der Division mit Rest)

$$C\begin{cases} C_1 \begin{cases} x & := & \textbf{read} \; ; \\ y & := & \textbf{read} \; ; \\ g & := & \underline{0}; \end{cases} \\ C_2 \begin{cases} \textbf{while } x \geq y \textbf{ do} \\ C_4 \begin{cases} g & := & g+\underline{1}; \\ x & := & x-y; \end{cases} \end{cases} \\ C_3 \begin{cases} \textbf{output} & g; \\ \textbf{output} & x \end{cases} \end{cases}$$

Die Markierung auf der linken Seite einer geschweiften Klammer soll die rechts daneben stehenden Anweisungen unter einem Namen zusammenfassen.

Zur Berechnung von 7 *dividiert durch* 5 *bildet man den Anfangszustand* $z_{C,\underline{7}.\underline{5}.\varepsilon}$ *und wendet* Δ *so lange an, bis die Kontrollkomponente leer ist:*

$$z_{C,\underline{7}.\underline{5}.\varepsilon} = \quad <\varepsilon \ | \ S_0 \ | \ C.\varepsilon \ | \ \underline{7}.\underline{5}.\varepsilon \ | \ \varepsilon >$$

$$\xrightarrow{3d} \quad <\varepsilon \ | \ S_0 \ | \ C_1.C_2;C_3.\varepsilon \ | \ \underline{7}.\underline{5}.\varepsilon \ | \ \varepsilon >$$

$$\xrightarrow{3d} \quad <\varepsilon \ | \ S_0 \ | \ x := \textbf{read} \; .y := \textbf{read} \; ;g := \underline{0}.C_2;C_3.\varepsilon \ | \ \underline{7}.\underline{5}.\varepsilon \ | \ \varepsilon >$$

$$\xrightarrow{3b} \quad <x.\varepsilon \ | \ S_0 \ | \ \textbf{read} \; .assign.y := \textbf{read} \; ;g := \underline{0}.C_2;C_3.\varepsilon \ | \ \underline{7}.\underline{5}.\varepsilon \ | \ \varepsilon >$$

$$\xrightarrow{1f} \quad <\underline{7}.x.\varepsilon \ | \ S_0 \ | \ assign.y := \textbf{read} \; ;g := \underline{0}.C_2;C_3.\varepsilon \ | \ \underline{5}.\varepsilon \ | \ \varepsilon >$$

$$\xrightarrow{3c} \quad <\varepsilon \ | \ S_0[\underline{7}/x] \ | \ y := \textbf{read} \; ;g := \underline{0}.C_2;C_3.\varepsilon \ | \ \underline{5}.\varepsilon \ | \ \varepsilon >$$

$$\xrightarrow{3d} \quad < \varepsilon \mid S_0\,[\underline{7}/x] \mid y := \mathbf{read}\;.g := \underline{0}.C_2; C_3.\varepsilon \mid \underline{5}.\varepsilon \mid \varepsilon >$$

$$\xrightarrow{3b} \quad < y.\varepsilon \mid S_0\,[\underline{7}/x] \mid \mathbf{read}\;.\underline{assign}.g := \underline{0}.C_2; C_3.\varepsilon \mid \underline{5}.\varepsilon \mid \varepsilon >$$

$$\xrightarrow{1f} \quad < \underline{5}.y.\varepsilon \mid S_0\,[\underline{7}/x] \mid \underline{assign}.g := \underline{0}.C_2; C_3.\varepsilon \mid \varepsilon \mid \varepsilon >$$

$$\xrightarrow{3c} \quad < \varepsilon \mid S_0\,[\underline{7}/x]\,[\underline{5}/y] \mid g := \underline{0}.C_2; C_3.\varepsilon \mid \varepsilon \mid \varepsilon >$$

$$\xrightarrow{3b} \quad < g.\varepsilon \mid S_0\,[\underline{7}/x]\,[\underline{5}/y] \mid \underline{0}.\underline{assign}.C_2; C_3.\varepsilon \mid \varepsilon \mid \varepsilon >$$

$$\xrightarrow{1a} \quad < \underline{0}.g.\varepsilon \mid S_0\,[\underline{7}/x]\,[\underline{5}/y] \mid \underline{assign}.C_2; C_3.\varepsilon \mid \varepsilon \mid \varepsilon >$$

$$\xrightarrow{3c} \quad < \varepsilon \mid S_0\,[\underline{7}/x]\,[\underline{5}/y]\,[\underline{0}/g] \mid C_2; C_3.\varepsilon \mid \varepsilon \mid \varepsilon >$$

$$\xrightarrow{3d} \quad < \varepsilon \mid S_0\,[\underline{7}/x]\,[\underline{5}/y]\,[\underline{0}/g] \mid \mathbf{while}\; x \geq y\,\mathbf{do}\;\; C_4.C_3.\varepsilon \mid \varepsilon \mid \varepsilon >$$

$$\xrightarrow{3h} \quad < C_4.x \geq y.\varepsilon \mid S_0\,[\underline{7}/x]\,[\underline{5}/y]\,[\underline{0}/g] \mid x \geq y.\underline{while}.C_3.\varepsilon \mid \varepsilon \mid \varepsilon >$$

$$\xrightarrow{2e} \quad < C_4.x \geq y.\varepsilon \mid S_0\,[\underline{7}/x]\,[\underline{5}/y]\,[\underline{0}/g] \mid x.y. \geq .\underline{while}.C_3.\varepsilon \mid \varepsilon \mid \varepsilon >$$

$$\xrightarrow{1b} \quad < \underline{7}.C_4.x \geq y.\varepsilon \mid S_0\,[\underline{7}/x]\,[\underline{5}/y]\,[\underline{0}/g] \mid y. \geq .\underline{while}.C_3.\varepsilon \mid \varepsilon \mid \varepsilon >$$

$$\xrightarrow{1b} \quad < \underline{5}.\underline{7}.C_4.x \geq y.\varepsilon \mid S_0\,[\underline{7}/x]\,[\underline{5}/y]\,[\underline{0}/g] \mid \geq .\underline{while}.C_3.\varepsilon \mid \varepsilon \mid \varepsilon >$$

$$\xrightarrow{2g} \quad < \mathbf{true}\;.C_4.x \geq y.\varepsilon \mid S_0\,[\underline{7}/x]\,[\underline{5}/y]\,[\underline{0}/g] \mid \underline{while}.C_3.\varepsilon \mid \varepsilon \mid \varepsilon >$$

$$\xrightarrow{3i} \quad < \varepsilon \mid S_0\,[\underline{7}/x]\,[\underline{5}/y]\,[\underline{0}/g] \mid C_4; C_2.C_3.\varepsilon \mid \varepsilon \mid \varepsilon >$$

$$\xrightarrow{3d} \quad < \varepsilon \mid S_0\,[\underline{7}/x]\,[\underline{5}/y]\,[\underline{0}/g] \mid C_4.C_2.C_3.\varepsilon \mid \varepsilon \mid \varepsilon >$$

$$\xrightarrow{3d} \quad < \varepsilon \mid S_0\,[\underline{7}/x]\,[\underline{5}/y]\,[\underline{0}/g] \mid g := g + \underline{1}.x := x - y.C_2.C_3.\varepsilon \mid \varepsilon \mid \varepsilon >$$

$$\xrightarrow{3b} \quad < g.\varepsilon \mid S_0\,[\underline{7}/x]\,[\underline{5}/y]\,[\underline{0}/g] \mid g + \underline{1}.\underline{assign}.x := x - y.C_2.C_3.\varepsilon \mid \varepsilon \mid \varepsilon >$$

$$\xrightarrow{1c} \quad < g.\varepsilon \mid S_0\,[\underline{7}/x]\,[\underline{5}/y]\,[\underline{0}/g] \mid g.\underline{1}. + .\underline{assign}.x := x - y.C_2.C_3.\varepsilon \mid \varepsilon \mid \varepsilon >$$

$$\xrightarrow{1b} \quad < \underline{0}.g.\varepsilon \mid S_0\,[\underline{7}/x]\,[\underline{5}/y]\,[\underline{0}/g] \mid \underline{1}. + .\underline{assign}.x := x - y.C_2.C_3.\varepsilon \mid \varepsilon \mid \varepsilon >$$

$$\xrightarrow{1a} \quad < \underline{1}.\underline{0}.g.\varepsilon \mid S_0\,[\underline{7}/x]\,[\underline{5}/y]\,[\underline{0}/g] \mid + .\underline{assign}.x := x - y.C_2.C_3.\varepsilon \mid \varepsilon \mid \varepsilon >$$

$$\xrightarrow{1d} \quad < \underline{1}.g.\varepsilon \mid S_0\,[\underline{7}/x]\,[\underline{5}/y]\,[\underline{0}/g] \mid \underline{assign}.x := x - y.C_2.C_3.\varepsilon \mid \varepsilon \mid \varepsilon >$$

$\xrightarrow{3c}$ $\quad < \varepsilon \mid S_0\,[\underline{7}/x]\,[\underline{5}/y]\,[\underline{1}/g] \mid x := x - y.C_2.C_3.\varepsilon \mid \varepsilon \mid \varepsilon >$

$\xrightarrow{3b}$ $\quad < x.\varepsilon \mid S_0\,[\underline{7}/x]\,[\underline{5}/y]\,[\underline{1}/g] \mid x - y.\underline{assign}.C_2.C_3.\varepsilon \mid \varepsilon \mid \varepsilon >$

$\xrightarrow{1c}$ $\quad < x.\varepsilon \mid S_0\,[\underline{7}/x]\,[\underline{5}/y]\,[\underline{1}/g] \mid x.y. - .\underline{assign}.C_2.C_3.\varepsilon \mid \varepsilon \mid \varepsilon >$

$\xrightarrow{1b}$ $\quad < \underline{7}.x.\varepsilon \mid S_0\,[\underline{7}/x]\,[\underline{5}/y]\,[\underline{1}/g] \mid y. - .\underline{assign}.C_2.C_3.\varepsilon \mid \varepsilon \mid \varepsilon >$

$\xrightarrow{1b}$ $\quad < \underline{5}.\underline{7}.x.\varepsilon \mid S_0\,[\underline{7}/x]\,[\underline{5}/y]\,[\underline{1}/g] \mid - .\underline{assign}.C_2.C_3.\varepsilon \mid \varepsilon \mid \varepsilon >$

$\xrightarrow{1e}$ $\quad < \underline{2}.x.\varepsilon \mid S_0\,[\underline{7}/x]\,[\underline{5}/y]\,[\underline{1}/g] \mid \underline{assign}.C_2.C_3.\varepsilon \mid \varepsilon \mid \varepsilon >$

$\xrightarrow{3c}$ $\quad < \varepsilon \mid S_0\,[\underline{5}/y]\,[\underline{1}/g]\,[\underline{2}/x] \mid C_2.C_3.\varepsilon \mid \varepsilon \mid \varepsilon >$

$\xrightarrow{3h}$ $\quad < C_4.x \geq y.\varepsilon \mid S_0\,[\underline{5}/y]\,[\underline{1}/g]\,[\underline{2}/x] \mid x \geq y.\underline{while}.C_3.\varepsilon \mid \varepsilon \mid \varepsilon >$

$\xrightarrow{2e}$ $\quad < C_4.x \geq y.\varepsilon \mid S_0\,[\underline{5}/y]\,[\underline{1}/g]\,[\underline{2}/x] \mid x.y. \geq .\underline{while}.C_3.\varepsilon \mid \varepsilon \mid \varepsilon >$

$\xrightarrow{1b}$ $\quad < \underline{2}.C_4.x \geq y.\varepsilon \mid S_0\,[\underline{5}/y]\,[\underline{1}/g]\,[\underline{2}/x] \mid y. \geq .\underline{while}.C_3.\varepsilon \mid \varepsilon \mid \varepsilon >$

$\xrightarrow{1b}$ $\quad < \underline{5}.\underline{2}.C_4.x \geq y.\varepsilon \mid S_0\,[\underline{5}/y]\,[\underline{1}/g]\,[\underline{2}/x] \mid \geq .\underline{while}.C_3.\varepsilon \mid \varepsilon \mid \varepsilon >$

$\xrightarrow{2g}$ $\quad < \mathbf{false}\,.C_4.x \geq y.\varepsilon \mid S_0\,[\underline{5}/y]\,[\underline{1}/g]\,[\underline{2}/x] \mid \underline{while}.C_3.\varepsilon \mid \varepsilon \mid \varepsilon >$

$\xrightarrow{3j}$ $\quad < \varepsilon \mid S_0\,[\underline{5}/y]\,[\underline{1}/g]\,[\underline{2}/x] \mid C_3.\varepsilon \mid \varepsilon \mid \varepsilon >$

$\xrightarrow{3d}$ $\quad < \varepsilon \mid S_0\,[\underline{5}/y]\,[\underline{1}/g]\,[\underline{2}/x] \mid \mathbf{output}\ g.\mathbf{output}\ x.\varepsilon \mid \varepsilon \mid \varepsilon >$

$\xrightarrow{3k}$ $\quad < \varepsilon \mid S_0\,[\underline{5}/y]\,[\underline{1}/g]\,[\underline{2}/x] \mid g.\underline{output}.\mathbf{output}\ x.\varepsilon \mid \varepsilon \mid \varepsilon >$

$\xrightarrow{1b}$ $\quad < \underline{1}.\varepsilon \mid S_0\,[\underline{5}/y]\,[\underline{1}/g]\,[\underline{2}/x] \mid \underline{output}.\mathbf{output}\ x.\varepsilon \mid \varepsilon \mid \varepsilon >$

$\xrightarrow{3l}$ $\quad < \varepsilon \mid S_0\,[\underline{5}/y]\,[\underline{1}/g]\,[\underline{2}/x] \mid \mathbf{output}\ x.\varepsilon \mid \varepsilon \mid \varepsilon.\underline{1} >$

$\xrightarrow{3k}$ $\quad < \varepsilon \mid S_0\,[\underline{5}/y]\,[\underline{1}/g]\,[\underline{2}/x] \mid x.\underline{output}.\varepsilon \mid \varepsilon \mid \varepsilon.\underline{1} >$

$\xrightarrow{1b}$ $\quad < \underline{2}.\varepsilon \mid S_0\,[\underline{5}/y]\,[\underline{1}/g]\,[\underline{2}/x] \mid \underline{output}.\varepsilon \mid \varepsilon \mid \varepsilon.\underline{1} >$

$\xrightarrow{3l}$ $\quad < \varepsilon \mid S_0\,[\underline{5}/y]\,[\underline{1}/g]\,[\underline{2}/x] \mid \varepsilon \mid \varepsilon \mid \varepsilon.\underline{1}.\underline{2} >$

$\xrightarrow{4}$ $\quad < \varepsilon \mid S_0\,[\underline{5}/y]\,[\underline{1}/g]\,[\underline{2}/x] \mid \varepsilon \mid \varepsilon \mid \varepsilon.\underline{1}.\underline{2} >$

Also ist die Semantik dieses Programms unter obiger Eingabe

$$\mathcal{O}(C)((7,5)) = (1,2)　.$$

2.3.2　Diskussion der operationellen Semantik von WHILE

Mit der Definition der Semantikfunktion $\mathcal{O}$ ist nun die Bedeutung von WHILE-Programmen eindeutig als das Ergebnis ihrer Ausführung auf der WSKEA-Maschine festgelegt.

Dies soll nocheinmal für die in Abschnitt 2.2.1 aufgeführten Problemstellungen vergegenwärtigt werden:

Fehlerbehandlung

　　Die WSKEA-Maschine sieht die einfachste Form der Fehlerbehandlung vor: Führt eine Programmausführung auf eine Konfiguration, für die die Zustandsüberführungsfunktion Δ nicht definiert ist, d.h. für die kein Folgezustand existiert, so ist die Bedeutung dieses Programms gleich „ <u>Fehler</u>". Natürlich wird man für eine praxisorientierte Programmiersprache differenzierte Fehlermeldungen erzeugen wollen. Entsprechende Modifikationen sind auch leicht vorzunehmen, wenn man aus der partiellen Funktion Δ eine deterministische Funktion

$$\Delta' : \mathcal{Z} \longrightarrow \mathcal{Z} \cup \{\underline{Fehler_1}, \ldots, \underline{Fehler_n}\}$$

entwickelt und zu jedem Fehlertyp einen Kommentar schreibt:

Beispiel 2.6 (Fehlerbehandlung)

$$\Delta' \ < \underline{n_2}.\underline{n_1}.W \ \mid S \ \mid +.K \ \mid E \ \mid A > \quad := \ \underline{Fehler_1}, \textit{ falls der Wert von}$$

$$n_1 + n_2 \textit{ außerhalb des darstellbaren Zahlbereiches liegt}$$

$$\Delta' \ < \underline{n_2}.\underline{n_1}.W \ \mid S \ \mid /.K \ \mid E \ \mid A > \quad := \ \underline{Fehler_2}, \textit{ falls } \ n_2 = 0$$

$$\Delta' \ < W \ \mid S \ \mid \text{read} .K \ \mid \varepsilon \ \mid A > \quad := \ \underline{Fehler_3}$$

$$\Delta' \ < b.\underline{n}.W \ \mid S \ \mid +.K \ \mid E \ \mid A > \quad := \ \underline{Fehler_4}, \textit{ falls } b \in \{\textbf{true , false }\}$$

$$\textit{und } n \in \mathbb{Z}$$

Kommentare:

<u>*Fehler*₁</u> *entsteht bei Auftreten eines „Overflow",*
<u>*Fehler*₂</u> *entsteht bei Division durch Null,*
<u>*Fehler*₃</u> *entsteht bei Lesezugriff auf eine leere Eingabedatei und*
<u>*Fehler*₄</u> *entsteht bei Auftreten eines Typkonfliktes.*

Es kommt uns aber für die Beispielsprache WHILE nicht darauf an, eine praktikable Sprache zu entwerfen, sondern aufzuzeigen, wie eine *eindeutige* Semantikspezifikation im operationellen Stil entwickelt werden kann. Daher ist die einfachste Form der Fehlerbehandlung hier ausreichend.

Reihenfolge der Berechnung von Teilausdrücken

Die WSKEA-Maschine schreibt eine strikte Auswertungsreihenfolge von links nach rechts vor (siehe Definition 2.3.1c und 2e). Auch hier ist es einfach, Modifikationen für bestimmte Situationen anzubringen. Wichtig ist jedoch auch hier, daß genau eine Reihenfolge *eindeutig* festgelegt ist.

Wie sich am Beispiel 2.5 gut erkennen läßt, führt die Verwendung der Einzelschrittfunktion zu einem mühsamen Nachvollziehen der Zustandsänderungen der WSKEA-Maschine. Damit lassen sich sicher noch nicht elegant Programmeigenschaften beweisen, sondern die Funktion Δ dient eher dazu, Testläufe zu simulieren. Man kann diese Situation dadurch verbessern, daß man aus der operationellen Semantikbeschreibung durch Abstraktion von geeigneten Folgen von Zwischenschritten eine *Reduktionssemantik* gewinnt.

2.3.3　Die Reduktionssemantik der Sprache WHILE

Um das globale Verhalten der WSKEA-Maschine besser in den Griff zu bekommen, definiert man eine *Reduktionsrelation* „$\Longrightarrow$" über dem kartesischen Produkt aus syntaktischen Einheiten und dem Zustandskonzept.
Eine informelle Beschreibung dieser Relation lautet: Eine Phrase (syntaktische Einheit) P und ein Tripel (S, E, A) stehen in der Reduktionsrelation „$\Longrightarrow$" mit einer Phrase P' und einem Tripel (S', E', A'), wenn die Ausführung von P bzgl. des Speichers S, der Eingabe E und der Ausgabe A den „Wert" P' ergibt und den Speicher in S', die Eingabe in E' und die Ausgabe in A' transformiert. Eine formale Axiomatisierung der Relation „$\Longrightarrow$" läßt sich induktiv über den Aufbau der WHILE-Phrasen angeben:

Definition 2.7 (Reduktionsrelation $\Longrightarrow$)

1. TERM

(a)
$$(x, (S, E, A)) \Longrightarrow (S(x), (S, E, A)) \quad , \textit{falls}$$
$$S(x) \neq \underline{frei}$$

(b)
$$(T_1 \; \underline{OP} \; T_2, (S, E, A)) \Longrightarrow (T_1' \; \underline{OP} \; T_2, (S, E', A)) \quad , \textit{falls}$$
$$(T_1, (S, E, A)) \Longrightarrow (T_1', (S, E', A))$$

(c)
$$(n \; \underline{OP} \; T, (S, E, A)) \Longrightarrow (n \; \underline{OP} \; T', (S, E', A)) \quad , \textit{falls}$$
$$(T, (S, E, A)) \Longrightarrow (T', (S, E', A))$$

(d)
$$(n_1 + n_2, (S, E, A)) \Longrightarrow (\underline{n_1 + n_2}, (S, E, A)) \quad , \textit{falls}$$

$$\text{der Wert von } n_1 + n_2 \text{ innerhalb des darstellbaren Zahlbereiches liegt}$$

(e)   analog für alle anderen arithmetischen Operationen

(f) $(\textbf{read} , (S, \underline{n}.E, A)) \Longrightarrow (\underline{n}, (S, E, A))$

2. *BT*

(a) $(\textbf{not } B, (S, E, A)) \Longrightarrow (\textbf{not } B', (S, E', A)) \quad, \text{falls}$
$(B, (S, E, A)) \Longrightarrow (B', (S, E', A))$

(b) $(\textbf{not } b, (S, E, A)) \Longrightarrow (\neg b, (S, E, A)) \quad \text{für}$
$$b \in \{\textbf{true} , \textbf{false} \}$$

(c) $(T_1 \; \underline{BOP} \; T_2, (S, E, A)) \text{ analog zu } 1b \text{ - } 1e$

(d) $(\textbf{read} , (S, b.E, A)) \Longrightarrow (b, (S, E, A))$

3. *COM*

(a) $(\textbf{skip} ; C, (S, E, A)) \Longrightarrow (C, (S, E, A))$

(b) $(I := T, (S, E, A)) \Longrightarrow (\textbf{skip} , (S[\underline{n}/I], E', A)) \quad, \text{falls}$
$(T, (S, E, A)) \overset{*}{\Longrightarrow} (\underline{n}, (S, E', A)) \quad, \text{wobei}$
$\overset{*}{\Longrightarrow} \text{ die reflexive, transitive Hülle von } \Longrightarrow \text{ bezeichnet.}$

(c) $(C_1; C_2, (S, E, A)) \Longrightarrow (C_1'; C_2, (S', E', A')) \quad, \text{falls}$
$(C_1, (S, E, A)) \Longrightarrow (C_1', (S', E', A'))$

(d) $(\textbf{if } B \textbf{ then } C_1 \textbf{ else } C_2, (S, E, A)) \Longrightarrow (C_1, (S, E', A)) \quad, \text{falls}$
$(B, (S, E, A)) \overset{*}{\Longrightarrow} (\textbf{true} , (S, E', A))$

(e) $(\textbf{if } B \textbf{ then } C_1 \textbf{ else } C_2, (S, E, A)) \Longrightarrow (C_2, (S, E', A)) \quad, \text{falls}$
$(B, (S, E, A)) \overset{*}{\Longrightarrow} (\textbf{false} , (S, E', A))$

(f) $(\textbf{while } B \textbf{ do } C, (S, E, A)) \Longrightarrow (C; \textbf{while } B \textbf{ do } C, (S, E', A))$
$, \text{falls } (B, (S, E, A)) \overset{*}{\Longrightarrow} (\textbf{true} , (S, E', A))$

(g) $(\textbf{while } B \textbf{ do } C, (S, E, A)) \Longrightarrow (\textbf{skip} , (S, E', A)) \quad, \text{falls}$
$(B, (S, E, A)) \overset{*}{\Longrightarrow} (\textbf{false} , (S, E', A))$

(h) $(\textbf{output } T, (S, E, A)) \Longrightarrow (\textbf{skip} , (S, E', A.\underline{n})) \quad, \text{falls}$
$(T, (S, E, A)) \overset{*}{\Longrightarrow} (\underline{n}, (S, E', A))$

(i) $(\textbf{output } B, (S, E, A)) \Longrightarrow (\textbf{skip} , (S, E', A.b)) \quad, \text{falls}$
$(B, (S, E, A)) \overset{*}{\Longrightarrow} (b, (S, E', A))$

Man überzeugt sich leicht, daß die Relation „$\Longrightarrow$" deterministisch ist. Damit läßt sich die operationelle Semantikfunktion auch auf dieser Reduktionsrelation begründen:

Definition 2.8 (Die Reduktionssemantik der Sprache WHILE)

$$eval : PROG \longrightarrow [\overline{KON}^* \longrightarrow \overline{KON}^* \cup \{\underline{Fehler}\}]$$

$$eval(P)(\overline{E}) := \begin{cases} \overline{A} & \text{falls} \quad (C,(S_0,E,\varepsilon)) \overset{*}{\Longrightarrow} (\text{skip},(S,E',A)) \quad \textit{mit} \\ & S \textit{ und } E' \textit{ beliebig} \\ \\ \underline{Fehler} & \text{falls} \quad (C,(S_0,E,\varepsilon)) \overset{*}{\Longrightarrow} (C',(S,E',A)) \quad \textit{mit} \\ & C' \neq \text{skip}, S, \ E' \textit{ und } A \textit{ beliebig, und} \\ & (C',(S,E',A)) \textit{ läßt sich nicht weiter} \\ & \textit{mit } „\Longrightarrow " \textit{ reduzieren} \\ \\ \textit{undefiniert} & \text{sonst} \end{cases}$$

∎

Der Vorteil dieser Reduktionssemantik gegenüber der operationellen Semantik besteht darin, daß beim Argumentieren über ein Programmverhalten nicht mehr jeder einzelne Schritt der WSKEA-Maschine betrachtet werden muß, da jeweils eine Reduktion bereits eine sinnvolle Zusammenfassung mehrerer Maschinenschritte simuliert. Für eine Implementierung hingegen ist sicherlich die operationelle Methode günstiger, da hier die Festlegung einer schrittweisen Programmausführung erforderlich ist. Daher ist es wünschenswert, zu einer operationellen Semantikdefinition auch eine Reduktionssemantik anzugeben und die Äquivalenz beider Definitionen nachzuweisen. Dann kann je nach Erfordernis die eine oder die andere Spezifikation verwendet werden.

2.3.4 Äquivalenz von operationeller und Reduktionssemantik

Die Standardbeweismethode bei induktiven Definitionen ist die strukturelle Induktion. Im allgemeinen bedeutet dies, daß man eine Eigenschaft zunächst für die elementaren syntaktischen Einheiten nachweist und dann diese Eigenschaft für die induktiv aufgebauten Einheiten herleitet, indem man von den unmittelbaren Komponenten einer syntaktischen Einheit diese Eigenschaft voraussetzt.

Diese Methode läßt sich jedoch für den gewünschten Äquivalenzbeweis nicht anwenden, da die Definitionen zur Behandlung einer Schleife **while** B **do** C nicht nur auf den Bedeutungen von B und C aufbauen, sondern rekursiv auch auf die Bedeutung der ganzen **while** - Schleife zurückgreifen. Man kann aber die Äquivalenz der Semantikspezifikationen $\mathcal{O}$ und *eval* durch Induktion über die Ausführungslänge zeigen.

Zunächst soll in zwei Lemmata gezeigt werden, daß die WSKEA-Maschine genau dann mit einem Ergebnis terminiert, wenn dieses Ergebnis auch vermöge der Reduktionsrelation hergeleitet werden kann.

Lemma 2.9 (Die WSKEA-Maschine befolgt die Relation $\Longrightarrow$)

Sei $m \in I\!N$ und $< W \mid S \mid K \mid E \mid A >$ ein beliebiger Zustand.

1. **Berechnung arithmetischer Terme:**

   Wenn $(T,(S,E,A)) \overset{m}{\Longrightarrow} (\underline{n},(S',E',A'))$, dann gilt $S = S'$, $A = A'$, und es gibt ein $k \in I\!N$ mit

   $$\Delta^k < W \mid S \mid T.K \mid E \mid A > \; = \; < \underline{n}.W \mid S \mid K \mid E' \mid A > .$$

2. **Berechnung boolescher Terme:**

   Wenn $(B,(S,E,A)) \overset{m}{\Longrightarrow} (b,(S',E',A'))$, dann gilt $S = S'$, $A = A'$, und es gibt ein $k \in I\!N$ mit

   $$\Delta^k < W \mid S \mid B.K \mid E \mid A > \; = \; < b.W \mid S \mid K \mid E' \mid A > .$$

3. **Ausführung von Anweisungen:**

   Wenn $(C,(S,E,A)) \overset{m}{\Longrightarrow} (\text{skip},(S',E',A'))$, dann gibt es ein $k \in I\!N$ mit

   $$\Delta^k < W \mid S \mid C.K \mid E \mid A > \; = \; < W \mid S' \mid K \mid E' \mid A' > .$$

Beweis:

1. Arithmetische Terme:

   Induktionsanfang ($m = 0$)
   Es gilt $T = \underline{n}, S' = S, E' = E$ und $A' = A$, also folgt die Behauptung mit $k = 0$.

   Induktionsschritt
   Annahme: Die Behauptung gilt bereits für alle $m' < m > 0$.
   Fallunterscheidung:

   $\underline{T = x}$

   Es gilt $(x,(S,E,A)) \Longrightarrow (S(x),(S,E,A))$ nach Definition 2.7.1a und ebenso

   $$\Delta < W \mid S \mid x.K \mid E \mid A > \; = \; < S(x).W \mid S \mid K \mid E \mid A >$$
   nach Definition 2.3.1b.

   Also gilt die Behauptung mit $k = 1$.

   $\underline{T = T_1 \; OP \; T_2}$

   Aus $(T,(S,E,A)) \overset{m}{\Longrightarrow} (\underline{n},(S',E',A'))$ folgt nach Definition 2.7.1b - 1e

(a) $(T_1, (S, E, A)) \overset{m_1}{\Longrightarrow} (\underline{n_1}, (S, E'', A))$ und

(b) $(T_2, (S, E'', A)) \overset{m_2}{\Longrightarrow} (\underline{n_2}, (S, E', A))$

mit $m_1 + m_2 + 1 = m$, $S = S'$ und $A = A'$.

Die Induktionsannahme besagt nun, daß es natürliche Zahlen k_1 und k_2 gibt mit

$$
\begin{array}{llcccccl}
\text{(a)} & \Delta^{k_1} & < W & \mid S \mid & T_1.K & \mid E & \mid A > \; = \\
& & < \underline{n_1}.W & \mid S \mid & K & \mid E'' & \mid A > & \text{und} \\
\text{(b)} & \Delta^{k_2} & < W & \mid S \mid & T_2.K & \mid E'' & \mid A > \; = \\
& & < \underline{n_2}.W & \mid S \mid & K & \mid E' & \mid A > & .
\end{array}
$$

Nun gilt:

$$
\begin{array}{rcll}
\Delta & < W \mid S \mid & T_1 \; \underline{OP} \; T_2.K \mid E \mid A > \; = \\
& < W \mid S \mid & T_1.T_2.K \mid E \mid A > & \text{nach Definition 2.3.1c}
\end{array}
$$

$$
\overset{\Delta^{k_1}}{\longrightarrow} \; < \underline{n_1}.W \mid S \mid T_2.\underline{OP}.K \mid E'' \mid A > \; \text{nach Induktionsannahme}
$$

$$
\overset{\Delta^{k_2}}{\longrightarrow} \; < \underline{n_2}.\underline{n_1}.W \mid S \mid \underline{OP}.K \mid E' \mid A > \; \text{nach Induktionsannahme}
$$

$$
\overset{\Delta}{\longrightarrow} \; < \underline{n}.W \mid S \mid K \mid E' \mid A > \; \text{nach Definition 2.3.1d bzw. 1e .}
$$

Also gilt die Behauptung mit $k = k_1 + k_2 + 1$.

$\underline{T = \textbf{read}}$

Aus der Definition von $\Longrightarrow$ (2.7.1f) folgt:

$E = \underline{n}.E'$, $S = S'$ und $A = A'$, wobei

$$(\textbf{read}, (S, \underline{n}.E', A)) \Longrightarrow (\underline{n}, (S, E', A)) \quad ,$$

und aus der Definition von Δ (2.3.1f) folgt:

$$
\begin{array}{rcl}
\Delta & < W \mid S \mid \textbf{read}.K \mid \underline{n}.E' \mid A > \; = \\
& < \underline{n}.W \mid S \mid K \mid E' \mid A > & .
\end{array}
$$

Also gilt die Behauptung mit $k = 1$.

2. Boolesche Terme: analog zu 1.

3. Anweisungen:

Induktionsanfang $(m = 0)$
In diesem Fall gilt $C = \textbf{skip}$, $S' = S$, $E' = E$ und $A' = A$ und nach

Definition 2.3.3a gilt auch

$$\Delta < W \mid S \mid \mathbf{skip}\,.K \mid E \mid A > \;=\; < W \mid S \mid K \mid E \mid A > .$$

Also folgt die Behauptung mit $k = 1$.

Induktionsschritt

Annahme: Die Behauptung gilt bereits für alle $m' < m > 0$ und

$$(C,(S,E,A)) \xRightarrow{m} (\mathbf{skip}\,,(S',E',A')).$$

Fallunterscheidung:

$\underline{C = \mathbf{skip}}$

Dieser Fall ist nicht möglich, da $(\mathbf{skip}\,,(S,E,A))$ nicht mit $\Longrightarrow$ weiter reduziert werden kann.

$\underline{C \;=\; I := T}$

Aus Definition 2.7.3b folgt $m = 1$, $S' = S\,[\underline{n}/I]$, $A = A'$ und

$$(T,(S,E,A)) \xRightarrow{*} (\underline{n},(S,E',A)) \;.$$

Aus 1. folgt: Es gibt ein $k \in I\!N$ mit

$$\Delta^{k} < W \mid S \mid T.K \mid E \mid A > \;=\; < \underline{n}.W \mid S \mid K \mid E' \mid A > .$$

Nun gilt:

$$
\begin{aligned}
\Delta \quad & < W \mid S \mid \quad I := T.K \mid E \mid A > \;= \\
& < I.W \mid S \mid T.\underline{assign}.K \mid E \mid A > \qquad \text{nach Definition 2.3.3b} \\[2mm]
\xrightarrow{\Delta^{k}} \quad & < \underline{n}.I.W \mid S \mid \underline{assign}.K \mid E' \mid A > \\
& \qquad\qquad\qquad\qquad\qquad \text{nach Induktionsannahme} \\
\xrightarrow{\Delta} \quad & < W \mid S\,[\underline{n}/I] \mid K \mid E' \mid A > \quad \text{nach Definition 2.3.3c.}
\end{aligned}
$$

Also gilt die Behauptung mit $k + 2$.

$\underline{C = C_1 ; C_2 \mid \mathbf{if}\ B\ \mathbf{then}\ C_1\ \mathbf{else}\ C_2 \mid \mathbf{output}\ T \mid \mathbf{output}\ B}$

Als Übung

$\underline{C = \mathbf{while}\ B\ \mathbf{do}\ C_1}$

Aus Definition 2.7.3f und 3g folgt

$$(B,(S,E,A)) \xRightarrow{*} (b,(S,E'',A)) \quad \text{mit } b \in \{\mathbf{true}\,,\ \mathbf{false}\,\}$$

und

$$(C,(S,E,A)) \Longrightarrow \begin{cases} (C_1; C,(S,E'',A)) & \text{falls}\quad b = \mathbf{true} \\ (\mathbf{skip}\,,(S,E'',A)) & \text{falls}\quad b = \mathbf{false}\;. \end{cases}$$

Aus obiger Annahme folgt nun, daß die rechte Seite in $m-1$ Schritten auf

$$(\mathbf{skip}\,,(S',E',A'))$$

reduziert werden kann.

Ferner gilt:

$$\Delta < W \mid S \mid C.K \mid E \mid A >$$

$$= \; < C_1.B.W \mid S \mid B.\underline{while}.K \mid E \mid A > \quad \text{nach Definition 2.3.3h}$$

$$\xrightarrow{\Delta^{k_1}} \; < b.C_1.B.W \mid S \mid \underline{while}.K \mid E'' \mid A > \quad \text{nach Teil 2.}$$

$$\xrightarrow{\Delta} \begin{cases} < W \mid S \mid C_1;C.K \mid E'' \mid A > & \text{falls } \; b = \mathbf{true} \\ < W \mid S \mid K \mid E'' \mid A > & \text{falls } \; b = \mathbf{false} \end{cases}$$

$$\text{nach Definition 2.3.3i und 3j}$$

$$\xrightarrow{\Delta^{k_2}} \; < W \mid S' \mid K \mid E' \mid A' >$$

$$\text{nach Induktionsannahme für } m-1.$$

Also gilt die Behauptung mit $k = k_1 + k_2 + 2$.

$$\mathbf{Q.E.D.}$$

Lemma 2.9 ist die eine Hälfte der gewünschten Äquivalenz. Für die andere Hälfte benötigt man noch einen Begriff, der die Tatsache formalisiert, daß die Ausführung eines Ausdruckes auf der WSKEA-Maschine nicht auf Kellerinhalte zugreift, die bei Beginn der Ausführung in dem Kontrollspeicher K vorhanden sind.

Definition 2.10 (Perfekte Ausführungsfolge)
Sei D eine syntaktische Phrase der Sprache WHILE.

Eine Ausführungsfolge

$$< W \mid S \mid D.K \mid E \mid A > \xrightarrow{\Delta^{*}} \; < W' \mid S' \mid K \mid E' \mid A' >$$

heißt perfekt, wenn der Kontrollkeller nach jedem Zwischenschritt eine echte Erweiterung von K ist, d.h. erst nach dem letzten Schritt ist der Kontrollkeller gleich K.

$\blacksquare$

Lemma 2.11 (Die Relation $\Longrightarrow$ simuliert die WSKEA-Maschine)
Sei $k \in I\!N$ und $< W \mid S \mid K \mid E \mid A >$ ein beliebiger Zustand.

1. **Berechnung arithmetischer Terme:**
   Wenn die Ausführungsfolge

$$< W \mid S \mid T.K \mid E \mid A > \xrightarrow{\Delta^k} \; < W' \mid S' \mid K \mid E' \mid A' >$$

perfekt ist, dann gilt: $W' = \underline{n}.W$ *für ein* $n \in \mathbb{Z}$, $S' = S$, $A' = A$ *und*

$$(T,(S,E,A)) \xRightarrow{*} (\underline{n},(S,E',A)) \; .$$

2. Berechnung boolescher Terme:
Wenn die Ausführungsfolge

$$< W \mid S \mid B.K \mid E \mid A > \xrightarrow{\Delta^k} \; < W' \mid S' \mid K \mid E' \mid A' >$$

perfekt ist, dann gilt: $W' = b.W$ *für ein* $b \in$ {**true** , **false** }, $S' = S$, $A' = A$
und

$$(B,(S,E,A)) \xRightarrow{*} (b,(S,E',A)) \; .$$

3. Ausführung von Anweisungen:
Wenn die Ausführungsfolge

$$< W \mid S \mid C.K \mid E \mid A > \xrightarrow{\Delta^k} \; < W' \mid S' \mid K \mid E' \mid A' >$$

perfekt ist, dann gilt: $W' = W$ *und*

$$(C,(S,E,A)) \xRightarrow{*} (\text{skip} ,(S',E',A')) \; .$$

Beweis:

1. Arithmetische Terme:

Induktionsanfang ($k = 0$)
   In diesem Fall ist die Prämisse falsch, also die Aussage wahr.

Induktionsschritt
   Annahme: Die Behauptung gilt bereits für alle $m' < m > 0$ und die
   Ausführung

$$< W \mid S \mid T.K \mid E \mid A > \xrightarrow{\Delta^k} \; < W' \mid S' \mid K \mid E' \mid A' >$$

ist perfekt.

Fallunterscheidung:
   $\underline{T = x}$
     Es gilt

$$< W \mid S \mid x.K \mid E \mid A > \xrightarrow{\Delta} \; < S(x).W \mid S \mid K \mid E \mid A >$$

nach Definition 2.3.1b

und ebenso $(x, (S, E, A)) \implies (S(x), (S, E, A))$ nach Definition 2.7.1a .

$\underline{T = T_1 \ OP \ T_2}$

Es gilt:

$$\Delta < W \ | \ S \ | \ T_1 \ OP \ T_2.K \ | \ E \ | \ A > \ = $$
$$< W \ | \ S \ | \ T_1.T_2.OP.K \ | \ E \ | \ A > \quad \text{nach Definition 2.3.1c}$$

$$\xrightarrow{\Delta^{k_1}} \ < n_1.W \ | \ S \ | \ T_2.OP.K \ | \ E'' \ | \ A >$$
$$\text{perfekt nach Definition 2.3.1a-1f}$$

$$\xrightarrow{\Delta^{k_2}} \ < n_2.n_1.W \ | \ S \ | \ OP.K \ | \ E' \ | \ A >$$
$$\text{perfekt nach Definition 2.3.1a-1f}$$

$$\xrightarrow{\Delta} \ < n.W \ | \ S \ | \ K \ | \ E' \ | \ A > \ \text{nach Definition 2.3.1d bzw. 1e .}$$

Aus der Induktionsannahme folgt:

(a) $(T_1, (S, E, A)) \xrightarrow{*} (n_1, (S, E'', A))$ und

(b) $(T_2, (S, E'', A)) \xrightarrow{*} (n_2, (S, E', A))$.

Nun folgt aus Definition 2.7.1b-1e auch

$$(T, (S, E, A)) \xrightarrow{*} (n, (S, E', A)).$$

$\underline{T = \textbf{read}}$

Aus der Definition (2.3.1f) folgt:

$$E = n.E', \ S = S' \text{ und } A = A', \text{ wobei}$$

$$\Delta \quad < W \ | \ S \ | \ \textbf{read} \ .K \ | \ n.E' \ | \ A > \ = $$
$$< n.W \ | \ S \ | \qquad K \ | \ E' \ | \ A > \quad ,$$

und aus der Definition 2.7.1f folgt

$$(\textbf{read} \ , (S, n.E', A)) \implies (n, (S, E', A)) \ .$$

Also gilt die Behauptung.

2. Boolesche Terme: analog zu 1.

3. Anweisungen:

Induktionsanfang $(k = 0)$

In diesem Fall ist die Prämisse falsch, also die Aussage wahr.

Induktionsschritt

Annahme: Die Behauptung gilt bereits für alle $k' < k > 0$ und

$< W \ | S \ | C.K \ | E \ | A > \xrightarrow{\Delta^k} \ < W' \ | S' \ | K \ | E' \ | A > $ ist eine perfekte Ausführung.

Fallunterscheidung:

$C = \mathbf{skip}$

In diesem Fall muß $k = 1$ sein, und es gilt: $W' = W$, $S' = S$, $E' = E$ und $A' = A$.

Wegen der Reflexivität von $\xRightarrow{*}$ gilt auch

$$(\mathbf{skip}\ , (S, E, A)) \xRightarrow{*} (\mathbf{skip}\ , (S, E, A)).$$

$C = I := T$

Aus Definition 2.3.3b und 3c folgt $< W \ | S \ | C.K \ | E \ | A >$

$\xrightarrow{\Delta} \ < I.W \ | S \ | T.\underline{assign}.K \ | E \ | A >$

$\xrightarrow{\Delta^{k-2}} \ < W'' \ | S'' \ | \underline{assign}.K \ | E'' \ | A >$

$\xrightarrow{\Delta} \ < W' \ | S' \ | K \ | E' \ | A > .$

Da diese Ausführungsfolge perfekt ist, folgt aus 1:

$$W'' = \underline{n}.W, \ S'' = S \text{ und } (T, (S, E, A)) \xRightarrow{*} (\underline{n}, (S, E'', A)) \ .$$

Aus Definition 2.3.3c folgt nun $W' = W$, $S' = S\,[\underline{n}/I]$ und $E'' = E$.

Mit Definition 2.7.3b folgt $(C, (S, E, A)) \Longrightarrow (\mathbf{skip}\ , (S', E', A)) \ .$

$C = C_1; C_2 \ | \ \text{if } B \text{ then } C_1 \text{ else } C_2 \ | \ \text{output } T \ | \ \text{output } B$

Als Übung

$C = \text{while } B \text{ do } C_1$

Aus Definition 2.3.3h - 3j und 2 folgt:

$< W \ | S \ | C.K \ | E \ | A >$

$\xrightarrow{\Delta} \ < C_1.B.W \ | S \ | B.\underline{while}.K \ | E \ | A >$

$\xrightarrow{\Delta^{k_1}} \ < W'' \ | S'' \ | \underline{while}.K \ | E'' \ | A >$

$= \ < b.C_1.B.W \ | S \ | \underline{while}.K \ | E'' \ | A > \text{ mit } b \in \{\mathbf{true}\ , \mathbf{false}\ \}$

$\xrightarrow{\Delta} \begin{cases} < W \ | S \ | C_1; C.K \ | E'' \ | A > & \text{falls } b = \mathbf{true} \\ < W \ | S \ | K \ | E'' \ | A > & \text{falls } b = \mathbf{false} \end{cases}$

$$\overset{\Delta^{k_2}}{\longrightarrow} \ < W' \mid S' \mid K \mid E' \mid A' > \ .$$

Da $k_2 < k$ gilt, kann man die Induktionsannahme anwenden und erhält:

$$(*) \begin{cases} (C_1; C, (S, E'', A)) \overset{*}{\Longrightarrow} (\text{skip}, (S', E', A')) & \text{bzw.} \\ (\text{skip}, (S, E'', A)) \overset{*}{\Longrightarrow} (\text{skip}, (S', E', A')) \ . \end{cases}$$

Ferner folgt

$$(B, (S, E, A)) \overset{*}{\Longrightarrow} (b, (S, E'', A)) \quad \text{aus Teil 2 dieses Lemmas.}$$

Damit folgt aus Definition 2.7.3f bzw. 3g

$$(C, (S, E, A)) \Longrightarrow \begin{cases} (C_1; C, (S, E'', A)) & \text{falls} \quad b = \textbf{true} \\ (\text{skip}, (S, E'', A)) & \text{falls} \quad b = \textbf{false} \end{cases}$$

Zusammen mit $(*)$ ergibt sich das gewünschte Resultat.

$$\textbf{Q.E.D.}$$

Mit diesen beiden Lemmata ist es nun möglich, die Äquivalenz der operationellen und der Reduktionssemantik zu zeigen.

Satz 2.12 (Äquivalenz von operationeller und Reduktionssemantik)

$$\mathcal{O} = eval$$

Beweis:

Es genügt, folgende Äquivalenzen zu zeigen:

Für alle Speicher S und S', Eingaben E und E' und Ausgaben A gilt

1. $< \varepsilon \mid S \mid C.\varepsilon \mid E \mid \varepsilon > \overset{\Delta^*}{\longrightarrow} < \varepsilon \mid S' \mid \varepsilon \mid E' \mid A > $ gdw

$$(C, (S, E, \varepsilon)) \overset{*}{\Longrightarrow} (\text{skip}, (S', E', A))$$

2. $< \varepsilon \mid S \mid C.\varepsilon \mid E \mid \varepsilon > \overset{\Delta^*}{\longrightarrow} < W \mid S' \mid K \mid E' \mid A > $ mit

$$\Delta < W \mid S' \mid K \mid E' \mid A > \ \text{ist nicht definiert}$$

gdw

$$(C, (S, E, \varepsilon)) \overset{*}{\Longrightarrow} (C', (S', E', A)) \quad \text{mit}$$

$$(C', ((S', E', A)) \text{ läßt sich nicht weiter mit} \Longrightarrow \text{reduzieren.}$$

zu 1. „$\Longrightarrow$":   Angenommen, daß

$$< \varepsilon \mid S \mid C.\varepsilon \mid E \mid \varepsilon > \; \xrightarrow{\Delta^*} \; < \varepsilon \mid S' \mid \varepsilon \mid E' \mid A >$$

gilt, dann muß diese Ausführung perfekt sein. Also ist Lemma 2.11.3 anwendbar.

„$\Longleftarrow$":   Eine Anwendung des Lemmas 2.9.3 liefert die gewünschte Eigenschaft.

zu 2.   Man prüft leicht nach, daß zu jeder Konfiguration der WSKEA-Maschine, für die Δ nicht definiert ist, ein entsprechendes Tupel existiert, das nicht mit $\Longrightarrow$ weiter reduziert werden kann.

Q.E.D.

Die Definition der Semantik von WHILE mittels der Funktion *eval* ermöglicht es, Programmeigenschaften eleganter zu beweisen, da bereits von einigen Implementierungsdetails, wie Werte- und Kontrollkeller, abstrahiert wurde.
Dies soll an dem Programm aus Beispiel 2.5 demonstriert werden:

Beispiel 2.13 (Korrektheitsbeweis zu 2.5)

Sei C das WHILE-Programm aus Beispiel 2.5 zur Berechnung der ganzzahligen Division mit Rest:

$$C\begin{cases} C_1\begin{cases} x & := & \textbf{read} \; ; \\ y & := & \textbf{read} \; ; \\ g & := & \underline{0}; \end{cases} \\[2ex] C_2\begin{cases} \textbf{while } x \geq y \textbf{ do} \\ C_4\begin{cases} g & := & g+\underline{1}; \\ x & := & x-y; \end{cases} \end{cases} \\[2ex] C_3\begin{cases} \textbf{output} & g; \\ \textbf{output} & x \end{cases} \end{cases}$$

Voraussetzung: *Seien $n, m \in I\!N$ und $m > 0$.*

Behauptung: $eval(C)(n, m) = (q, r)$ *mit*

$$(*) \qquad\qquad n = q \cdot m + r \quad \text{und } r < m.$$

Beweis: *Nach Definition 2.8 von eval genügt es zu zeigen, daß*

$$(C, (S_0, \underline{n}.\underline{m}.\varepsilon, \varepsilon)) \xLongrightarrow{*} (\textbf{skip} \, , (S, \varepsilon, \varepsilon.\underline{q}.\underline{r})) \quad \text{mit} \quad (*)$$

gilt.
Aus den Regeln 2.7.3c, 1f, 3a und 3b folgt:

$$(C, (S_0, \underline{n}.\underline{m}.\varepsilon, \varepsilon)) \xLongrightarrow{*} (C_2; C_3, (S_0\,[\underline{n}/x]\,[\underline{m}/y]\,[\underline{0}/g]\,, \varepsilon, \varepsilon)) \; .$$

*Sei $z_1 = (S_1, \varepsilon, \varepsilon)$ mit $S_1 = S_0\,[\underline{n}/x]\,[\underline{m}/y]\,[\underline{0}/g]$ und sei induktiv $z_{\nu+1}$ der Folgezustand von z_ν nach einmaligem Durchlaufen der **while** - Schleife C_2, d.h. unter der Annahme, daß*

$$(x \geq y, z_\nu) \overset{*}{\Longrightarrow} (\textbf{true}\ , z_\nu)$$

gilt, folgt

$$(C_4, z_\nu) \overset{*}{\Longrightarrow} (\textbf{skip}\ , z_{\nu+1}) = (\textbf{skip}\ , (S_{\nu+1}, \varepsilon, \varepsilon))\ .$$

Man zeigt induktiv:

$$(**)\qquad\qquad n = \overline{S_\nu(g)} \cdot m + \overline{S_\nu(x)}\ \ .$$

Induktionsanfang $(\nu = 1)$
    Es gilt: $n = 0 \cdot m + n = \overline{S_1(g)} \cdot m + \overline{S_1(x)}.$

Induktionsschritt
    Es gelte: $(x \geq y, z_\nu) \overset{*}{\Longrightarrow} (\textbf{true}\ , z_\nu).$

Dann folgt aus Definition 2.7.3c, 3b und 1a - 1e:

$$(C_4, z_\nu) \overset{*}{\Longrightarrow} (\textbf{skip}\ , (S_{\nu+1}, \varepsilon, \varepsilon)),$$

wobei $S_{\nu+1} = S_\nu \left[\overline{S_\nu(g)} + 1/g \right] \left[\overline{S_\nu(x)} - \overline{S_\nu(y)}/x \right].$

Damit gilt: $\overline{S_{\nu+1}(g)} \cdot m + \overline{S_{\nu+1}(x)}$

$$= (\overline{S_\nu(g)} + 1) \cdot m + \overline{S_\nu(x)} - \overline{S_\nu(y)}$$

$$= \overline{S_\nu(g)} \cdot m + m + \overline{S_\nu(x)} - m$$

$$= n\ \textit{nach Induktionsvoraussetzung.}$$

Unter der Annahme, daß $m > 0$ gilt, gibt es nur endlich viele Schleifendurchläufe, da $\overline{S_\nu(y)}$ immer konstant gleich m bleibt, aber $\overline{S_\nu(x)}$ bei jedem Schleifendurchlauf um m kleiner wird. Also gibt es ein $k \in I\!N$ mit:

1. $(C, (S_0, \underline{n}.\underline{m}.\varepsilon, \varepsilon)) \overset{*}{\Longrightarrow} (C_2; C_3, (S_k, \varepsilon, \varepsilon))$,

2. $(x \geq y, (S_k, \varepsilon, \varepsilon)) \overset{*}{\Longrightarrow} (\textbf{false}\ , (S_k, \varepsilon, \varepsilon))$ und

3. $(**)$ mit $\nu = k$.

Nun folgt aus Definition 2.7.3c, 3g, 3h und 1a:

$$(C, (S_0, \underline{n}.\underline{m}.\varepsilon, \varepsilon)) \overset{*}{\Longrightarrow} (\textbf{skip}\ , (S_k, \varepsilon, S_k(g).S_k(x).\varepsilon))\ .$$

Mit $\underline{q} = S_k(g)$ und $\underline{r} = S_k(x)$ gilt die erste Hälfte von $(*)$.

Da $\overline{S_k(x)} < \overline{S_k(y)}$ ist, gilt auch $r < m$, die zweite Hälfte von $(*)$.

Q.E.D.

2.4   Denotationelle Semantik der Sprache WHILE

In diesem Abschnitt soll auf einer halbformalen Ebene die Semantik der Sprache
WHILE im denotationellen Stil entwickelt werden. Wie schon in der Einleitung
beschrieben, ist es das Ziel der denotationellen Methode, jedem Programm *direkt* die dazugehörige Ein-/Ausgabefunktion zuzuordnen, ohne die schrittweise Zustandsänderung einer Maschine zu berücksichtigen. Dazu wird zunächst zu jedem
syntaktischen Bereich der Sprache ein geeigneter semantischer Bereich definiert,
und anschließend werden die semantischen Funktionen angegeben, die jedem syntaktischen Objekt das dazugehörige semantische Objekt zuordnen. In der Regel
werden diese semantischen Bereiche und Funktionen durch Gleichungen spezifiziert. Wie man aus solchen Gleichungen eindeutige Lösungen gewinnt, wird im
folgenden Kapitel genau behandelt. Hier sollen die Ideen der denotationellen Methode vermittelt werden, ohne dabei auf den mathematischen Hintergrund einzugehen.

Als erstes soll ein mathematischer Bereich zur Formalisierung des Zustandskonzeptes definiert werden:

Definition 2.14 (Zustandsbereich)

1. $ZUSTAND = SPEICHER \times EINGABE \times AUSGABE$

2. $SPEICHER = ID \longrightarrow (\mathbb{Z} \cup \{\underline{frei}\})$

3. $EINGABE = \overline{KON}^*$

4. $AUSGABE = \overline{KON}^*$

Erläuterung:

1. *besagt, daß der semantische Bereich der Zustände aus allen Tripeln der Form*
   (s, e, a) *besteht, wobei s ein Element aus dem Bereich $SPEICHER$ ist, e ein
   Element aus dem Bereich $EINGABE$ und a ein Element aus dem Bereich
   $AUSGABE$.*

2. *besagt, daß der semantische Bereich $SPEICHER$ aus allen Funktionen von
   dem Bereich ID in den Bereich $(\mathbb{Z} \cup \{\underline{frei}\})$ besteht.*

3. *und 4. schließlich bedeuten, daß die semantischen Bereiche $EINGABE$ und
   $AUSGABE$ aus den endlichen Folgen (inklusive der leeren Folge) von Konstanten (Elementen aus $\overline{KON}$) bestehen.*

*Der Unterschied zwischen dem mathematischen Bereich $ZUSTAND$ und dem Zustandskonzept der operationellen und Reduktionssemantik besteht ausschließlich in
der Verwendung des mathematischen Wertebereiches der Konstanten anstelle von*

ihren Namen. Während eine abstrakte Maschine nur auf den Namen für Konstanten arbeiten kann, darf der Zielbereich der semantischen Funktionen die Menge der Konstanten selbst enthalten. ∎

Für die Sprache WHILE sollen nun vier Semantikfunktionen definiert werden, die folgende Typen haben:

$$\begin{aligned} \mathcal{T} &: TERM &\longrightarrow \ &\{\text{Bedeutung der Terme}\}, \\ \mathcal{B} &: BT &\longrightarrow \ &\{\text{Bedeutung der booleschen Terme}\}, \\ \mathcal{C} &: COM &\longrightarrow \ &\{\text{Bedeutung der Anweisungen}\} \text{ und} \\ \mathcal{P} &: PROG &\longrightarrow \ &\{\text{Bedeutung der Programme}\}, \end{aligned}$$

wobei die in Mengenklammern genannten Bereiche noch anzugeben sind.

Für die Terme und booleschen Terme würde man zunächst die Menge der ganzen Zahlen bzw. der Wahrheitswerte als semantische Bereiche vermuten. Die folgenden vier Überlegungen führen jedoch zu komplexeren Strukturen:

1. Die Verwendung von Variablen in den Ausdrücken läßt eine direkte Zuordnung von Termen zu Konstanten nicht zu. Den Funktionen $\mathcal{T}$ und $\mathcal{B}$ muß also noch ein Parameter aus dem Bereich $ZUSTAND$ hinzugegeben werden.

2. Die so entstehenden Typen

$$\begin{aligned} \mathcal{T} &: TERM \times ZUSTAND &\longrightarrow \ &\mathbb{Z} \text{ bzw.} \\ \mathcal{B} &: BT \times ZUSTAND &\longrightarrow \ &\overline{BOOL} \end{aligned}$$

sind für eine Verwendung im Rahmen der denotationellen Methode nicht geeignet, da man nicht mehr von der Bedeutung eines Termes sprechen kann, sondern nur noch von der Bedeutung einer Kombination aus einem Term und einem Zustand. Daher wendet man die nach Curry benannte Isomorphie

$$\underline{curry} : (A \times B \longrightarrow C) \longrightarrow (A \longrightarrow (B \longrightarrow C)) \text{ mit}$$
$$\underline{curry}(f)(a)(b) := f(a,b)$$

an, um eine Semantikfunktion für Terme zu erhalten. So entstehen die folgenden Typen:

$$\begin{aligned} \mathcal{T} &: TERM &\longrightarrow \ &(ZUSTAND \longrightarrow \mathbb{Z}) \text{ und} \\ \mathcal{B} &: BT &\longrightarrow \ &(ZUSTAND \longrightarrow \overline{BOOL}) . \end{aligned}$$

3. Da die Berechnung von Ausdrücken auch den Zustand verändern kann (in der Sprache WHILE nur die Eingabekomponente), müssen die Zielbereiche der Funktionen $\mathcal{T}$ und $\mathcal{B}$ auch noch eine zweite Komponente aus dem Bereich

$ZUSTAND$ zur Beschreibung des Folgezustandes haben. Damit erhält man folgende Typen:

$$\mathcal{T} \ : \ TERM \ \longrightarrow \ (ZUSTAND \longrightarrow (\mathbb{Z} \times ZUSTAND)) \text{ und}$$
$$\mathcal{B} \ : \ BT \ \longrightarrow \ (ZUSTAND \longrightarrow (\overline{BOOL} \times ZUSTAND)) \ .$$

4. Um die Behandlung von Fehlern zu ermöglichen, soll ein zusätzliches Element *Fehler* in den Wertebereich hinzugefügt werden. Damit ergibt sich der semantische Bereich

$$(ZUSTAND \longrightarrow ((\mathbb{Z} \times ZUSTAND) \cup \{\underline{Fehler}\}))$$

zur Formalisierung der Bedeutung der Terme und der semantische Bereich

$$(ZUSTAND \longrightarrow ((\overline{BOOL} \times ZUSTAND) \cup \{\underline{Fehler}\}))$$

zur Formalisierung der Bedeutung der booleschen Ausdrücke.

Die Überlegungen zur Definition der semantischen Bereiche für die Bedeutung der Anweisungen und Programme ergeben sich aus den Angaben der informellen Semantik. So wird der semantische Bereich der Bedeutung der Anweisungen die Menge der Funktionen von $ZUSTAND$ in $ZUSTAND \cup \{\underline{Fehler}\}$ sein, und der semantische Bereich der Bedeutung von Programmen wird, wie bereits aus der operationellen Semantik bekannt, der Bereich der Ein-/Ausgabefunktionen von $\overline{KON}^*$ in $\overline{KON}^* \cup \{\underline{Fehler}\}$ sein.

Definition 2.15 (Semantikfunktionen)
Die Semantikfunktionen der Sprache WHILE haben folgende Typen:

$$\mathcal{T} \ : \ TERM \ \longrightarrow \ (ZUSTAND \longrightarrow ((\mathbb{Z} \times ZUSTAND) \cup \{\underline{Fehler}\})),$$
$$\mathcal{B} \ : \ BT \ \longrightarrow \ (ZUSTAND \longrightarrow ((\overline{BOOL} \times ZUSTAND) \cup \{\underline{Fehler}\})),$$
$$\mathcal{C} \ : \ COM \ \longrightarrow \ (ZUSTAND \longrightarrow (ZUSTAND \cup \{\underline{Fehler}\})) \text{ und}$$
$$\mathcal{P} \ : \ PROG \ \longrightarrow \ (\overline{KON}^* \longrightarrow (\overline{KON}^* \cup \{\underline{Fehler}\})).$$

■

Konventionen zur Schreibweise: Um bei der Bezeichnung von Funktionsanwendungen Klammern zu sparen, wird für eine Funktion f mit Argument a einfach fa für die Anwendung von f auf a geschrieben. Allerdings wird eine Ausnahme für das erste Argument der Semantikfunktionen gemacht; dieses wird in Doppelklammern gesetzt, um deutlich die syntaktische Einheit, deren Bedeutung bestimmt wird, von den übrigen semantischen Objekten abzuheben.
Ähnlich wie bei den Speicheränderungen in der operationellen Spezifikation, wird die Änderung einer Funktion f an der Stelle x mit dem neuen Wert a durch den

Ausdruck $f[a/x]$ bezeichnet.

Die Semantikfunktionen lassen sich nun induktiv über den Aufbau der Phrasen angeben:

Definition 2.16 *Sei* $z = (s, e, a) \in ZUSTAND$.

1. **Semantik der Terme**

(a)　$T[\![\underline{n}]\!]z = (n, z)$ *für alle* $\underline{n} \in ZAHL$

(b)　$T[\![x]\!]z = \begin{cases} \underline{Fehler} & \text{falls } sx = \underline{frei} \\ (sx, z) & \text{sonst} \end{cases}$

(c)　$T[\![T_1 + T_2]\!]z = \begin{cases} \underline{Fehler} & \text{falls } T[\![T_1]\!]z = \underline{Fehler} \text{ oder} \\ & \quad T[\![T_1]\!]z = (n_1, z_1) \text{ und} \\ & \quad T[\![T_2]\!]z_1 = \underline{Fehler} \\ (n_1 + n_2, z_2) & \text{falls } T[\![T_1]\!]z = (n_1, z_1) \text{ und} \\ & \quad T[\![T_2]\!]z_1 = (n_2, z_2) \end{cases}$

(d)　*analog für alle anderen arithmetischen Operationen*

(e)　$T[\![\text{read }]\!]z = \begin{cases} \underline{Fehler} & \text{falls } e = \varepsilon \text{ oder } e = b.e' \\ (n, (s, e', a)) & \text{falls } e = n.e' \end{cases}$

2. **Semantik der booleschen Terme**

(a)　$B[\![\text{true }]\!]z = (wahr, z)$

(b)　$B[\![\text{false }]\!]z = (falsch, z)$

(c)　$B[\![\text{not } B]\!]z = \begin{cases} \underline{Fehler} & \text{falls } B[\![B]\!]z = \underline{Fehler} \\ (\neg b, z') & \text{falls } B[\![B]\!]z = (b, z') \end{cases}$

(d)　$B[\![T_1 = T_2]\!]z = \begin{cases} \underline{Fehler} & \text{falls } T[\![T_1]\!]z = \underline{Fehler} \text{ oder} \\ & \quad T[\![T_1]\!]z = (n_1, z_1) \text{ und} \\ & \quad T[\![T_2]\!]z_1 = \underline{Fehler} \\ (n_1 = n_2, z_2) & \text{falls } T[\![T_1]\!]z = (n_1, z_1) \text{ und} \\ & \quad T[\![T_2]\!]z_1 = (n_2, z_2) \end{cases}$

(e)　*analog für alle anderen booleschen Operationen*

$$(f) \quad \mathcal{B}[\![\text{read}]\!]z = \begin{cases} \underline{Fehler} & falls\ e = \varepsilon\ oder\ e = n.e' \\ (b,(s,e',a)) & falls\ e = b.e' \end{cases}$$

3. Semantik der Anweisungen

$$(a) \quad \mathcal{C}[\![\text{skip}]\!]z = z$$

$$(b) \quad \mathcal{C}[\![I := T]\!]z = \begin{cases} \underline{Fehler} & falls\ \mathcal{T}[\![T]\!]z = \underline{Fehler} \\ (s\,[n/I],e',a) & falls\ \mathcal{T}[\![T]\!]z = (n,(s,e',a)) \end{cases}$$

$$(c) \quad \mathcal{C}[\![C_1;C_2]\!]z = \begin{cases} \underline{Fehler} & falls\ \mathcal{C}[\![C_1]\!]z = \underline{Fehler} \\ \mathcal{C}[\![C_2]\!](\mathcal{C}[\![C_1]\!]z) & sonst \end{cases}$$

$$(d) \quad \mathcal{C}[\![\text{if}\ B\ \text{then}\ C_1\ \text{else}\ C_2]\!]z = \begin{cases} \underline{Fehler} & falls\ \mathcal{B}[\![B]\!]z = \underline{Fehler} \\ \mathcal{C}[\![C_1]\!]z' & falls\ \mathcal{B}[\![B]\!]z = (wahr,z') \\ \mathcal{C}[\![C_2]\!]z' & falls\ \mathcal{B}[\![B]\!]z = (falsch,z') \end{cases}$$

$$(e) \quad \mathcal{C}[\![\text{while}\ B\ \text{do}\ C]\!]z = \begin{cases} \underline{Fehler} & falls\ \mathcal{B}[\![B]\!]z = \underline{Fehler} \\ \mathcal{C}[\![C;\overline{C}]\!]z' & falls\ \mathcal{B}[\![B]\!]z = (wahr,z'), \\ & wobei\ \overline{C} = \text{while}\ B\ \text{do}\ C \\ z' & falls\ \mathcal{B}[\![B]\!]z = (falsch,z') \end{cases}$$

$$(f) \quad \mathcal{C}[\![\text{output}\ T]\!]z = \begin{cases} \underline{Fehler} & falls\ \mathcal{T}[\![T]\!]z = \underline{Fehler} \\ (s,e',a.n) & falls\ \mathcal{T}[\![T]\!]z = (n,(s,e',a)) \end{cases}$$

$$(g) \quad \mathcal{C}[\![\text{output}\ B]\!]z = \begin{cases} \underline{Fehler} & falls\ \mathcal{B}[\![B]\!]z = \underline{Fehler} \\ (s,e',a.b) & falls\ \mathcal{B}[\![B]\!]z = (b,(s,e',a)) \end{cases}$$

4. Semantik der Programme

$$\mathcal{P}[\![C]\!]e = \begin{cases} \underline{Fehler} & falls\ \mathcal{C}[\![C]\!](s_0,e,\varepsilon) = \underline{Fehler} \\ a & falls\ \mathcal{C}[\![C]\!](s_0,e,\varepsilon) = (s,e',a)), \end{cases}$$

wobei $s_0 \in SPEICHER$ gegeben ist durch $s_0(I) = \underline{frei}$ für alle $I \in ID$.

Beachte, daß mit 3e und 3c die Definition von $\mathcal{C}$ rekursiv ist. ∎

Das nächste Beispiel soll den Vorteil verdeutlichen, den die Verwendung der denotationellen Methode gegenüber der operationellen oder Reduktionssemantik beim

Beweisen von Programmeigenschaften bietet. Es beinhaltet den Korrektheitsbeweis zu dem Divisionsprogramm aus Beispiel 2.5, der in Beispiel 2.13 bzgl. der Reduktionssemantik bereits geführt wurde.

Beispiel 2.17 (Korrektheitsbeweis zu 2.5)

Sei wieder C das folgende WHILE-Programm:

$$C \begin{cases} C_1 \begin{cases} x & := & \textbf{read}\ ; \\ y & := & \textbf{read}\ ; \\ g & := & \underline{0}; \end{cases} \\ C_2 \begin{cases} \textbf{while } x \geq y \textbf{ do} \\ \quad C_4 \begin{cases} g & := & g+\underline{1}; \\ x & := & x - y; \end{cases} \end{cases} \\ C_3 \begin{cases} \textbf{output} & g; \\ \textbf{output} & x \end{cases} \end{cases}$$

Voraussetzung: *Seien $n, m \in I\!N$ und $m > 0$.*

Behauptung: $\mathcal{P}[\![C]\!](n,m) = (q,r)$ *mit*

(*) $\qquad\qquad\qquad n = q \cdot m + r \ \text{ und } r < m.$

Beweis: *Nach Definition 2.16.4 von $\mathcal{P}$ genügt es zu zeigen:*

$$\mathcal{C}[\![C]\!](s_0, (n,m), \varepsilon) = (s, \varepsilon, (q,r)) \ \text{ mit (*)}.$$

Aus Definition 2.16.3c, 3b, 1e und 1a folgt:

$$\mathcal{C}[\![C]\!](s_0, (n,m), \varepsilon) = \mathcal{C}[\![C_2; C_3]\!](s_0[0/g][n/x][m/y], \varepsilon, \varepsilon).$$

Folgendes Prädikat über dem Zustandsraum entspricht der Aussage (*): Sei

$$\begin{aligned} A(z) &:= & A_1(z) \wedge A_2(z) \ \text{ mit} \\ A_1(s,e,a) &:= & n = s(g) \cdot m + s(x) \ \text{ und} \\ A_2(s,e,a) &:= & s(x) < s(y) \quad . \end{aligned}$$

Nun genügt es wegen der Definition von $\mathcal{C}[\![C_3]\!]$, zu zeigen:

$$A(\mathcal{C}[\![C_2]\!](s_0[0/g][n/x][m/y], \varepsilon, \varepsilon)).$$

Da A_1 auf dem vorgelegten Zustand gilt, genügt es, zu zeigen:

$$A_1(z) \Longrightarrow A(\mathcal{C}[\![C_2]\!]z) \ \text{ für alle } z = (s,e,a) \in ZUSTAND .$$

Induktion über $k = s(x)$:

Induktionsanfang $(k < s(y))$

Aus Definition 2.16.3e folgt $\mathcal{C}[\![C_2]\!]z = z$, und $A_2(z)$ gilt wegen $k = s(x)$.

Induktionsschritt $(k \geq s(y))$

Annahme: Die Behauptung gilt bereits für alle $z' = (s', e', a')$ mit $s'(x) < k$.

Aus Definition 2.16.3e und der Tatsache, daß $s(x) \geq s(y)$ gilt, folgt:

$$\mathcal{C}[\![C_2]\!]\, z = \mathcal{C}[\![C_4; C_2]\!]\, z = \mathcal{C}[\![C_2]\!]\, z'$$

mit

$$z' = (s\,[s(g) + 1/g]\,[s(x) - s(y)/x]\,, e, a).$$

Man prüft leicht nach, daß $A_1(z')$ gilt, und da wegen $s(y) = m > 0$ auch $(s(x) - s(y)) < k$ gilt, folgt die Behauptung aus der Induktionsannahme.

Q.E.D.

2.4.1 Äquivalenz von operationeller und denotationeller Semantik

Zunächst soll eine Schreibweise, in der den Elementen aus dem Zustandskonzept der WSKEA-Maschine ihre äquivalenten Elemente aus dem mathematischen Bereich $ZUSTAND$ zugeordnet werden können, vereinbart werden.

Wie gewohnt werden Elemente aus dem Zustandskonzept der operationellen Semantik mit Großbuchstaben und Elemente aus dem Bereich $ZUSTAND$ mit Kleinbuchstaben bezeichnet.

Im folgenden sei aber stets $Z = (S, E, A)$ äquivalent zu $z = (s, e, a)$, d.h. für alle $I \in ID$ gelte

$$s(I) = \begin{cases} k & \text{gdw} \quad S(I) = \underline{k} \\ \underline{frei} & \text{gdw} \quad S(I) = \underline{frei} \end{cases},$$

und ferner sei

$$e = \overline{E} \text{ und } a = \overline{A}.$$

Bevor die Äquivalenz der denotationellen und der operationellen Semantik gezeigt wird, soll die Beziehung zwischen operationellen und denotationellen Werten der arithmetischen und der booleschen Ausdrücke hergestellt werden:

Lemma 2.18 (Äquivalenz der Semantik der Ausdrücke)
Sei (S, E, A) eine Konfiguration des Zustandskonzeptes und $(s, e, a) \in ZUSTAND$ dazu äquivalent.

1.
$$\begin{aligned} (T, (S, E, A)) &\overset{*}{\Longrightarrow} (\underline{n}, (S, E', A)) \quad gdw \\ \mathcal{T}[\![T]\!]\,(s, e, a) &= (n, (s, e', a)) \end{aligned}$$

2.
$$\begin{aligned} (B, (S, E, A)) &\overset{*}{\Longrightarrow} (\underline{b}, (S, E', A)) \quad gdw \\ \mathcal{B}[\![B]\!]\,(s, e, a) &= (b, (s, e', a)) \end{aligned}$$

Beweis: Einfache Induktion über die Struktur von T bzw. B .

Es kann nun die Äquivalenz der operationellen und der denotationellen Semantik der Sprache WHILE gezeigt werden:

Satz 2.19 (Äquivalenz von operationeller und denotationeller Semantik)

$$\mathcal{P} = eval$$

Beweis:

Es genügt, folgende Äquivalenzen zu zeigen:

1. $\mathcal{C}[\![C]\!]z = z'$ gdw $(C,Z) \stackrel{*}{\Longrightarrow}(\text{skip},Z')$ und

2. $\mathcal{C}[\![C]\!]z = \underline{Fehler}$ gdw $(C,Z) \stackrel{*}{\Longrightarrow}(C',Z')$ und (C',Z') läßt sich nicht
   weiter mit $\Longrightarrow$ reduzieren.

zu 1. „$\Longrightarrow$": Sei $\mathcal{C}[\![C]\!]z = z'$.
   Die Behauptung läßt sich durch strukturelle Induktion über den Aufbau von C zeigen.

Fallunterscheidung:

$\underline{C = \text{skip}}$
   In diesem Fall gilt $z' = z$ nach Definition 2.16.3a und wegen der Reflexivität von $\stackrel{*}{\Longrightarrow}$ gilt auch $(\text{skip},Z) \stackrel{*}{\Longrightarrow} (\text{skip},Z)$.

$\underline{C = I := T}$
   Aus der Definition 2.16.3b folgt
   $z' = (s[n/I],e',a)$ und $\mathcal{T}[\![T]\!]z = (n,(s,e',a))$.
   Aus Lemma 2.18.1 folgt $(T,(S,E,A)) \stackrel{*}{\Longrightarrow} (\underline{n},(S,E',A))$.
   Dann gilt nach Definition 2.7.3b auch $(C,Z) \Longrightarrow (\text{skip},Z')$.

$\underline{C = C_1;C_2 \mid \text{ if } B \text{ then } C_1 \text{ else } C_2 \mid \text{ output } T \mid \text{ output } B}$
   Als Übung

$\underline{C = \text{while } B \text{ do } C_1}$
   Aus der Definition 2.16.3e und 3c folgt:
   Es gibt ein $n \in I\!N$ mit

$$\mathcal{C}[\![C]\!]z = \mathcal{C}[\![C]\!](\mathcal{C}[\![C_1]\!]^n z) = z'$$

$$\text{und} \quad \mathcal{B}[\![B]\!](\mathcal{C}[\![C_1]\!]^k z) = wahr \text{ für alle } k < n$$

$$\text{und} \quad \mathcal{B}[\![B]\!](\mathcal{C}[\![C_1]\!]^n z) = falsch$$

$$\text{und} \quad \mathcal{C}[\![C_1]\!]^n z = z' .$$

Daraus folgt

$$\mathcal{C}[\![\underbrace{C_1;\ldots;C_1}_{n}]\!]\,z = z',\ \text{und per Induktionsannahme gilt}$$

$$(\underbrace{C_1;\ldots;C_1}_{n}, Z) \overset{*}{\Longrightarrow} (\text{skip}\,, Z').$$

Aus Lemma 2.18.2 folgt nun auch

$$(C, Z) \overset{*}{\Longrightarrow} (\text{skip}\,, Z').$$

$„\!\!\Longleftarrow\text{“}$ Sei $(C, Z) \overset{*}{\Longrightarrow} (\text{skip}\,, Z')$ mit $Z = (S, E, A)$ und $Z' = (S', E', A')$. Wegen der Definition 2.16.3a genügt es, allgemein zu zeigen:

Aus $(C, Z) \Longrightarrow (C', Z')$ folgt $\mathcal{C}[\![C]\!]\,z = \mathcal{C}[\![C']\!]\,z'$.

Diese Aussage wird durch strukturelle Induktion über den Aufbau von C bewiesen.

Fallunterscheidung:

$\underline{C = \text{skip}}$

    Da sich $(\text{skip}\,, Z)$ nach Definition 2.7 nicht mit $\Longrightarrow$ reduzieren läßt, ist die Prämisse falsch und damit die Aussage wahr.

$\underline{C = I := T}$

    Aus Definition 2.7.3b folgt $C' = \text{skip}$ und $S' = S\,[n/I]$ und $(T, (S, E, A)) \overset{*}{\Longrightarrow} (\underline{n}, (S, E', A))$.
Aus Lemma 2.18.1 folgt $\mathcal{T}[\![T]\!](s, e, a) = (n, (s, e', a))$. Dann gilt nach Definition 2.16.3b und 3a auch

$$\mathcal{C}[\![C]\!](s, e, a) = (s\,[n/I], e', a) = \mathcal{C}[\![\text{skip}\,]\!](s\,[n/I], e', a).$$

$\underline{C = C_1; C_2 \ \mid\ \textbf{if } B \textbf{ then } C_1 \textbf{ else } C_2 \ \mid\ \textbf{output } T \ \mid\ \textbf{output } B}$
    Als Übung

$\underline{C = \textbf{while } B \textbf{ do } C_1}$

    (a) Wenn $(B, (S, E, A)) \overset{*}{\Longrightarrow} (\text{true}\,, (S, E', A))$, dann gilt nach Definition 2.7.3f $(C', Z') = (C_1; C, (S, E', A))$.
Aus Lemma 2.18.2 folgt $\mathcal{B}[\![B]\!]\,z = (wahr, (s, e', a))$, und damit folgt aus der Definition 2.16.3e auch

$$\mathcal{C}[\![C]\!]\,z = \mathcal{C}[\![C_1; C]\!](s, e', a) = \mathcal{C}[\![C']\!]\,z'.$$

(b) Wenn $(B,(S,E,A)) \stackrel{*}{\Longrightarrow} (\text{false},(S,E',A))$, dann gilt
nach Definition 2.7.3g $(C',Z') = (\text{skip},(S,E',A))$.
Aus Lemma 2.18.2 folgt $\mathcal{B}[\![B]\!]z = (falsch,(s,e',a))$, und
damit folgt aus der Definition 2.16.3e auch

$$\mathcal{C}[\![C]\!]z = (s,e',a) = \mathcal{C}[\![\text{skip}]\!](s,e',a) = \mathcal{C}[\![C']\!]z'.$$

zu 2. Ein genauer Vergleich der Definitionen von $\mathcal{C}$ (2.16) und $\Longrightarrow$ (2.7)
zeigt die gewünschte Äquivalenz.

Q.E.D.

2.5 Axiomatische Semantik der Sprache WHILE

In diesem Abschnitt soll die Semantik der Sprache WHILE nach der von Hoare
entwickelten axiomatischen Methode ebenfalls auf einer halbformalen Ebene spezifiziert werden.
Zur Formalisierung der axiomatischen Semantik einer Programmiersprache gehören neben der abstrakten Syntax vier Angaben:

1. Eine Menge logischer Ausdrücke oder Prädikate, genannt *Bedingungen*, die
   über dem Zustandsraum interpretierbar sind. Im allgemeinen wählt man
   Ausdrücke der Prädikatenlogik erster Stufe.

2. Zu jeder elementaren Anweisung C ein *Axiom* bzw. ein *Axiomenschema*, bestehend aus einer Vorbedingung Q und einer Nachbedingung R. Ein solches
   Axiom wird gegeben durch die Formel

$$\{Q\}\, C\, \{R\}$$

   und bezeichnet folgende Aussage: Wenn die Bedingung Q für einen Zustand
   z erfüllt ist und die Ausführung von C mit Anfangszustand z im Zustand z'
   terminiert, dann gilt die Bedingung R für den Zustand z'.

3. Zu jeder zusammengesetzten Anweisung C mit unmittelbaren Komponenten
   $C_1,\dots,C_r$ eine *Schlußregel* der Form

$$\frac{F_1,\dots,F_n}{\{Q\}\,C\,\{R\}} \ ,$$

   zu lesen als: Wenn die Formeln F_1 bis F_n erfüllt sind, dann gilt auch die
   Formel $\{Q\}\,C\,\{R\}$. In der Regel besteht die Folge $F_1,\dots,F_n$ aus Formeln zu
   den Komponenten $C_1,\dots,C_r$.

4. Eine Menge von *allgemeinen Schlußregeln*, die die Gesetze der zugrundeliegenden Logik zur Herleitung neuer gültiger Formeln aus bereits gegebenen
   gültigen Formeln ausnutzen.

Da die Behandlung von Ausdrücken mit Nebeneffekten nach der axiomatischen Methode einen besonderen Aufwand erfordert, aber keine neuen Einsichten erbringt, soll weiterhin folgende Modifikation der Sprache WHILE betrachtet werden: Anstelle des Ausdruckes **read** in der Menge $TERM$ der Terme und der Menge BT der booleschen Ausdrücke gibt es eine zusätzliche Anweisung der Form **read** I in der Menge COM der Anweisungen. Die so modifizierte Sprache wird mit WHILE' und die entsprechenden denotationellen Semantikfunktionen mit T', B', C' und P' bezeichnet.

Außerdem wird hier zugunsten der Übersichtlichkeit auf eine explizite Fehlerbehandlung verzichtet, d.h. wenn die Ausführung einer Anweisung C im Zustand z einen Fehler hervorruft, dann wird keine nichttriviale Formel $\{Q\}\,C\,\{R\}$ mit der Eigenschaft „Q gilt für z" herleitbar sein.

Es soll nun ein Hoare-Kalkül für die Sprache WHILE' mittels der vier erforderlichen Angaben entwickelt werden:

1. Bedingungen (Prädikate) auf dem Zustandsraum

Für die Sprache WHILE' genügt es, Bedingungen in Form von aussagenlogischen Ausdrücken zu formulieren. Dabei geht man von der Menge $\overline{TERM}$ der Terme aus, die über den Konstanten $\overline{KON} \cup \overline{KON}^*$ und den Variablen $ID \cup \{\underline{input}, \underline{output}\}$ mit Hilfe der Basisoperationen sowie den Konstruktions- und Selektionsfunktionen für Listen aufgebaut sind. Die Bedingungen sind nun prädikatenlogische Formeln, die in gewohnter Weise induktiv aufgebaut werden:

(i) Jeder boolesche Term aus $\overline{BT}$ ist eine Bedingung.

(ii) Wenn Q und R Bedingungen sind, dann sind auch $(\neg Q)$, $(Q \vee R)$ und $(Q \wedge R)$ Bedingungen.

Beispiel: Der Ausdruck

$$((\; x = 6 \; \vee \; \underline{input} = (1,2,3) \;) \; \wedge \; y + 3 = z)$$

ist eine Bedingung über dem Zustandsraum.

Jeder solchen Bedingung läßt sich nun bzgl. eines gegebenen Zustandes $(s, e, a) \in ZUSTAND$ in natürlicher Weise ein Wahrheitswert zuordnen, nachdem für jede Variable I der dazugehörige Wert $s(I)$, für $\underline{input}$ das Wertetupel e und für $\underline{output}$ das Wertetupel a eingesetzt wurde. Dabei wird einer Bedingung, die einen fehlerhaften Ausdruck enthält, wie etwa $4/0 = 1$ oder $x < 0$ bei einem Zustand mit $s(x) = \underline{frei}$, der Wahrheitswert $falsch$ zugeordnet.

Auf der Menge der Bedingungen ist eine syntaktische Substitution wie folgt erklärt: Die Bedingung $Q\,[t/x]$ bezeichnet die Bedingung Q, in der jedes Vorkommen von x durch den Term t ersetzt wurde.

2. Axiome für die elementaren Anweisungen

Für jede Bedingung Q gilt:

$$\{Q\} \ \textbf{skip} \ \{Q\} \qquad\qquad\qquad\text{(A.1)}$$

$$\{Q\,[t/I]\} \ I := T \ \{Q\} \ , \qquad\qquad\qquad\text{(A.2)}$$

wobei t der semantische Term ist, den man aus T gewinnt.

$$\left\{\neg\underline{eof} \wedge Q\left[\pi_1(\underline{input})/I\right]\right\} \ \textbf{read} \ I \ \left\{Q\left[\underline{I.input/input}\right]\right\} \ , \qquad\text{(A.3)}$$

wobei $\neg\underline{eof}$ abkürzend steht für die Bedingung $\underline{input} = \varepsilon$
und π_1 die Projektion auf die erste Komponente bezeichnet.

$$\left\{Q\left[\underline{output.t/output}\right]\right\} \ \textbf{output} \ T \ \{Q\} \ , \qquad\qquad\text{(A.4)}$$

wobei wieder t der semantische Term ist, den man aus T gewinnt.

3. Schlußregeln für die zusammengesetzten Anweisungen

Für beliebige Bedingungen Q, R und S gilt:

$$\frac{\{Q\} \ C_1 \ \{R\} \ , \ \{R\} \ C_2 \ \{S\}}{\{Q\} \ C_1; C_2 \ \{S\}} \qquad\qquad\text{(A.5)}$$

$$\frac{\{Q \wedge b\} \ C_1 \ \{R\} \ , \ \{Q \wedge \neg b\} \ C_2 \ \{R\}}{\{Q\} \ \textbf{if } B \textbf{ then } C_1 \textbf{ else } C_2 \ \{R\}} \ , \qquad\text{(A.6)}$$

wobei b der semantische Ausdruck ist, den man aus B gewinnt.

$$\frac{\{Q \wedge b\} \ C \ \{Q\}}{\{Q\} \ \textbf{while } B \textbf{ do } C \ \{Q \wedge \neg b\}} \ , \qquad\text{(A.7)}$$

wobei b der zu B gehörende semantische Ausdruck ist.
Da die Bedingung Q vor, während und nach Ausführung der
while - Schleife gültig ist, heißt sie auch *Schleifeninvariante*.

4. Allgemeine Schlußregeln

Wenn die Bedingung Q im Sinne der Prädikatenlogik eine andere Bedingung R impliziert und ebenso die Bedingung S eine Bedingung U impliziert, dann gilt:

$$\frac{\{R\} \ C \ \{S\}}{\{Q\} \ C \ \{U\}} \qquad\qquad\text{(A.8)}$$

Diese Regel heißt auch *Konsequenzenregel (rule of consequence)*.

Diese vier Angaben begründen nun den Hoare-Kalkül zur Sprache WHILE'. Das formale Beweisen einer Formel mit Hilfe der Axiome und Schlußregeln wird durch die Ableitungsregel „⊢" präzisiert.

Definition 2.20 (⊢, Beweisbarkeit von Formeln im Hoare-Kalkül)

Eine Formel F kann im Hoare-Kalkül zur Sprache WHILE' bewiesen werden ($\vdash F$), gdw es eine Folge von Formeln $F_1, F_2, \ldots, F_k$ mit $k \in IN$ und $F_k = F$ gibt, für die gilt: Jede Formel F_ν ($1 \leq \nu \leq k$) ist entweder ein Axiom aus der Menge A.1 bis A.4, oder es folgt aus der Anwendung einer Schlußregel aus der Menge A.5 bis A.8 auf Formeln aus der Teilfolge $F_1, \ldots, F_{\nu-1}$.

■

Eine Erläuterung dieser Definition bzw. der Wirkungsweise der Axiome und Schlußregeln erfolgt am besten anhand eines Beispiels. Um gleichzeitig die Überlegenheit der axiomatischen Methode gegenüber der operationellen und denotationellen Methode beim Beweisen von Programmeigenschaften zu demonstrieren, soll noch einmal der Korrektheitsbeweis zu dem Divisionsprogramm durchgeführt werden, das jetzt in WHILE' umgeschrieben wurde.

Beispiel 2.21 (Korrektheitsbeweis zu 2.5)

Sei C das folgende WHILE'-Programm:

$$
C \begin{cases}
C_1 \begin{cases}
\textbf{read } x; \\
\textbf{read } y; \\
g \; := \; \underline{0};
\end{cases} \\
C_2 \begin{cases}
\textbf{while } x \geq y \textbf{ do} \\
C_4 \begin{cases}
g \; := \; g + \underline{1}; \\
x \; := \; x - y;
\end{cases}
\end{cases} \\
C_3 \begin{cases}
\textbf{output } g; \\
\textbf{output } x
\end{cases}
\end{cases}
$$

Voraussetzung:

$$
\begin{aligned}
Q &= \; m > 0 \;\wedge\; \underline{input} = (n, m) \;\wedge\; \underline{output} = \varepsilon \\
R &= \; n = g \cdot m + x \;\wedge\; x < m \;\wedge\; \underline{output} = (g, x)
\end{aligned}
$$

Behauptung:

$$
\vdash \{Q\} C \{R\}
$$

Beweis:

$$
\begin{aligned}
F_1: \qquad & Q \; \textit{impliziert } Q_1 \; \textit{mit} \\
& Q_1 = \; \neg \underline{eof} \;\wedge\; m > 0 \;\wedge\; \underline{input} = (n, m) \;\wedge\; \underline{output} = \varepsilon \;\wedge \\
& \qquad \pi_1(\underline{input}) = n
\end{aligned}
$$

F_2 : (A.3) $\vdash \{Q_1\}$ **read** x $\{Q_2\}$ *mit*
$$Q_2 \; = \; m > 0 \; \wedge \; x.\underline{input} = (n,m) \; \wedge \; \underline{output} = \varepsilon \; \wedge \; x = n$$

F_3 : Q_2 *impliziert* Q_3 *mit*
$$Q_3 \; = \; \neg \underline{eof} \; \wedge \; m > 0 \; \wedge \; \underline{input} = (m) \; \wedge \; \underline{output} = \varepsilon \; \wedge$$
$$x = n \; \wedge \; \pi_1(\underline{input}) = m$$

F_4 : (A.8) $\vdash \{Q\}$ **read** x $\{Q_3\}$ *nach* $F_1 - F_3$

F_5 : (A.3) $\vdash \{Q_3\}$ **read** y $\{Q_4\}$ *mit*
$$Q_4 \; = \; m > 0 \; \wedge \; y.\underline{input} = (m) \; \wedge \; \underline{output} = \varepsilon \; \wedge \; x = n \; \wedge \; y = m$$

F_6 : Q_4 *impliziert* Q_5 *mit*
$$Q_5 \; = \; m > 0 \; \wedge \; \underline{output} = \varepsilon \; \wedge \; x = n \; \wedge \; y = m \; \wedge \; 0 = 0$$

F_7 : (A.8) $\vdash \{Q_3\}$ **read** y $\{Q_5\}$ *nach* F_5 *und* F_6

F_8 : (A.5) $\vdash \{Q\}$ **read** x; **read** y $\{Q_5\}$ *nach* F_4 *und* F_7

F_9 : (A.2) $\vdash \{Q_5\}$ g := $\underline{0}$ $\{Q_6\}$ *mit*
$$Q_6 \; = \; m > 0 \; \wedge \; \underline{output} = \varepsilon \; \wedge \; x = n \; \wedge \; y = m \; \wedge \; g = 0$$

F_{10} : (A.5) $\vdash \{Q\}$ C_1 $\{Q_6\}$ *nach* F_4, F_7 *und* F_9

F_{11} : Q_6 *impliziert die Schleifeninvariante* Q_7 *mit*
$$Q_7 \; = \; m > 0 \; \wedge \; \underline{output} = \varepsilon \; \wedge \; y = m \; \wedge \; n = g \cdot m + x$$

F_{12} : (A.8) $\vdash \{Q\}$ C_1 $\{Q_7\}$ *nach* F_{10} *und* F_{11}

F_{13} : (A.2) $\vdash \{Q_7 \wedge x \geq y\}$ g := $g + \underline{1}$ $\{Q_8\}$ *mit*
$$Q_8 \; = \; m > 0 \; \wedge \; \underline{output} = \varepsilon \; \wedge \; y = m \; \wedge \; n = (g - 1) \cdot m + x$$
$$\wedge \; x \geq y$$

F_{14} : (A.2) $\vdash \{Q_8\}$ x := $x - y$ $\{Q_9\}$ *mit*
$$Q_9 \; = \; m > 0 \; \wedge \; \underline{output} = \varepsilon \; \wedge \; y = m \; \wedge \; n = (g - 1) \cdot m + (x + y)$$
$$\wedge \; (x + y) \geq y$$

F_{15} : Q_9 *impliziert* Q_7

F_{16} : (A.8) $\vdash \{Q_8\}$ x := $x - y$ $\{Q_7\}$ *nach* F_{14} *und* F_{15}

F_{17} : (A.5) $\vdash \{Q_7 \wedge x \geq y\}$ C_4 $\{Q_7\}$ *nach* F_{13} *und* F_{16}

F_{18} : (A.7) $\vdash \{Q_7\}$ **while** $x \geq y$ **do** C_4 $\{Q_7 \wedge \neg x \geq y\}$ *nach* F_{17}

F_{19} : $Q_7 \wedge \neg x \geq y$ *impliziert* Q_{10} *mit*
$$Q_{10} \; = \; \underline{output}.g.x = (g,x) \; \wedge \; n = g \cdot m + x \; \wedge \; x < m$$

F_{20} : *(A.8)* $\vdash \{Q_7\}\ C_2\ \{Q_{10}\}$ *nach F_{18} und F_{19}*

F_{21} : *(A.4)* $\vdash \{Q_{10}\}$ **output** g $\{Q_{11}\}$ *mit*
$$Q_{11}\ =\ \underline{output}.x = (g,x)\ \wedge\ n = g\cdot m + x\ \wedge\ x < m$$

F_{22} : *(A.4)* $\vdash \{Q_{11}\}$ **output** x $\{R\}$

F_{23} : *(A.5)* $\vdash \{Q_{10}\}\ C_3\ \{R\}$ *nach F_{21} und F_{22}*

F_{24} : *(A.5)* $\vdash \{Q\}\ C\ \{R\}$ *nach F_{12}, F_{20} und F_{23}*

Q.E.D.

Durch eine geschickte Notation läßt sich ein solcher Beweis für die Formel $\{Q\}C\{R\}$ erheblich in der Länge abkürzen. Man bildet einfach eine Kette der Form

$$\{Q\}t_1\{Q_1\}t_2 \ldots t_{k-1}\{Q_{k-1}\}t_k\{R\}\ ,$$

wobei für jede Teilfolge der Form

$$\{Q_{\nu-1}\}t_\nu\{Q_\nu\}$$

gilt: Entweder ist sie eine gültige Hoare-Regel, d.h. t_ν ist ein Programmsegment, oder sie ist eine prädikatenlogische Schlußfolgerung, d.h. t_ν steht für „impliziert", was auch durch den Doppelpfeil ($\Longrightarrow$) notiert wird. Natürlich müssen die verwendeten Programmsegmente, der Reihe nach mit dem Semikolon verbunden, gerade den Programmtext C ergeben.
Mit dieser Notation wird erreicht, daß die Schlußregeln A.5 und A.8 nicht mehr explizit angewendet werden müssen und daß jede Bedingung des Beweises nur einmal auftritt anstatt zweimal, nämlich sowohl als Nachbedingung einer bestimmten Anweisung als auch als Vorbedingung der nächsten Anweisung.
Das Ergebnis dieser Technik ist nun, daß ein Beweis aus einer einfachen Kette besteht, wobei es für jede **while** - Schleife und jede Verzweigung gesonderte Beweise gibt, die die Prämissen der Schlußregeln A.6 und A.7 sicherstellen.

Der obige Beweis sieht nun in dieser Notation folgendermaßen aus:

$$\{Q\} \Longrightarrow \{Q_1\}\ \textbf{read}\ x\ \{Q_2\} \Longrightarrow \{Q_3\}\ \textbf{read}\ y\ \{Q_4\} \Longrightarrow \{Q_5\}\ g := \underline{0}\ \{Q_6\}$$

$$\Longrightarrow \{Q_7\}\ C_2\ \{Q_7 \wedge \neg x \ge y\} \Longrightarrow \{Q_{10}\}\ \textbf{output}\ g\ \{Q_{11}\}\ \textbf{output}\ x\ \{R\}$$

mit

$$\{Q_7 \wedge x \ge y\}\ g := g + \underline{1}\ \{Q_8\}\ x := x - y\ \{Q_9\} \Longrightarrow \{Q_7\}\ .$$

2.5.1 Beziehung der axiomatischen zur denotationellen und operationellen Semantik

Eine Äquivalenz der axiomatischen zur operationellen und denotationellen Semantik läßt sich in der Regel nicht nachweisen, da die semantischen Aussagen der axiomatischen Methode viel allgemeiner sind. Hier können nicht nur funktionale Abhängigkeiten zwischen Ein- und Ausgabe formuliert werden, sondern auch beliebige Beziehungen zwischen Zuständen vor und nach der Ausführung einer Anweisung. Allerdings lassen sich nicht alle gültigen Formeln im Hoare-Kalkül beweisen. Man kann aber, um eine Beziehung zu anderen Semantikformalisierungen herzustellen, die Korrektheit der Hoare-Regeln nachweisen.

Es sollen zunächst die Begriffe der *Korrektheit (soundness)* und der *Vollständigkeit (completeness)* präzisiert werden, wobei sie exemplarisch für die Sprache WHILE' in Bezug auf ihre denotationelle Semantikspezifikation formalisiert werden.

Definition 2.22 ($\models$, Gültigkeit von Formeln)

Eine Formel $F = \{Q\}C\{R\}$ ist gültig ($\models F$), gdw für alle $z \in ZUSTAND$ gilt:

$$\text{Aus } Q \text{ ist wahr bzgl. } z \text{ folgt } R \text{ ist wahr bzgl. } C'[\![C]\!]z.$$

∎

Definition 2.23 (Korrektheit des Hoare-Kalküls)

Der Hoare-Kalkül zur Sprache WHILE' ist korrekt, gdw für alle Formeln F gilt:

$$\text{Aus } \vdash F \text{ folgt } \models F.$$

∎

Definition 2.24 (Vollständigkeit des Hoare-Kalküls)

Der Hoare Kalkül zu WHILE' ist vollständig, gdw für alle Formeln F gilt:

$$\text{Aus } \models F \text{ folgt } \vdash F.$$

∎

Es ist klar, daß ein Hoare-Kalkül, der bzgl. der denotationellen Semantik korrekt und vollständig ist, die Semantik äquivalent formalisiert, da dann für alle Anweisungen C gilt:

$$\vdash \{\underline{input} = e\}\ C\ \{\underline{output} = \mathcal{P}'[\![C]\!]e\}.$$

Leider kann man für den Hoare-Kalkül zur Sprache WHILE' nur die Korrektheit zeigen:

Satz 2.25 (Korrektheit der axiomatischen Semantik)

Der Hoare Kalkül zu WHILE' ist korrekt bzgl. der denotationellen Semantik von WHILE'.

Beweis: Es genügt zu zeigen, daß jedes Axiom gültig ist und daß die Anwendung einer Schlußregel auf gültige Formeln wieder eine gültige Formel ergibt.

Sei $z = (s, e, a) \in ZUSTAND$.

(A.1) Aus Q ist *wahr* bzgl. z folgt Q ist *wahr* bzgl. $C'[\![\,\text{skip}\,]\!]z$, da nach Definition 2.16.3a $C'[\![\,\text{skip}\,]\!]z = z$ gilt.

(A.2) Sei $Q\,[t/I]$ *wahr* bzgl. z und sei $T'[\![T]\!]z = (n, z)$. (Diese Annahme ist zulässig, weil die Berechnung von Ausdrücken in WHILE' seiteneffektfrei ist.) Da t der semantische Term ist, der T entspricht, gilt: Die Bedingung $t = n$ ist *wahr* bzgl. des Zustandes z. Nun läßt sich auch induktiv über den Aufbau der Bedingungen zeigen, daß Q *wahr* ist bzgl. des Folgezustandes $(s\,[n/I]\,, e, a)$.

(A.3), (A.4), (A.5) und (A.6) als Übung

(A.7) Sei $\models \{Q \wedge b\}\,C\{Q\}$, d.h. für alle $z \in ZUSTAND$ gilt: Aus $Q \wedge b$ ist *wahr* bzgl. z folgt Q ist *wahr* bzgl. $C'[\![C]\!]z$.
Sei nun $z_1 \in ZUSTAND$ mit Q ist *wahr* bzgl. z_1. Wenn die Ausführung der Anweisung **while B do C** terminiert, so gibt es eine endliche Folge $z_1, z_2, \ldots, z_n$ von Zuständen für die gilt:

1. $z_{\nu+1} = C'[\![C]\!]z_\nu$ für alle $1 \leq \nu < n$,

2. $Q \wedge b$ ist *wahr* bzgl. z_ν für alle $1 \leq \nu < n$,

3. $Q \wedge \neg b$ ist *wahr* bzgl. z_n und

4. $C'[\![\text{while } B \text{ do } C]\!]z = z_n$.

Damit ist das Prädikat $Q \wedge \neg b$ bzgl. des Folgezustandes der **while** - Schleife erfüllt.

(A.8) Die Korrektheit einer Formel, die durch Anwendung der Konsequenzenregel entstanden ist, ergibt sich unmittelbar.

Q.E.D.

Die Frage nach der Vollständigkeit der axiomatischen Semantik ist wegen der Allgemeinheit der Formeln schwerer zu beantworten. Für die hier angegebene axiomatische Semantik von WHILE' läßt sich jedoch zeigen, daß sie bzgl. der entsprechenden denotationellen Semantik nicht vollständig ist. Betrachtet man nämlich die Formel

$$F \;=\; \{wahr\}C\{falsch\},$$

so besagt sie : Für jeden Zustand z gilt: Wenn die Ausführung von C auf z in Zustand z' terminiert, dann gilt die Bedingung $falsch$ bzgl. des Zustandes z'. Da die Bedingung $falsch$ auf keinem Zustand erfüllt ist, ist diese Formel genau dann gültig ($\models F$), wenn die Anweisung C auf keinem Zustand terminiert. Wäre nun der angegebene Hoare-Kalkül vollständig, so würde folgende Aussage gelten:

$$\vdash \{wahr\}C\{falsch\} \text{ gdw } C'[\![C]\!] \text{ ist undefiniert für alle } z \in ZUSTAND.$$

Da die Menge aller im Hoare-Kalkül ableitbaren Formeln rekursiv aufzählbar ist, wäre dann auch die Menge aller Anweisungen C, für die die Formel F gilt, rekursiv aufzählbar. Dies steht im Widerspruch zur Unentscheidbarkeit des Halteproblems. Also ist obiger Hoare-Kalkül nicht vollständig.
Eine Möglichkeit, diese Schwierigkeiten zu umgehen und dennoch gewisse Aussagen über die Reichweite eines solchen Kalküls zu machen, besteht darin, den Begriff der Vollständigkeit entsprechend einzuschränken. Dazu sei hier auf Cook verwiesen [27].

Kapitel 3

Mathematische Grundlagen

In diesem Kapitel sollen diejenigen mathematischen Hilfsmittel vorgestellt werden, die bei der formalen Entwicklung der denotationellen Semantikspezifikationsmethode benötigt werden. Wie in Abschnitt 2.4 erwähnt, müssen zunächst geeignete semantische Bereiche gefunden werden, in denen möglichst genau die in der Programmierung verwendeten Objekte dargestellt werden können. Insbesondere müssen eindeutige Lösungen zu rekursiven Definitionen existieren. In Abschnitt 3.1 wird die Theorie der vollständigen Halbordnungen behandelt, welche die benötigten Eigenschaften besitzen. In Abschnitt 3.2 wird der getypte λ-Kalkül als Metasprache vorgestellt, der sich in besonderem Maße dazu eignet, Objekte in semantischen Bereichen zu definieren und zu benennen. Schließlich wird in Abschnitt 3.3 eine allgemeine Lösungsmethode für rekursive Bereichsdefinitionen diskutiert. Der Stoff des gesamten Kapitels ist ausschließlich im Hinblick auf die Anwendungen im Rahmen der denotationellen Semantik ausgewählt worden. Zur Behandlung weiterführender Fragestellungen sei hier auf die Literatur verwiesen. Die Theorie der semantischen Bereiche wurde im wesentlichen von Scott entwickelt (siehe dazu die Arbeiten [108], [109] und [110]). In dem Buch von Barendregt [11] findet man eine umfassende Darstellung der Theorie des λ-Kalküls, die auch viele weitere Literaturhinweise enthält. Eine Standardmethode zur Lösung rekursiver Bereichsgleichungen wird in der Arbeit von Smyth und Plotkin [112] vorgestellt.

3.1 Theorie der semantischen Bereiche

In diesem Abschnitt wird die mathematische Theorie der semantischen Bereiche behandelt, die bei der Spezifikation der denotationellen Semantik im Stil von Scott und Strachey [111] (siehe auch Stoy [113]) verwendet werden.
Ein *semantischer Bereich (domain)* ist eine Struktur, deren Träger alle Datenobjekte eines bestimmten Typs enthält. Dabei kommen sowohl diskrete (endliche) Datenobjekte vor wie z.B. die natürlichen Zahlen oder die Wahrheitswerte als auch unendliche Datenobjekte wie z.B. die Funktionen über den natürlichen Zahlen.

Da die Berechnung unendlicher Objekte nur über endliche Approximationen erfolgen kann, enthalten die semantischen Bereiche neben den totalen auch partielle Elemente. Der Begriff der *Approximation* wird durch eine Ordnungsrelation „$\sqsubseteq$" formalisiert, die auf jedem semantischen Bereich erklärt ist. Man kann für zwei Datenobjekte x und y die Beziehung „$x \sqsubseteq y$" verstehen als „x approximiert y" oder „x enthält weniger Information als y" oder „x ist weniger definiert als y".

Beispiel 3.1 (Der Bereich der partiellen Funktionen über $I\!N$)

Sei $I\!N \longrightarrow I\!N$ die Menge der partiellen einstelligen Funktionen über den natürlichen Zahlen.
In diesem Bereich sind die endlichen Datenobjekte gerade die Funktionen mit endlichem Definitionsbereich, und entsprechend sind alle Funktionen mit unendlichem Definitionsbereich unendliche Datenobjekte. Die Relation $\sqsubseteq$ wird durch die Vereinbarung

$$f \sqsubseteq g \quad gdw \quad Graph(f) \subseteq Graph(g)$$

definiert.
Das unendliche Datenobjekt $f : I\!N \longrightarrow I\!N$ mit

$$f(x) = 2x$$

wird von den endlichen Datenobjekten $f_n : I\!N \longrightarrow I\!N$ mit

$$f_n(\nu) = \begin{cases} 2\nu & \text{falls} \quad 0 \le \nu < n \\ \text{undefiniert} & \text{sonst} \end{cases}$$

approximiert. Nun gilt für alle $n, m \in I\!N$ mit $n \le m$:

$$f_n \sqsubseteq f_m \sqsubseteq f$$

□

In jedem semantischen Bereich existiert bzgl. der Relation $\sqsubseteq$ ein *minimales Element* $\bot$ (*bottom*), welches jedes Datenobjekt aus diesem Bereich approximiert. Man kann das Element $\bot$ also verstehen als dasjenige Datenobjekt, das gar keine Information enthält. In obigem Beispiel etwa ist die nirgends definierte Funktion $\bot = f_0$ das minimale Element des semantischen Bereiches der einstelligen Funktionen über den natürlichen Zahlen.
Das minimale Element $\bot$ repräsentiert auch die Semantik einer nichtterminierenden Berechnung, die nicht einmal Zwischenergebnisse liefert. So ist z.B. die Semantik der Anweisung **while** *true* **do skip** gleich $\bot$, während die Semantik der Anweisung **while** *true* **do output** 1 gleich derjenigen Funktion ist, die jede Eingabe auf die unendliche Folge von 1'en abbildet.
Eine geeignete Verwendung des minimalen Elementes ermöglicht es auch, partielle Funktionen zu totalen zu erweitern. In obigem Beispiel etwa betrachtet man den

Bereich der einstelligen Funktionen über $I\!N \cup \{\bot\}$ und erweitert entsprechend die Funktionen f_n zu totalen Funktionen $f'_n : I\!N \cup \{\bot\} \longrightarrow I\!N \cup \{\bot\}$ durch

$$f'_n(x) = \begin{cases} 2x & \text{falls} \quad x \in I\!N \text{ und } 0 \le x < n \\ \bot & \text{sonst} \end{cases}$$

Dabei wird die Ordnungsrelation übernommen, d.h.:

$$f' \sqsubseteq g' \quad \text{gdw} \quad f \sqsubseteq g \; .$$

Eine wichtige Anforderung an die semantischen Bereiche ist die Existenz eindeutiger Lösungen rekursiver Gleichungssysteme. Wie man bereits an der Beispielsprache WHILE sehen kann, wird die denotationelle Semantik der while - Schleife rekursiv definiert. Natürlich sollen die dazu aufgestellten Gleichungen ein eindeutiges Objekt als Semantik bestimmen. Im allgemeinen existieren jedoch zu einer rekursiven Gleichung mehrere Lösungen.

Beispiel 3.2 (Rekursive Gleichungen mit Lösungsmengen)

1.

$$f(x) = f(x) + 1$$

Während die Lösungsmenge zu dieser Definition bzgl. der totalen arithmetischen Funktionen leer ist, gibt es bzgl. des Bereiches $I\!N \cup \{\bot\} \longrightarrow I\!N \cup \{\bot\}$ genau eine Lösung, nämlich die überall undefinierte Funktion $x \mapsto \bot$.

2.

$$f(x) = \begin{cases} 0 & \text{falls} \quad f(x) = 0 \\ 0 & \text{falls} \quad f(x) \neq 0 \end{cases}$$

Lösungsmenge: $\{x \mapsto 0, x \mapsto \bot\}$

3.

$$f(x,y) = \begin{cases} y & \text{falls} \quad x = 0 \\ f(f(x, y-1), f(x-1, y)) & \text{sonst} \end{cases}$$

Lösungen:

(a)

$$(x,y) \mapsto \begin{cases} y & \text{falls} \quad x = 0 \\ \bot & \text{sonst} \end{cases}$$

(b)

$$(x,y) \mapsto y$$

(c)

$$(x,y) \mapsto \underline{max}(x,y)$$

(d) Sei $g : \mathbb{N} \cup \{\bot\} \longrightarrow \mathbb{N} \cup \{\bot\}$ eine Funktion mit $g(x) \neq 0$ und $g(g(x)) = g(x)$, dann ist folgende Funktion in der Lösungsmenge:

$$(x,y) \mapsto \begin{cases} y & \text{falls} \quad x = 0 \\ g(x) & \text{sonst} \end{cases}$$

$\square$

Diese Beispiele zeigen, daß es rekursive Gleichungen gibt, die eine, endlich viele oder unendlich viele Lösungen besitzen.

Für die denotationelle Semantik konstruiert man die semantischen Bereiche derart, daß der bzgl. der Approximationsrelation minimale Fixpunkt einer solchen Gleichung stets existiert und vereinbart diesen als Lösung.

Nach diesen Vorüberlegungen soll der Begriff „semantischer Bereich" formal definiert werden.

Definition 3.3 (Semantischer Bereich, cpo)

Eine Struktur $A = (\underline{A}, \sqsubseteq_A)$ ist ein semantischer Bereich (cpo) (complete partial order), wenn 1. bis 3. gilt:

1. *Die Relation $\sqsubseteq_A$ ist eine Halbordnung auf $\underline{A}$ (genannt Approximationsrelation), d.h. $\sqsubseteq_A$ ist reflexiv, antisymmetrisch und transitiv. Wenn A aus dem Kontext ersichtlich ist, wird $\sqsubseteq_A$ durch $\sqsubseteq$ abgekürzt.*

2. *In der Trägermenge $\underline{A}$ existiert bzgl. der Relation $\sqsubseteq$ ein minimales Element $\bot_A$, d.h. die Beziehung $\bot_A \sqsubseteq a$ gilt für alle $a \in \underline{A}$. Auch $\bot_A$ wird durch $\bot$ abgekürzt, wenn A aus dem Kontext hervorgeht.*

3. *Jede Kette $K \subseteq \underline{A}$ besitzt bzgl. der Ordnungsrelation $\sqsubseteq_A$ eine kleinste obere Schranke $\bigsqcup K$ in $\underline{A}$, wobei K Kette heißt, wenn für je zwei Elemente $k_1, k_2 \in K$ gilt: $k_1 \sqsubseteq k_2$ oder $k_2 \sqsubseteq k_1$.*

$\blacksquare$

Konventionen: Wenn die Ordnungsrelation eines cpo's aus dem Kontext ersichtlich ist, unterscheidet man den Namen des Trägers nicht mehr von dem Namen des cpo's, d.h. man schreibt z.B. $a \in A$ anstatt $a \in \underline{A}$.

Bildet man den Limes einer Menge von indizierten Elementen, so schreibt man den Laufindex und die Indexmenge auch direkt an das Limessymbol $\bigsqcup$ heran, d.h.

$$\bigsqcup_{\nu \in \mathbb{N}} a_\nu \quad \text{bzw.} \quad \bigsqcup_{\nu \in \mathbb{N}} a_\nu \quad \text{steht als Abkürzung für} \quad \bigsqcup \{a_\nu \mid \nu \in \mathbb{N}\}\,.$$

Ein cpo läßt sich graphisch veranschaulichen, indem die Elemente des Trägers als
Knoten und die Ordnungsrelation durch nach oben gerichtete Kanten dargestellt
werden.

Beispiel 3.4 (Graphische Darstellung von cpo's)

1. Der semantische Bereich $I\!N \cup \{\bot\}$*:*

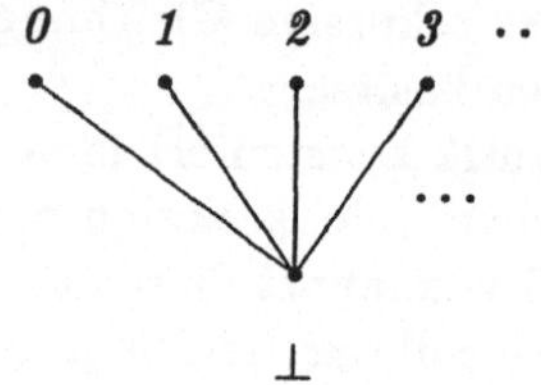

2. Die natürlichen Zahlen mit einem Limeselement ∞ *:*

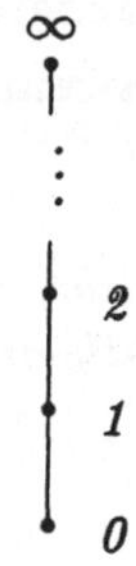

Bemerkung: *Ohne Limeselement bilden die natürlichen Zahlen bzgl. der gewohnten kleiner/gleich-Relation kein cpo., da die Bedingung 3. verletzt ist.
Z.B. ist die Menge* $\{x \mid x \text{ ist gerade}\}$ *eine Kette, die in* $I\!N$ *keine kleinste
obere Schranke besitzt.*

3. Die abgeschlossenen Intervalle über den reellen Zahlen mit der Ordnung
$[x_1, y_1] \sqsubseteq [x_2, y_2]$ *gdw* $x_1 \leq x_2$ *und* $y_1 \geq y_2$ *:*

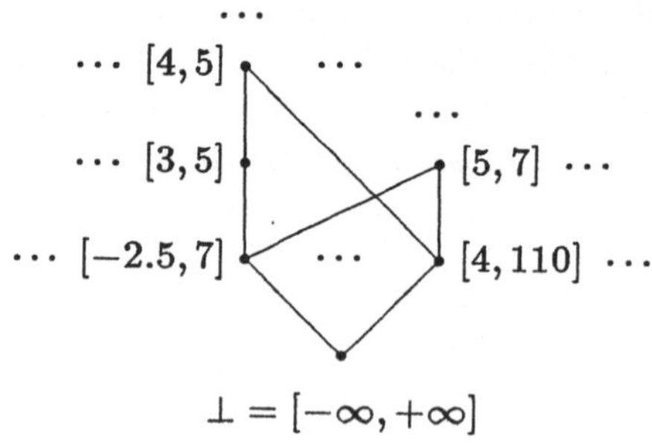

4. Die Menge der Teilmengen von $\{a, b, c\}$ bzgl. der mengentheoretischen Inklusion:

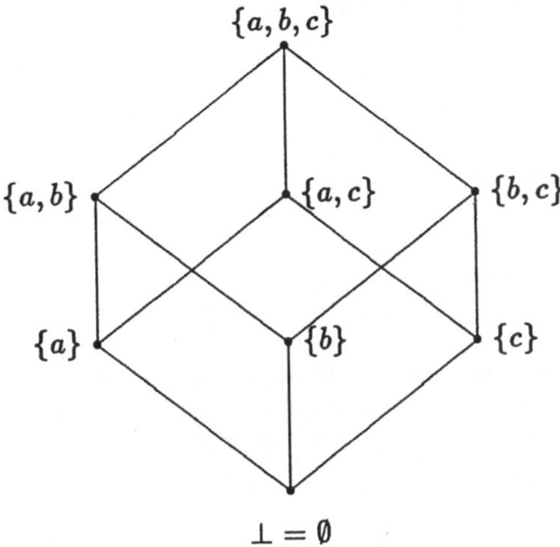

5. Eine halbgeordnete Menge ohne minimales Element, also kein cpo:

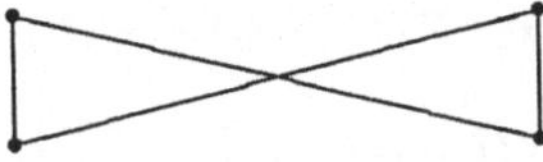

□

In der Menge der Funktionen über semantischen Bereichen sollen diejenigen ausgezeichnet werden, die mit dem oben entwickelten Approximationsbegriff verträglich sind. Insbesondere soll von einer Funktion f gefordert werden, daß sie bei Anwendung auf eine Approximation eines Elementes a einen Wert liefert, der das Element $f(a)$ approximiert. Diese Anforderung wird durch den Begriff der *Monotonie* formalisiert. Eine Verschärfung davon verlangt, daß der Wert einer Funktion f, angewendet auf die kleinste obere Schranke einer Kette K, auch erhalten werden kann als die kleinste obere Schranke derjenigen Kette, die aus K entsteht, indem f auf alle Elemente von K angewendet wird. Eine Funktion mit dieser Eigenschaft heißt *stetig*. Man kann den Begriff der Stetigkeit auch verstehen als die Eigenschaft, daß eine Funktionsanwendung mit der Bildung der kleinsten oberen Schranke kommutiert.

Definition 3.5 (monoton, stetig, strikt und [$\longrightarrow$])
Seien A und B cpo's und f eine Funktion von A nach B.

1. *f heißt* monoton, *wenn für alle $a_1, a_2 \in A$ gilt:*

$$\text{Aus } a_1 \sqsubseteq a_2 \text{ folgt } f(a_1) \sqsubseteq f(a_2).$$

2. *f heißt stetig, wenn für jede Kette $K \subseteq A$ gilt: $f(K) := \{f(k) \mid k \in K\}$ ist eine Kette in B und*

$$f(\bigsqcup K) = \bigsqcup f(K).$$

3. *f heißt strikt, wenn*

$$f(\bot_A) = \bot_B.$$

4. Die Menge aller stetigen Funktionen *von A nach B wird mit*

$$[A \longrightarrow B]$$

bezeichnet.

∎

Lemma 3.6 *Seien A und B cpo's.*
Wenn $f : A \longrightarrow B$ stetig ist, dann ist f auch monoton.

Beweis: Seien $a_1, a_2 \in A$ mit $a_1 \sqsubseteq a_2$.
Aus der Tatsache, daß ein Element einer Kette stets weniger definiert ist als die kleinste obere Schranke dieser Kette und aus der Tatsache, daß f stetig ist, folgt:

$$f(a_1) \sqsubseteq \bigsqcup\{f(a_1), f(a_2)\} = f(\bigsqcup\{a_1, a_2\}) = f(a_2)$$

Q.E.D.

Der nun folgende Satz beinhaltet die Existenz des minimalen Fixpunktes stetiger Funktionen sowie eine Aussage darüber, wie ein solcher Fixpunkt als Limes einer Folge von endlichen Approximationen gewonnen werden kann. Mit diesem Satz lassen sich dann eindeutige Lösungen gewisser rekursiver Gleichungen bestimmen, nämlich gerade derjenigen, denen auf natürliche Weise eine stetige Transformation zugeordnet werden kann. Der Fixpunktsatz ist im wesentlichen das Rekursionstheorem von Kleene [61]. Seine Formulierung für vollständige Verbände und cpo's stammt von Tarski [116].

Satz 3.7 (Fixpunktsatz)
Sei A ein cpo, und sei $f \in [A \longrightarrow A]$.
Der minimale Fixpunkt von f, $\underline{fix}(f)$, existiert in A, und es gilt:

$$\underline{fix}(f) = \bigsqcup_{\nu \in I\!N} f^\nu(\bot) \, .$$

Beweis: Die Menge $\{f^\nu(\bot) \mid \nu \in I\!N\}$ ist wegen der Minimalität von $\bot$ und der Monotonie von f eine Kette. Also existiert ihre kleinste obere Schranke $\bigsqcup_{\nu \in I\!N} f^\nu(\bot)$ in A. Wegen der Stetigkeit von f gilt nun:

$$f\left(\bigsqcup_{\nu \in I\!N} f^\nu(\bot)\right) = \bigsqcup_{\nu \in I\!N} f^{\nu+1}(\bot)\ .$$

Wegen der Minimalität von $\bot$ gilt:

$$\bigsqcup_{\nu \in I\!N} f^{\nu+1}(\bot) = \bigsqcup_{\nu \in I\!N} f^\nu(\bot)\ .$$

Also ist $\bigsqcup_{\nu \in I\!N} f^\nu(\bot)$ ein Fixpunkt von f.
Sei nun p ein beliebiger Fixpunkt von f. Aus der Monotonie von f und der Minimalität von $\bot$ folgt $f^\nu(\bot) \sqsubseteq f^\nu(p)$ für alle $\nu \in I\!N$. Also gilt auch:

$$\bigsqcup_{\nu \in I\!N} f^\nu(\bot) \sqsubseteq \bigsqcup_{\nu \in I\!N} f^\nu(p)\ .$$

Aus der Fixpunkteigenschaft von p folgt nun

$$\bigsqcup_{\nu \in I\!N} f^\nu(p) = p\ .$$

Damit ist auch die Minimalität von $\bigsqcup_{\nu \in I\!N} f^\nu(\bot)$ gezeigt.

Q.E.D.

In den nun folgenden Unterabschnitten sollen einige Konstruktionsmethoden angegeben werden, mit denen sich semantische Bereiche erzeugen lassen.

3.1.1 Elementare Bereiche

Aus einer beliebigen, abzählbaren Menge M wird ein *flacher* cpo

$$M_\bot = (M \cup \{\bot_M\}, \sqsubseteq_M)$$

gebildet, wobei die Ordnungsrelation $\sqsubseteq_M$ definiert ist durch:

1. $\bot \sqsubseteq_M m$ für alle $m \in M \cup \{\bot\}$ und

2. $m_1 \sqsubseteq_M m_2$ gdw $m_1 = m_2$ für alle $m_1, m_2 \in M$.

Beispiel 3.8 (Flache cpo's)

1. Der semantische Bereich $I\!N_\bot$ aus Beispiel 3.4.1.:

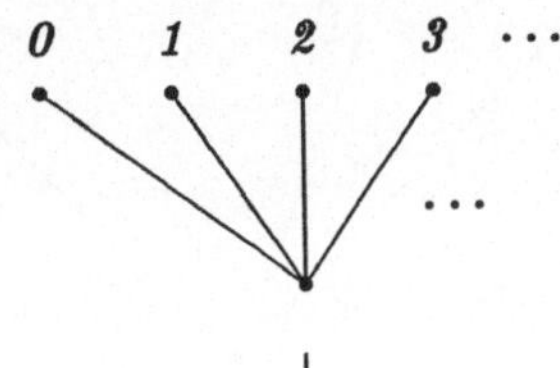

2. Der semantische Bereich $\overline{BOOL} = \{wahr, falsch\}_\perp$, der booleschen Werte:

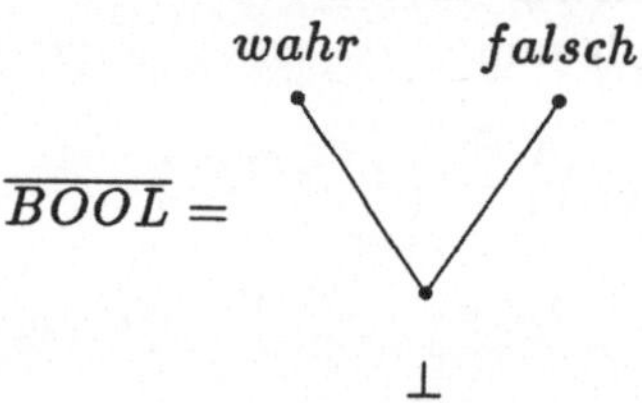

3. Der semantische Bereich ID der Bezeichner:

$$ID = \{I \mid I \text{ ist ein Wort über den kleinen lateinischen Buchstaben}\}_\perp$$

□

3.1.2　Kartesische Produkte und Folgen

Aus beliebigen semantischen Bereichen $D_1, D_2, \ldots, D_n$ ($n \in I\!N$) gewinnt man den *kartesischen Produktbereich*

$$D = (D_1 \times D_2 \times \cdots \times D_n) = (\{\langle d_1, \ldots, d_n \rangle \mid d_i \in D_i\}, \sqsubseteq_D) \ ,$$

wobei hier die Ordnungsrelation $\sqsubseteq_D$ komponentenweise definiert ist:

$$\langle d_1, \ldots, d_n \rangle \ \sqsubseteq_D \ \langle d'_1, \ldots, d'_n \rangle \quad \text{gdw} \quad d_i \sqsubseteq_{D_i} d'_i \text{ für alle } 1 \leq i \leq n \ .$$

Beispiel 3.9 (Der semantische Bereich $(\overline{BOOL} \times \overline{BOOL})$)

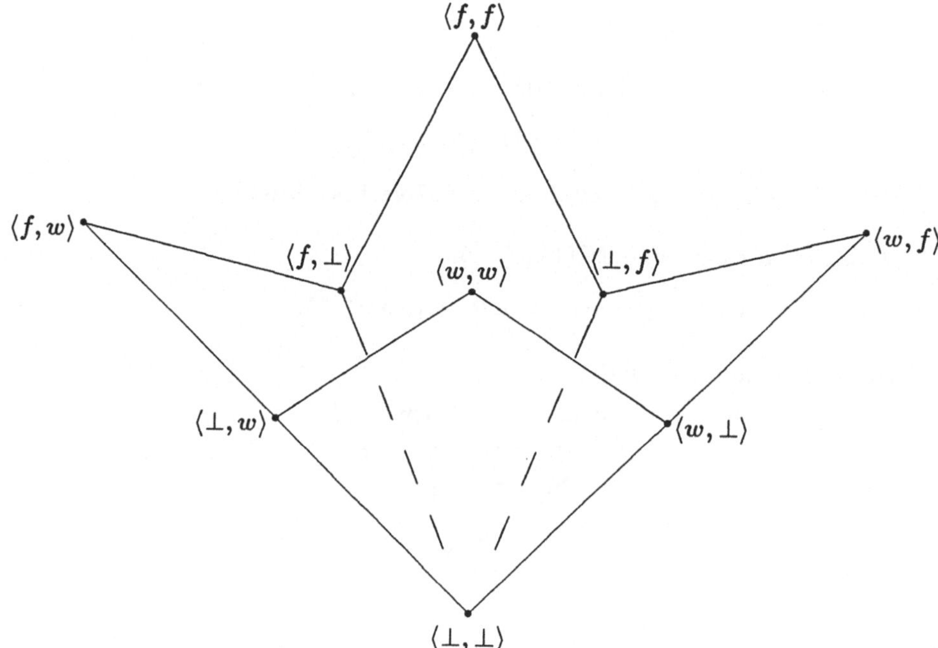

□

In analoger Weise ist zu einem semantischen Bereich D der Bereich

$$D^* = (\{\langle d_i \mid d_i \in D, 1 \leq i \leq n\rangle \mid n \in I\!N\}, \sqsubseteq_{D^*})$$

der *endlichen Folgen* über D erklärt, d.h. die Ordnungsrelation ist auch komponentenweise definiert:

$$\langle d_i \mid 1 \leq i \leq n\rangle \ \sqsubseteq_{D^*} \ \langle d_i' \mid 1 \leq i \leq m\rangle \quad \text{gdw}$$

$$n \leq m \quad \text{und} \quad d_i \sqsubseteq_D d_i' \text{ für alle } 1 \leq i \leq n \ .$$

Entsprechend ist auch der Bereich

$$D^\omega = (\{\langle d_i \mid d_i \in D, i \in I\!N\rangle\}, \sqsubseteq_{D^\omega})$$

der *unendlichen Folgen* über D erklärt mit

$$\langle d_i \mid i \in I\!N\rangle \ \sqsubseteq_{D^\omega} \ \langle d_i' \mid i \in I\!N\rangle \quad \text{gdw} \quad d_i \sqsubseteq_D d_i' \text{ für alle } i \in I\!N \ .$$

Auf den kartesischen Produktbereichen und den Folgenbereichen sind in natürlicher Weise die *Projektionsfunktionen* erklärt:

$$\pi_i : (D_1 \times \cdots \times D_n) \longrightarrow D_i$$
$$\langle d_1, \ldots, d_n\rangle \mapsto d_i \qquad\qquad \text{für } 1 \leq i \leq n, \text{ bzw.}$$

$$\pi_i : D^* \longrightarrow D$$
$$\langle d_\nu \mid 1 \leq \nu \leq n\rangle \mapsto \begin{cases} d_i & \text{falls} \quad 1 \leq i \leq n \\ \bot_D & \text{sonst} \end{cases} \qquad\qquad \text{und}$$

$$\pi_i : D^\omega \longrightarrow D$$
$$\langle d_\nu \mid \nu \in I\!N\rangle \mapsto d_i \qquad\qquad \text{für alle } i \in I\!N.$$

Ferner definiert man auf den Folgenbereichen die *Listenoperationen*:

$$\underline{hd} : D^* \longrightarrow D$$
$$\langle d_\nu \mid 1 \leq \nu \leq n\rangle \mapsto \begin{cases} d_1 & \text{falls} \quad n \geq 1 \\ \bot_D & \text{falls} \quad n = 0 \end{cases}$$

$$\underline{tl} : D^* \longrightarrow D^*$$
$$\langle d_\nu \mid 1 \leq \nu \leq n\rangle \mapsto \begin{cases} \langle d_{\nu+1} \mid 1 \leq \nu \leq n-1\rangle & \text{falls} \quad n \geq 1 \\ \bot_{D^*} & \text{falls} \quad n = 0 \end{cases}$$

$$\underline{null} : D^* \longrightarrow \overline{BOOL}$$
$$\langle d_\nu \mid 1 \leq \nu \leq n\rangle \mapsto \begin{cases} wahr & \text{falls} \quad n = 0 \\ falsch & \text{falls} \quad n > 0 \end{cases}$$

$$\underline{length} : D^* \longrightarrow I\!N_\bot$$
$$\langle d_\nu \mid 1 \leq \nu \leq n\rangle \mapsto n$$

$$\underline{cons} : (D \times D^*) \longrightarrow D^*$$
$$(d, \langle d_\nu \mid 1 \leq \nu \leq n \rangle) \mapsto \langle d, d_1, \dots, d_n \rangle$$

$$\underline{cons'} : (D^* \times D) \longrightarrow D^*$$
$$(\langle d_\nu \mid 1 \leq \nu \leq n \rangle, d) \mapsto \langle d_1, \dots, d_n, d \rangle$$

Die Funktionen $\underline{hd}$, $\underline{tl}$ und $\underline{cons}$ sind in analoger Weise auch auf unendlichen Listen definiert:

$$\underline{hd} : D^\omega \longrightarrow D$$
$$\langle d_\nu \mid \nu \in I\!N \rangle \mapsto d_1$$

$$\underline{tl} : D^\omega \longrightarrow D^\omega$$
$$\langle d_\nu \mid \nu \in I\!N \rangle \mapsto \langle d_{\nu+1} \mid \nu \in I\!N \rangle$$

$$\underline{cons} : (D \times D^\omega) \longrightarrow D^\omega$$
$$(d, \langle d_\nu \mid \nu \in I\!N \rangle) \mapsto \langle d, d_1, d_2 \dots \rangle$$

Die beiden Abbildungen $\underline{cons}$ und $\underline{cons'}$ werden im allgemeinen wie folgt durch die *Punktschreibweise* abgekürzt:

Für $d \in D$ und $\langle d_1, \dots, d_n \rangle \in D^*$ schreibt man

$d.\langle d_1, \dots, d_n \rangle$ anstelle von $\underline{cons}(d, \langle d_1, \dots, d_n \rangle)$ und

$\langle d_1, \dots, d_n \rangle.d$ anstelle von $\underline{cons'}(\langle d_1, \dots, d_n \rangle, d)$.

Es ist nun zu zeigen, daß die Produkt- und Folgenbereiche eine cpo-Struktur aufweisen, um sicherzustellen, daß semantische Bereiche erzeugt werden.

Lemma 3.10 (Erhalt der cpo-Struktur)

Sei M eine abzählbare Menge, und seien $D, D_1, \dots, D_n$ cpo's.

  1. Die folgenden Bereiche sind cpo's:

    (a) $M_\perp$,

    (b) $(D_1 \times \cdots \times D_n)$,

    (c) D^* und

    (d) D^ω .

  2. Die Funktionen π_i $(i \in I\!N)$, $\underline{hd}$, $\underline{tl}$, $\underline{null}$, $\underline{length}$, $\underline{cons}$ und $\underline{cons'}$ sind stetig.

Beweis:

1. Es genügt zu zeigen, daß jeweils die drei Bedingungen aus Definition 3.3 erfüllt sind.

   (a) Die Bedingungen 1. bis 3. ergeben sich unmittelbar aus der Definition der Struktur $M_\perp$.

   (b) 1. Daß die Relation $\sqsubseteq_{(D_1 \times \cdots \times D_n)}$ eine Halbordnung ist, folgt aus ihrer Definition und aus der Tatsache, daß die Relationen $\sqsubseteq_{D_i}$, $(1 \le i \le n)$, Halbordnungen sind.

   2. Das Element $\langle \perp_{D_1}, \ldots, \perp_{D_n} \rangle$ aus $(D_1 \times \cdots \times D_n)$ ist minimal bzgl. der Relation $\sqsubseteq_{(D_1 \times \cdots \times D_n)}$.

   3. Sei K eine Kette in $(D_1 \times \cdots \times D_n)$. Dann sind nach Definition von $\sqsubseteq_{D_i}$ auch die Mengen $\{\pi_i(k) \mid k \in K\}$ Ketten in D_i, $(1 \le i \le n)$. Damit ist

$$\bigsqcup K = \Big\langle \bigsqcup\{\pi_1(k) \mid k \in K\}, \ldots, \bigsqcup\{\pi_n(k) \mid k \in K\} \Big\rangle$$

   die kleinste obere Schranke von K.

   (c) und (d) analog zu (b).

2. ergibt sich unmittelbar aus der Definition und den Beweisen zu 1.

Q.E.D.

3.1.3 Summen

Aus gegebenen semantischen Bereichen $D_1, D_2, \ldots, D_n$ $(n \in I\!N)$ gewinnt man den *Summenbereich*

$$D = (D_1 + D_2 + \cdots + D_n) = (\{(d,i) \mid d \in D_i \, , \, 1 \le i \le n\}, \sqsubseteq_D)$$

durch Identifikation der $\perp$-Elemente und Vereinigung der Approximationsrelationen, d.h. für alle $i,j \in \{1,\ldots,n\}$ gilt:

$$\perp_D = (\perp_{D_i}, i) \quad \text{und}$$

$$(d,i) \sqsubseteq_D (d',j) \quad \text{gdw} \quad d = \perp_{D_i} \quad \text{oder} \quad i = j \quad \text{und} \quad d \sqsubseteq_{D_i} d' \, .$$

Auf den Summenbereichen sind in natürlicher Weise die *Selektionsfunktionen* $\underline{out}_i$, die *Injektionsfunktionen* $\underline{in}_i$ und die *Testfunktionen* $\underline{is}_i$ für alle $1 \le i \le n$ erklärt:

$$\underline{out}_i : (D_1 + \cdots + D_n) \longrightarrow D_i$$

$$(d,j) \mapsto \begin{cases} d & \text{falls} \quad i = j \\ \perp_{D_i} & \text{sonst} \end{cases}$$

$$\underline{in}_i : D_i \longrightarrow (D_1 + \cdots + D_n)$$
$$d \mapsto (d,i)$$

$$\underline{is}_i : (D_1 + \cdots + D_n) \longrightarrow \overline{BOOL}$$
$$(d,j) \mapsto \begin{cases} wahr & \text{falls} \quad i = j \quad \text{und} \quad d \neq \bot \\ falsch & \text{falls} \quad i \neq j \quad \text{und} \quad d \neq \bot \\ \bot_{\overline{BOOL}} & \text{falls} \quad d = \bot \end{cases}$$

Konventionen: Wenn aus dem Kontext ersichtlich ist, ob ein Element d aus einem semantischen Bereich D oder aus einem Summenbereich $(\cdots + D + \cdots)$ stammt, so wird im allgemeinen nicht zwischen d und (d,i) unterschieden, so daß die Projektions- und Injektionsfunktionen weggelassen werden können. Bei einer Summe *disjunkter* Bereiche schreibt man die Testfunktionen auch mit dem jeweiligen Bereichsnamen auf, d.h. $\underline{is}_{D_i}$ steht anstelle von $\underline{is}_i$.

Beispiel 3.11 (Der Summenbereich $(\mathbb{Z}_\bot + \overline{BOOL})$)

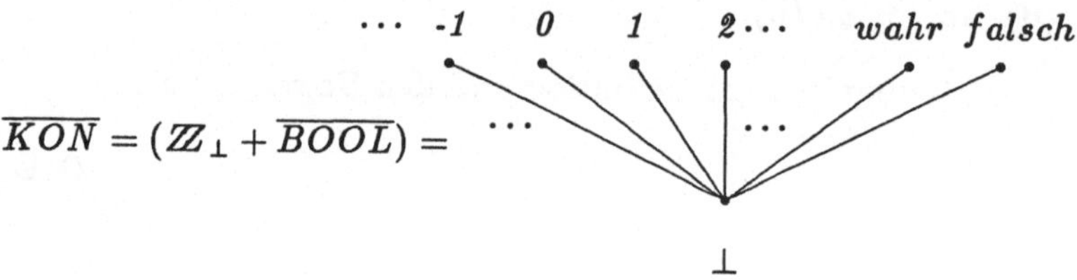

$$\underline{is}_{\mathbb{Z}_\bot}(wahr) = falsch$$
$$\underline{is}_{\overline{BOOL}}(falsch) = wahr$$

□

Das folgende Lemma beinhaltet den Erhalt der cpo-Struktur bei der Summenkonstruktion.

Lemma 3.12

Sei $n \in I\!N$ und seien $D_1, D_2, \ldots, D_n$ cpo's.

   1. $D = (D_1 + \cdots + D_n)$ ist ein semantischer Bereich.

   2. Die Funktionen $\underline{out}_i$, $\underline{in}_i$ und $\underline{is}_i$ sind stetig für alle $1 \leq i \leq n$.

Beweis:

   1. Es ist wieder zu zeigen, daß die drei Bedingungen aus Definition 3.3 erfüllt sind.

1. Daß die Relation $\sqsubseteq_D$ eine Halbordnung ist, folgt aus ihrer Definition und aus der Tatsache, daß die Relationen $\sqsubseteq_{D_i}$, $(1 \leq i \leq n)$, Halbordnungen sind.

2. Das Element $\bot_D = (\bot_{D_1}, 1) = \cdots = (\bot_{D_n}, n)$ aus D ist minimal bzgl. der Relation $\sqsubseteq_D$.

3. Sei K eine Kette in D. Dann gibt es nach Definition von $\sqsubseteq_D$ ein $i \in \{1, \ldots, n\}$ mit $\underline{out}_i(K) = \{\underline{out}_i(k) \mid k \in K\}$ ist eine Kette in dem Bereich D_i. Also existiert

$$\underline{in}_i(\bigsqcup\{\underline{out}_i(k) \mid k \in K\}\,,$$

die kleinste obere Schranke von K in D.

2. ergibt sich unmittelbar aus der Definition der Ordnungsrelation auf $(D_1 + \cdots + D_n)$.

Q.E.D.

3.1.4 Funktionen

Zu zwei semantischen Bereichen D_1 und D_2 ist der *Funktionenbereich*

$$D = [D_1 \longrightarrow D_2] = (\{f : D_1 \longrightarrow D_2 \mid f \text{ ist stetig}\}, \sqsubseteq_D)$$

durch eine *punktweise* Ordnungsrelation erklärt, d.h. für alle stetigen Funktionen $f : D_1 \longrightarrow D_2$ und $g : D_1 \longrightarrow D_2$ gilt:

$$f \sqsubseteq_D g \quad \text{gdw} \quad f(x) \sqsubseteq_{D_2} g(x) \quad \text{für alle} \quad x \in D_1\,.$$

Lemma 3.13

Seien D_1 und D_2 cpo's. Der Funktionenbereich $D = [D_1 \longrightarrow D_2]$ ist ein semantischer Bereich.

Beweis: Es sind wieder die drei Bedingungen aus Definition 3.3 zu zeigen:

1. Daß die Relation $\sqsubseteq_D$ eine Halbordnung ist, folgt aus ihrer Definition und aus der Tatsache, daß die Relation $\sqsubseteq_{D_2}$ eine Halbordnung ist.

2. Das Element $\bot_D = x \mapsto \bot_{D_2}$ aus D ist minimal bzgl. der Relation $\sqsubseteq_D$.

3. Sei K eine Kette in D.

Aus der Definition der Ordnungsrelation $\sqsubseteq_D$ folgt, daß für alle $d \in D_1$ die Menge $\{k(d) \mid k \in K\}$ eine Kette in D_2 ist.

Definiere $f : D_1 \longrightarrow D_2$ durch $d \mapsto \bigsqcup K(d) = \bigsqcup\{k(d) \mid k \in K\}$. Damit gilt

$$f = \bigsqcup K \ .$$

Es bleibt zu zeigen, daß f stetig ist, also $f \in D$ gilt.

Sei K_1 eine Kette in D_1. Für alle $k \in K$ und $k_1 \in K_1$ gilt nach Definition von $\bigsqcup$:

$$k(k_1) \sqsubseteq \bigsqcup K(k_1) \ .$$

Da die Funktion k nach Lemma 3.6 monoton ist gilt auch:

$$k(k_1) \sqsubseteq k(\bigsqcup K_1) \ .$$

Daraus folgt:

$$\bigsqcup\{k(k_1) \mid k_1 \in K_1\} \sqsubseteq \bigsqcup\{\bigsqcup K(k_1) \mid k_1 \in K_1\} \quad \text{und}$$

$$\bigsqcup\{k(k_1) \mid k \in K\} \sqsubseteq \bigsqcup\{k(\bigsqcup K_1) \mid k \in K\} \ .$$

Da dies für alle $k_1 \in K_1$ bzw. $k \in K$ gilt, muß es auch für die entsprechenden kleinsten oberen Schranken gelten:

$$\bigsqcup\{\bigsqcup\{k(k_1) \mid k_1 \in K_1\} \mid k \in K\} \sqsubseteq \bigsqcup\{\bigsqcup K(k_1) \mid k_1 \in K_1\} \quad \text{und}$$

$$\bigsqcup\{\bigsqcup\{k(k_1) \mid k \in K\} \mid k_1 \in K_1\} \sqsubseteq \bigsqcup\{k(\bigsqcup K_1) \mid k \in K\} \ .$$

Aus der Stetigkeit von k folgt nun, daß die linke Seite der ersten Ungleichung gleich der rechten Seite der zweiten Ungleichung ist, und daß die linke Seite der zweiten Ungleichung gleich der rechten Seite der ersten Ungleichung ist. Daraus ergibt sich dann auch folgende Gleichung:

$$\bigsqcup\{k(\bigsqcup K_1) \mid k \in K\} = \bigsqcup\{\bigsqcup K(k_1) \mid k_1 \in K_1\} \ .$$

Nun gilt:

$$
\begin{aligned}
f(\bigsqcup K_1) \ &= \ \bigsqcup\{k(\bigsqcup K_1) \mid k \in K\} \quad && \text{nach Definition von } f \\
&= \ \bigsqcup\{\bigsqcup K(k_1) \mid k_1 \in K_1\} \quad && \text{nach obiger Gleichung} \\
&= \ \bigsqcup\{f(k_1) \mid k_1 \in K_1\} \quad && \text{wegen } f = \bigsqcup K \\
&= \ \bigsqcup f(K_1) \ .
\end{aligned}
$$

Damit ist f stetig.

Q.E.D.

Das nächste Lemma zeigt, daß einige, häufig verwendete Funktionen stetig sind, d.h. daß sie in den semantischen Funktionsbereichen liegen.

Lemma 3.14

Die Klasse der stetigen Funktionen enthält die Identitätsfunktionen und die konstanten Funktionen und ist unter Komposition, Substitution und Limesbildung abgeschlossen, d.h. für alle cpo's A, B, $B_1, \ldots, B_r$, C, D, D_1, D_2 und D_3 ($r \in I\!N$) sind folgende Operationen stetig:

1. *Die Identitätsfunktionen*

$$\underline{id}_D : \; D \; \longrightarrow \; D$$
$$x \; \longmapsto \; x \, ,$$

2. *die konstanten Funktionen*

$$k_d : \; D_1 \; \longrightarrow \; D_2$$
$$x \; \longmapsto \; d$$

für alle $d \in D_2$,

3. *die Komposition*

$$f \circ g : \; D_1 \; \longrightarrow \; D_3$$
$$x \; \longmapsto \; f(g(x))$$

für alle $f \in [D_2 \longrightarrow D_3]$ und $g \in [D_1 \longrightarrow D_2]$,

4. *die Substitution*

$$f(g_1 \times \cdots \times g_r) : \; A \; \longrightarrow \; C$$
$$x \; \longmapsto \; f(\langle g_1(x), \ldots, g_r(x)\rangle)$$

für alle $f \in [(B_1 \times \cdots \times B_r) \longrightarrow C]$ und $g_\nu : A \longrightarrow B_\nu$ mit $1 \leq \nu \leq r$ und

5. *die Limesbildung*

$$\bigsqcup F : \; A \; \longrightarrow \; B$$
$$x \; \longmapsto \; \bigsqcup\{f(x) \mid f \in F\}$$

für jede Kette $F \in [A \longrightarrow B]$.

Beweis:

1. bis 4. standard,

5. analog zum Beweis von Lemma 3.13.

Q.E.D.

Konventionen: Da von hier an nur stetige Funktionen behandelt werden, können die äußeren eckigen Klammern um die Funktionenräume weggelassen werden.

Um weitere Klammern einzusparen, vereinbart man Rechtsassoziativität von $\longrightarrow$, d.h.

$$D_1 \longrightarrow D_2 \longrightarrow \cdots \longrightarrow D_{n-1} \longrightarrow D_n \quad \text{steht für}$$

$$[D_1 \longrightarrow [D_2 \longrightarrow \cdots \longrightarrow [D_{n-1} \longrightarrow D_n]\ldots]] \ .$$

Beispiel 3.15 (Der Funktionenbereich *SPEICHER*)

$$SPEICHER = [ID \longrightarrow (\mathbb{Z}_\bot + \{\underline{frei}\}_\bot)]$$

Typische Funktionen aus diesem Bereich sind:

$$S_0 = x \mapsto \underline{frei}$$

und

$$S = S_0\,[1/a]\,[-1/b]\,[0/c] = x \mapsto \begin{cases} 1 & \textit{falls} & x = a \\ -1 & \textit{falls} & x = b \\ 0 & \textit{falls} & x = c \\ \underline{frei} & \textit{sonst} \end{cases}$$

Bemerkung: *Es gilt nicht etwa $S_0 \sqsubseteq S$, da beide Elemente total sind. Hingegen gilt für den Speicher*

$$S' = x \mapsto \begin{cases} 1 & \textit{falls} & x = a \\ -1 & \textit{falls} & x = b \\ \bot & \textit{sonst} \end{cases}$$

$S' \sqsubseteq S$.

$\square$

3.1.5   Rekursiv definierte Bereiche

Sei $\mathcal{B} = \{B_1, B_2, \ldots, B_n\}$ eine Menge von semantischen Bereichen und sei $\mathcal{D} = \{D_1, D_2, \ldots, D_r\}$ eine Menge von Bereichsvariablen. Zunächst ist die Menge $\mathcal{T}[\mathcal{B}, \mathcal{D}]$ von *Bereichstermen* über $\mathcal{B}$ und $\mathcal{D}$ induktiv wie folgt definiert:

1. $\mathcal{B} \subseteq \mathcal{T}[\mathcal{B}, \mathcal{D}]$ und
   $\mathcal{D} \subseteq \mathcal{T}[\mathcal{B}, \mathcal{D}]$.

2. Seien $\tau,\ \tau_1,\ \ldots, \tau_k \in \mathcal{T}[\mathcal{B}, \mathcal{D}]$, dann sind auch folgende Terme in $\mathcal{T}[\mathcal{B}, \mathcal{D}]$:

   (a) $(\tau_1 \times \cdots \times \tau_k)$,

   (b) τ^* ,

   (c) τ^ω ,

(d) $(\tau_1 + \cdots + \tau_k)$ und

(e) $[\tau_1 \longrightarrow \tau_2]$.

Durch ein Gleichungssystem der Form

$$
\begin{aligned}
D_1 &= \tau_1 \\
D_2 &= \tau_2 \\
&\vdots \\
D_r &= \tau_r
\end{aligned}
$$

mit $\tau_\nu \in \mathcal{T}[\mathcal{B}, \mathcal{D}]$ werden die semantischen Bereiche D_1, $D_2, \ldots, D_r$ rekursiv definiert.

Beispiel 3.16 (Der rekursiv definierte Bereich $LISTE$)

Die Menge der beliebig geschachtelten Listen über einer Menge von Konstanten, wie sie in LISP verwendet werden, läßt sich auf natürliche Weise rekursiv definieren:

$$LISTE = (\overline{KON} + (LISTE \times LISTE))$$

Unter anderen sind folgende Elemente aus diesem Bereich:

$L_1 = a$,

$L_2 = \langle a, \langle b, c \rangle \rangle$,

$L_3 = \langle \langle a, b \rangle, c \rangle$ *und*

$L_4 = \langle \langle a, \bot \rangle, c \rangle$.

Bemerkung: *Während die ersten drei Listen nicht in der Relation $\sqsubseteq$ stehen, da sie total sind, gilt für die beiden letzten:*

$$L_4 \sqsubseteq L_3 .$$

□

Natürlich soll auch solchen Gleichungssystemen der minimale Fixpunkt einer stetigen Transformation als Lösung zugeordnet werden. Allerdings gibt es unterschiedliche universelle Bereiche, auf denen entsprechende Transformationen definiert werden können und in denen eindeutige Lösungen existieren.
In Abschnitt 3.3 wird gesondert auf verschiedene Lösungsmethoden solcher Gleichungen eingegangen.

3.2 Der getypte λ-Kalkül als Metasprache

Nachdem im vorangegangenen Abschnitt alle Bereichskonstruktionsmethoden, die bei der denotationellen Semantikspezifikation Verwendung finden, vorgestellt wurden, sollen nun Techniken zur Bezeichnung von Elementen aus semantischen Bereichen entwickelt werden. Die diskreten Objekte sollen natürlich in gewohnter

Weise explizit benannt werden, d.h. die ganzen Zahlen werden in Dezimalschreibweise notiert, die Wahrheitswerte durch die Namen *wahr* und *falsch* bezeichnet usw. Schwieriger wird es bei den unendlichen Objekten, etwa den Funktionen. Da die semantischen Bereiche induktiv definiert wurden, sind auch Funktionen höheren Typs Elemente aus semantischen Bereichen. Die Semantikfunktionen der Sprache WHILE sind bereits Funktionen höheren Typs, z.B.

$$\mathcal{T} \; : \; TERM \; \longrightarrow \; [ZUSTAND \longrightarrow ((\mathbb{Z}_\perp \times ZUSTAND) + \{\underline{Fehler}\}_\perp)]$$

mit

$$ZUSTAND \; = \; (SPEICHER \times EINGABE \times AUSGABE)$$
$$SPEICHER \; = \; ID \longrightarrow (\mathbb{Z}_\perp + \{\underline{frei}\}_\perp) \,.$$

Die Semantik eines Terms ist also eine Funktion, die als erstes Argument eine Funktion erwartet. Solche Funktionen über Funktionen, in der Mathematik auch *Funktionale* genannt, und ebenso auch Funktionen über Funktionalen usw. sind von höherem funktionalen Typ.

Weitere Beispiele für bereits bekannte Funktionale sind die Familien der *Fixpunktoperatoren*

$$\underline{fix} : [D \longrightarrow D] \longrightarrow D$$

und der Curry-Operatoren

$$\underline{curry} : [(A \times B) \longrightarrow C] \longrightarrow [A \longrightarrow [B \longrightarrow C]]$$

für alle Bereiche A, B, C und D.

Eine geeignete Möglichkeit, solche Funktionen endlich darzustellen, bietet der von Church entwickelte λ-Kalkül [25].

Die Grundidee des λ-Kalküls läßt sich wie folgt veranschaulichen: Sei A ein Ausdruck, in dem neben bekannten Konstanten und Operationssymbolen die Variablen $x_1, x_2, \ldots, x_n$ vorkommen; dann läßt sich diesem Ausdruck in natürlicher Weise eine n-stellige Funktion zuordnen, nämlich gerade diejenige Abbildung, die einem geeigneten Argumentetupel $\langle a_1, a_2, \ldots, a_n \rangle$ den Wert von A bzgl. der Belegung $(x_1 \mapsto a_1, x_2 \mapsto a_2, \ldots, x_n \mapsto a_n)$ zuordnet. Diese Funktion wird im λ-Kalkül durch den Ausdruck

$$\lambda(x_1, x_2, \ldots, x_n).A$$

bezeichnet. Die Ausdrücke des λ-Kalküls heißen λ-*Ausdrücke* oder auch λ-*Terme*.

Im getypten λ-Kalkül soll jedem λ-Term t ein *Typ* τ zugeordnet werden (geschrieben als $t : \tau$), wobei τ der Name desjenigen Bereiches ist, in dem das von t bezeichnete Element liegt. Dies ist möglich, wenn die Typen aller vorkommenden Variablen, Konstanten und Funktionen bekannt sind.

Nicht immer wird der Typ jeder Variablen angegeben. Z.B. bezeichnet der λ-Ausdruck $\lambda x.x$ die Identitätsfunktion über jedem semantischen Bereich. Solchen Termen können *generische Typen* zugeordnet werden; dies sind Namen für semantische Bereiche, die durch Bereichsterme, in denen eine oder mehrere Bereichsvariablen vorkommen, gegeben sind. Die Theorie der generischen Typen soll hier nicht im Detail behandelt werden, dazu sei auf Damas und Milner [30] verwiesen. Im folgenden wird angenommen, daß die Typen aller Variablen explizit angegeben oder aus dem Kontext ersichtlich sind.

Definition 3.17 (Getypte λ-Ausdrücke)

Sei $\mathcal{D}$ eine Menge von semantischen Bereichen, die unter $\times$, $*$, ω, $+$ und $\longrightarrow$ abgeschlossen ist. Sei ferner $\mathcal{X} = \{\mathcal{X}^D \mid D \in \mathcal{D}\}$ eine Familie getypter Variablen und $\mathcal{K} = \{\mathcal{K}^D \mid D \in \mathcal{D}\}$ eine Familie getypter Konstanten, die die oben eingeführten Familien von Operationen (π_i, $\underline{hd}$, $\underline{tl}$, $\underline{null}$, $\underline{cons}$, $\underline{cons'}$, $\underline{out}_i$, $\underline{in}_i$, $\underline{is}_i$, $\underline{fix}$ *und* $\underline{curry}$) *enthalten.*
Die Menge $\mathcal{A}_\lambda[\mathcal{D}, \mathcal{X}, \mathcal{K}]$ der getypten λ-Ausdrücke über $\mathcal{D}$, $\mathcal{X}$ und $\mathcal{K}$ (Abkürzung $\mathcal{A}_\lambda$, wenn $\mathcal{D}$, $\mathcal{X}$ und $\mathcal{K}$ aus dem Kontext ersichtlich sind) ist induktiv durch 1. bis 4. definiert:

1. **Atome**

    $x : D \;\in \mathcal{A}_\lambda \;$ *für alle* $\;D \in \mathcal{D}\;$ *und* $\;x \in \mathcal{X}^D\;$ *und*
    $k : D \;\in \mathcal{A}_\lambda \;$ *für alle* $\;D \in \mathcal{D}\;$ *und* $\;k \in \mathcal{K}^D$.

2. **Tupel**

    $\langle t_1, t_2, \ldots, t_r \rangle : (D_1 \times D_2 \times \cdots \times D_r) \;\in \mathcal{A}_\lambda$, *falls* $\;t_\nu : D_\nu \in \mathcal{A}_\lambda\;$ *für alle* $1 \leq \nu \leq r, r \in I\!N$.

3. **Applikationen**

    $(t_1 t_2) : D \;\in \mathcal{A}_\lambda$, *falls* $\;t_1 : D' \longrightarrow D \in \mathcal{A}_\lambda\;$ *und* $\;t_2 : D' \in \mathcal{A}_\lambda$.

4. **Abstraktionen**

    (a) *monadisch:*

      $(\lambda x.t) : [D_1 \longrightarrow D_2] \;\in \mathcal{A}_\lambda\;$ *falls* $\;x \in \mathcal{X}^{D_1}\;$ *und* $\;t : D_2 \in \mathcal{A}_\lambda$, *sowie*

    (b) *polyadisch:*

      $(\lambda(x_1, \ldots, x_r).t) : [(D_1 \times \cdots \times D_r) \longrightarrow D] \;\in \mathcal{A}_\lambda\;$ *falls* $\;x_\nu \in \mathcal{X}^{D_\nu}\;$ *für* $1 \leq \nu \leq r\;$ *und* $\;t : D \in \mathcal{A}_\lambda$.

    $\blacksquare$

Bemerkung: Die polyadische Abstraktion $(\lambda(x_1, \ldots, x_r).t)$ könnte natürlich durch einen analogen Ausdruck $(\lambda y.t')$ mit $y \in \mathcal{X}^{(D_1 \times \cdots \times D_r)}$ ersetzt werden. Es ist jedoch von Vorteil, daß in t die einzelnen Komponenten des Argumentes über x_ν direkt angesprochen werden können, während in t' die entsprechenden Projektionen $(\pi_\nu y)$ verwendet werden müssen.

Man kann auch nur den allgemeinen Fall der polyadischen Abstraktion zulassen, ohne an Ausdrucksstärke zu verlieren, da das einstellige kartesische Produkt (D) isomorph ist zu D. Es gibt jedoch zwei Gründe für die explizite Anführung der monadischen Abstraktion. Erstens ist der reine λ-Kalkül von Church nur monadisch definiert worden, so daß diese Schreibweise eher vertraut sein dürfte, und zweitens spart man zusätzliche Klammern, indem man $\lambda x.t$ scheibt anstelle von $\lambda(x).t'$, wobei t' aus t durch Substitution von $\langle x \rangle$ für jedes Vorkommen von x in t entsteht.

Konventionen:

1. Wenn der *Typ eines λ-Ausdruckes* aus dem Kontext ersichtlich ist, wird auf dessen Angabe in der Regel verzichtet.

2. Die *Applikation ist linksassoziativ*, d.h.

$$t_1 t_2 \ldots t_n \quad \text{steht für} \quad (\ldots(t_1 t_2)\ldots t_n).$$

3. Das *Semikolon* bedeutet Applikation mit *rechtsassoziativer* Wirkung und ist von niedrigerer Priorität als die Hintereinanderschreibung, d.h.

$$t_1 \ldots t_n; r_1 \ldots r_m; s_1 \ldots s_u \quad \text{steht für} \quad (t_1 \ldots t_n)((r_1 \ldots r_m)(s_1 \ldots s_u)).$$

4. Eine *mehrfache Abstraktion* der Form

$$(\lambda x_1.(\lambda x_2.\cdots.(\lambda x_n.t)\ldots))$$

   kann durch den Ausdruck

$$(\lambda x_1 x_2 \ldots x_n.t)$$

   abgekürzt werden.

5. Der Gültigkeitsbereich einer *Abstraktion ohne Klammerung* erstreckt sich so weit nach rechts wie möglich, d.h. Abstraktion bindet stärker als Applikation.

$$
\begin{array}{llll}
\text{Es ist} & (t(\lambda x.fab))4 & \text{gleich} & (t\lambda x.fab)4 \\
\text{aber} & (\lambda x.\underline{plus}\langle 4,x\rangle)7 & \text{ungleich} & \lambda x.\underline{plus}\langle 4,x\rangle 7 \\
\text{und} & (\lambda x.(t_1(t_2 t_3))) & \text{gleich} & \lambda x.t_1;\ t_2 t_3.
\end{array}
$$

6. Die bekannten *zweistelligen Basisoperationen* $+$, $-$, $*$, $\div$, $\wedge$ und $\vee$ werden auch in λ-Ausdrücken in Infixnotation geschrieben; dabei binden sie schwächer als Applikation und Abstraktion. Z.B. steht

$$\lambda x.2 + fx \quad \text{für} \quad \lambda x.\underline{plus}\langle 2, fx\rangle .$$

Beispiel 3.18 (Getypter λ-Ausdruck)

Es soll eine dreistellige Funktion f definiert werden, die angewendet auf eine Liste L von ganzen Zahlen, eine zweistellige, arithmetische Operation g und eine ganze Zahl k, den Wert von g, angewendet auf k und die dritte Komponente von L, als Ergebnis liefert, d.h. folgende Gleichung soll gelten:

$$f\ L\ g\ k = g\langle k, \mathrm{II}_3 L\rangle .$$

Einen vollständig getypten λ-Ausdruck, der streng nach Definition 3.17 aufgebaut ist und diese Funktion realisiert, erhält man folgendermaßen:
Sei $L \in \mathcal{X}^{\mathbb{Z}_{\perp}^{*}}$, $g \in \mathcal{X}^{[(\mathbb{Z}_{\perp} \times \mathbb{Z}_{\perp}) \longrightarrow \mathbb{Z}_{\perp}]}$ und $k \in \mathcal{K}^{\mathbb{Z}_{\perp}}$. Dann sind nach Definition 3.17.1 die Atome

$$L : \quad \mathbb{Z}_{\perp}^{*}$$

$$g : \quad [(\mathbb{Z}_{\perp} \times \mathbb{Z}_{\perp}) \longrightarrow \mathbb{Z}_{\perp}] \text{ und}$$

$$k : \quad \mathbb{Z}_{\perp}$$

in $\mathcal{A}_{\lambda}$.
Nach der Voraussetzung bzgl. $\mathcal{K}$ ist auch

$$\pi_3 : [\mathbb{Z}_{\perp}^{*} \longrightarrow \mathbb{Z}_{\perp}]$$

in $\mathcal{A}_{\lambda}$. Nun gilt:

$$
\begin{array}{ll}
(\pi_3 L) : \mathbb{Z}_{\perp} \in \mathcal{A}_{\lambda} & \text{nach } 3.17.3, \\[4pt]
\langle k, (\pi_3 L) \rangle : (\mathbb{Z}_{\perp} \times \mathbb{Z}_{\perp}) \in \mathcal{A}_{\lambda} & \text{nach } 3.17.2, \\[4pt]
(g \langle k, (\pi_3 L) \rangle) : \mathbb{Z}_{\perp} \in \mathcal{A}_{\lambda} & \text{nach } 3.17.3, \\[4pt]
(\lambda k.(g \langle k, (\pi_3 L) \rangle)) : [\mathbb{Z}_{\perp} \longrightarrow \mathbb{Z}_{\perp}] \in \mathcal{A}_{\lambda} & \text{nach } 3.17.4,
\end{array}
$$

und ebenfalls nach 3.17.4 gilt:

$$(\lambda g.(\lambda k.(g \langle k, (\pi_3 L) \rangle))) : [[(\mathbb{Z}_{\perp} \times \mathbb{Z}_{\perp}) \longrightarrow \mathbb{Z}_{\perp}] \longrightarrow [\mathbb{Z}_{\perp} \longrightarrow \mathbb{Z}_{\perp}]] \in \mathcal{A}_{\lambda} .$$

Schließlich erhält man die gewünschte Funktion:
$f =$

$$(\lambda L.(\lambda g.(\lambda k.(g \langle k, (\pi_3 L) \rangle)))) : [\mathbb{Z}_{\perp}^{*} \longrightarrow [[(\mathbb{Z}_{\perp} \times \mathbb{Z}_{\perp}) \longrightarrow \mathbb{Z}_{\perp}] \longrightarrow [\mathbb{Z}_{\perp} \longrightarrow \mathbb{Z}_{\perp}]]]$$

in $\mathcal{A}_{\lambda}$, abermals nach Definition 3.17.4.
Nach den oben vereinbarten Konventionen vereinfacht sich f nun wie folgt:

1. Verzicht auf Typangabe:

$$f = (\lambda L.(\lambda g.(\lambda k.(g \langle k, (\pi_3 L) \rangle))))$$

2. Einsparung von Applikationsklammern gemäß der Linksassoziativität:

$$f = (\lambda L.(\lambda g.(\lambda k.g \langle k, \pi_3 L \rangle)))$$

3. Abkürzung der Mehrfachabstraktion:

$$f = (\lambda L g k.g \langle k, \pi_3 L \rangle)$$

4. Streichung von äußeren Abstraktionsklammern:

$$f = \lambda L g k.g \langle k, \pi_3 L \rangle$$

Wendet man nun f auf die Liste $\langle 1, \underline{tl}\langle 3\rangle, 8, 4\rangle$, die Operation $\underline{plus}$ und die Zahl 2 an, so entsteht der Ausdruck

$$(\lambda Lgk.g\langle k, \pi_3 L\rangle)\langle 1, \underline{tl}\langle 3\rangle, 8, 4\rangle\underline{plus}2 \ .$$

Man beachte, daß durch die Anwendung von f auf Argumente eine Klammerung der Abstraktion nötig wurde, da sich sonst die Gültigkeitsbereiche von L, g und k über die gesamte Applikation erstreckt hätte.

Durch Substitution der Argumente für die entsprechenden Variablen und Anwendung bekannter Termsimplifikationen läßt sich der Wert dieses Ausdruckes im λ-Kalkül berechnen:

$$
\begin{aligned}
(\lambda Lgk.g\langle k, \pi_3 L\rangle)\langle 1, \underline{tl}\langle 3\rangle, 8, 4\rangle\underline{plus}2
&= (\lambda gk.g\langle k, \pi_3\langle 1, \underline{tl}\langle 3\rangle, 8, 4\rangle\rangle)\underline{plus}2 \\
&= (\lambda k.\underline{plus}\langle k, \pi_3\langle 1, \underline{tl}\langle 3\rangle, 8, 4\rangle\rangle)2 \\
&= (\lambda k.k + \pi_3\langle 1, \underline{tl}\langle 3\rangle, 8, 4\rangle)2 \\
&= 2 + \pi_3\langle 1, \underline{tl}\langle 3\rangle, 8, 4\rangle \\
&= 2 + 8 \\
&= 10 \ .
\end{aligned}
$$

Die in den Zeilen 1, 2 und 4 durchgeführte Substitution heißt im λ-Kalkül β-Reduktion und wird in Definition 3.26.2 formal eingeführt.

Der Übergang von Zeile 2 auf Zeile 3 erfolgte nach der Konvention 5.

Wie man in Zeile 5 erkennt, kann die Applikation der Operation π_3 auf unausgewertete Argumente $(\ldots \underline{tl}\langle 3\rangle \ldots)$ bereits ausgewertet werden. Diese Auswertung und die Ersetzung des Ausdruckes $2 + 8$ durch 10 sind Beispiele für Termsimplifikationen, die im λ-Kalkül durch die δ-Reduktion (siehe Definition 3.26.3) formalisiert werden.

Die Wahl der Namen L, g und k ist willkürlich, solange sie nicht miteinander kollidieren, d.h.

$$f = \lambda M hi.h\langle i, \pi_3 M\rangle$$

wäre eine äquivalente Formulierung. Eine solche Umbenennung gebundener Variablen wird im λ-Kalkül durch die α-Konversion formalisiert (siehe Definition 3.26.1).

□

Da in einem λ-Ausdruck Variablen frei vorkommen können, z.B. $b : BOOL$, kann man ohne eine vorgegebene Belegung dieser Variablen noch nicht sagen, welches semantische Objekt von einem solchen Ausdruck bezeichnet wird. Daher definiert man die Menge U der *Umgebungen* als die Menge aller typerhaltenden Abbildungen von der Menge der Variablen in die Menge der semantischen Bereiche.

Definition 3.19 (Umgebungen)

Seien $\mathcal{D}$ und $\mathcal{X}$ wie oben. Die Menge $\mathcal{U}[\mathcal{D}, \mathcal{X}]$ der Umgebungen bzgl. $\mathcal{D}$ und $\mathcal{X}$ ist die Menge aller typerhaltenden Abbildungen von $\bigcup \mathcal{X}$ nach $\bigcup \mathcal{D}$. Dabei heißt eine Abbildung $\rho : \bigcup \mathcal{X} \longrightarrow \bigcup \mathcal{D}$ typerhaltend, wenn für alle $x \in \mathcal{X}^D$ mit $D \in \mathcal{D}$ die Eigenschaft $\rho(x) \in D$ gilt.

Die modifizierte Umgebung $\rho[d/x]$ entsteht aus der Umgebung ρ durch Ersetzen des Wertes von x durch das Element d, d.h.

$$\rho[d/x](y) = \begin{cases} d & \text{falls} \quad x = y \\ \rho(y) & \text{sonst} \end{cases}$$

∎

Konvention: Wenn $\mathcal{D}$ und $\mathcal{X}$ aus dem Kontext ersichtlich sind, kürzt man $\mathcal{U}[\mathcal{D}, \mathcal{X}]$ durch $\mathcal{U}$ ab.

Nun läßt sich die Semantikfunktion $[\![\ ]\!]$, die jedem λ-Ausdruck t bzgl. einer Umgebung ρ das durch t bezeichnete semantische Objekt $[\![t]\!]\rho$ zuordnet, explizit angeben.

Definition 3.20 (Semantik der λ-Terme)

Seien $\mathcal{D}$, $\mathcal{X}$ und $\mathcal{K}$ wie oben. Die Semantik der λ-Ausdrücke wird induktiv durch die Funktion

$$[\![\ , \mathcal{D}]\!] : \mathcal{U}[\mathcal{D}, \mathcal{X}] \longrightarrow \mathcal{A}_\lambda[\mathcal{D}, \mathcal{X}, \mathcal{K}] \longrightarrow \bigcup \mathcal{D}$$

bestimmt mit:

1. $[\![x, \mathcal{D}]\!]\rho = \rho(x)$

   $[\![k, \mathcal{D}]\!]\rho = k$

2. $[\![\langle t_1, \ldots, t_r \rangle, \mathcal{D}]\!]\rho = \langle [\![t_1, \mathcal{D}]\!]\rho, \ldots, [\![t_r, \mathcal{D}]\!]\rho \rangle$

3. $[\![(t_1 t_2), \mathcal{D}]\!]\rho = [\![t_1, \mathcal{D}]\!]\rho([\![t_2, \mathcal{D}]\!]\rho)$

4. $[\![\lambda x.t, \mathcal{D}]\!]\rho = d \mapsto [\![t, \mathcal{D}]\!]\rho[d/x]$

   $[\![\lambda(x_1, \ldots, x_r).t, \mathcal{D}]\!]\rho = \langle d_1, \ldots, d_r \rangle \mapsto [\![t, \mathcal{D}]\!]\rho[d_1/x_1] \cdots [d_r/x_r]$

für alle $\rho \in \mathcal{U}$, $x, x_1, \ldots, x_r \in \bigcup \mathcal{X}$, $k \in \bigcup \mathcal{K}$ und $t, t_1, \ldots, t_r \in \mathcal{A}_\lambda$

∎

Konvention: Der Ausdruck $[\![\ , \mathcal{D}]\!]$ wird durch den Ausdruck $[\![\ ]\!]$ abgekürzt, wenn die zugrunde liegenden semantischen Bereiche aus dem Kontext ersichtlich sind.

Es muß nun gezeigt werden, daß der Bildbereich der oben definierten Semantikfunktion wirklich in $\bigcup \mathcal{D}$ liegt. Da vorausgesetzt wurde, daß $\mathcal{D}$ unter dem kartesischen Produkt abgeschlossen ist, gilt für die Fälle 1. bis 3. diese Eigenschaft trivialerweise. In Fall 4. wird jedoch eine Funktion als Wert der Semantikfunktion, angewendet auf Abstraktionen, definiert. Da die Familie der semantischen Bereiche $\mathcal{D}$ unter der Bereichskonstruktion $\longrightarrow$ abgeschlossen ist, genügt es zu zeigen, daß die angegebenen Funktionen stetig sind.

Lemma 3.21 (Die Semantik der Abstraktion ist stetig)

Seien $\mathcal{D}$, $\mathcal{X}$ und $\mathcal{K}$ wie oben. Sei ferner $t \in \mathcal{A}_\lambda[\mathcal{D}, \mathcal{X}, \mathcal{K}]$, $D \in \mathcal{D}$, $x \in \mathcal{X}^D$ und $\rho \in \mathcal{U}[\mathcal{D}, \mathcal{X}]$.

$$\textit{Wenn} \quad [\![t]\!]\rho \in D' \in \bigcup\mathcal{D} \quad \textit{gilt, so ist auch} \quad [\![\lambda x.t]\!]\rho \in [D \longrightarrow D'] \in \bigcup\mathcal{D}\,.$$

Beweis: Sei $[\![t]\!]\rho \in D'$. Nach Definition 3.20.4 ist $f := [\![\lambda x.t]\!]\rho$ eine Funktion von D nach D'. Es bleibt zu zeigen, daß f stetig ist.

Sei S eine Kette in D. Die Eigenschaft

$$f(\bigsqcup S) = \bigsqcup f(S)$$

läßt sich durch strukturelle Induktion über t zeigen (vgl. Definition 3.17).

1. $\underline{t = y \in \mathcal{X}^{D'}}$

$$
\begin{aligned}
[\![\lambda x.y]\!]\rho\,(\bigsqcup S) \;&=\; [\![y]\!]\rho\,[\bigsqcup S/x] && \text{nach Definition 3.20.4}\\[4pt]
&=\; \begin{cases} \bigsqcup S & \text{falls} \quad y = x \\ \rho\,(y) & \text{sonst} \end{cases} && \text{nach Definition 3.20.1}\\[4pt]
&=\; \bigsqcup\{\,[\![y]\!]\rho\,[s/x] \mid s \in S\,\} && \text{nach Definition 3.20.1}\\[4pt]
&=\; \bigsqcup\{\,[\![\lambda x.y]\!]\rho\,(s) \mid s \in S\,\} && \text{nach Definition 3.20.4}\\[4pt]
&=\; \bigsqcup [\![\lambda x.y]\!]\rho\,(S)
\end{aligned}
$$

Der Fall $\underline{t = k \in \mathcal{K}^{D'}}$ läuft analog.

2. $\underline{t = \langle t_1, \ldots, t_r \rangle}$

$$\llbracket \lambda x.\langle t_1, \ldots, t_r \rangle \rrbracket \rho \, (\sqcup S)$$

$$= \quad \llbracket \langle t_1, \ldots, t_r \rangle \rrbracket \rho \, [\sqcup S/x] \qquad \text{nach Definition 3.20.4}$$

$$= \quad \langle \llbracket t_1 \rrbracket \rho \, [\sqcup S/x], \ldots, \llbracket t_r \rrbracket \rho \, [\sqcup S/x] \rangle \qquad \text{nach Definition 3.20.2}$$

$$= \quad \langle \llbracket \lambda x.t_1 \rrbracket \rho \, (\sqcup S), \ldots, \llbracket \lambda x.t_r \rrbracket \rho \, (\sqcup S) \rangle \qquad \text{nach Definition 3.20.4}$$

$$= \quad \langle \sqcup \{ \llbracket \lambda x.t_1 \rrbracket \rho \, (s) \mid s \in S \}, \ldots, \sqcup \{ \llbracket \lambda x.t_r \rrbracket \rho \, (s) \mid s \in S \} \rangle$$
$$\text{nach Induktionsannahme}$$

$$= \quad \sqcup \{ \langle \llbracket \lambda x.t_1 \rrbracket \rho \, (s), \ldots, \llbracket \lambda x.t_r \rrbracket \rho \, (s) \rangle \mid s \in S \} \quad \text{nach Lemma 3.10.1b}$$

$$= \quad \sqcup \{ \langle \llbracket t_1 \rrbracket \rho \, [s/x], \ldots, \llbracket t_r \rrbracket \rho \, [s/x] \rangle \mid s \in S \} \qquad \text{nach Definition 3.20.4}$$

$$= \quad \sqcup \{ \llbracket \langle t_1, \ldots, t_r \rangle \rrbracket \rho \, [s/x] \mid s \in S \} \qquad \text{nach Definition 3.20.2}$$

$$= \quad \sqcup \{ \llbracket \lambda x.\langle t_1, \ldots, t_r \rangle \rrbracket \rho \, (s) \mid s \in S \} \qquad \text{nach Definition 3.20.4}$$

$$= \quad \sqcup \, \llbracket \lambda x.\langle t_1, \ldots, t_r \rangle \rrbracket \rho \, (S)$$

3. $\underline{t = (t_1 t_2)}$

$$\llbracket \lambda x.(t_1 t_2) \rrbracket \rho \, (\sqcup S)$$

$$= \quad \llbracket (t_1 t_2) \rrbracket \rho \, [\sqcup S/x] \qquad \text{nach Definition 3.20.4}$$

$$= \quad \llbracket t_1 \rrbracket \rho \, [\sqcup S/x] \, (\llbracket t_2 \rrbracket \rho \, [\sqcup S/x]) \qquad \text{nach Definition 3.20.3}$$

$$= \quad \sqcup \{ \llbracket t_1 \rrbracket \rho \, [s/x] \mid s \in S \} \, (\sqcup \{ \llbracket t_2 \rrbracket \rho \, [s/x] \mid s \in S \}) \quad \text{nach Induktionsannahme}$$

$$= \quad \sqcup \{ \llbracket t_1 \rrbracket \rho \, [s/x] \, (\llbracket t_2 \rrbracket \rho \, [s/x]) \mid s \in S \} \qquad \text{siehe Beweis zu Lemma 3.13}$$

$$= \quad \sqcup \{ \llbracket (t_1 t_2) \rrbracket \rho \, [s/x] \mid s \in S \} \qquad \text{nach Definition 3.20.3}$$

$$= \quad \sqcup \{ \llbracket \lambda x.(t_1 t_2) \rrbracket \rho \, (s) \mid s \in S \} \qquad \text{nach Definition 3.20.4}$$

$$= \quad \sqcup \, \llbracket \lambda x.(t_1 t_2) \rrbracket \rho \, (S)$$

4. $\underline{t = (\lambda y.t')}$

$$\llbracket \lambda x.(\lambda y.t') \rrbracket \rho \, (\sqcup S)$$

$$= \quad \llbracket (\lambda y.t') \rrbracket \rho \, [\sqcup S/x] \qquad \text{nach Definition 3.20.4}$$

$$= \quad d \mapsto \llbracket t' \rrbracket \rho \, [\sqcup S/x] \, [d/y] \qquad \text{nach Definition 3.20.4}$$

$$= \quad d \mapsto \begin{cases} \llbracket t' \rrbracket \rho \, [d/x] & \text{falls } x = y \\ \llbracket t' \rrbracket \rho \, [d/y] \, [\sqcup S/x] & \text{falls } x \neq y \end{cases} \qquad \text{nach Definition 3.19}$$

$$= d \mapsto \begin{cases} [\![t']\!]\rho\,[d/x] & \text{falls } x = y \\ [\![\lambda x.t']\!]\rho\,[d/y]\,(\bigsqcup S) & \text{falls } x \neq y \end{cases} \qquad \text{nach Definition 3.20.4}$$

$$= d \mapsto \begin{cases} [\![t']\!]\rho\,[d/x] & \text{falls } x = y \\ \bigsqcup\{[\![\lambda x.t']\!]\rho\,[d/y]\,(s) \mid s \in S\} & \text{falls } x \neq y \end{cases} \qquad \text{nach Induktionsannahme}$$

$$= d \mapsto \begin{cases} [\![t']\!]\rho\,[d/x] & \text{falls } x = y \\ \bigsqcup\{[\![t']\!]\rho\,[d/y]\,[s/x] \mid s \in S\} & \text{falls } x \neq y \end{cases} \qquad \text{nach Definition 3.20.4}$$

$$= \begin{cases} d \mapsto [\![t']\!]\rho\,[d/x] & \text{falls } x = y \\ \bigsqcup\{d \mapsto [\![t']\!]\rho\,[d/y]\,[s/x] \mid s \in S\} & \text{falls } x \neq y \end{cases} \qquad \text{siehe Beweis zu 3.13}$$

$$= \bigsqcup\{d \mapsto [\![t']\!]\rho\,[s/x]\,[d/y] \mid s \in S\} \qquad \text{nach Definition 3.19}$$

$$= \bigsqcup\{[\![\lambda y.t']\!]\rho\,[s/x] \mid s \in S\} \qquad \text{nach Definition 3.20.4}$$

$$= \bigsqcup\{[\![\lambda x.\lambda y.t']\!]\rho\,(s) \mid s \in S\} \qquad \text{nach Definition 3.20.4}$$

$$= \bigsqcup\,[\![\lambda x.\lambda y.t']\!]\rho\,(S)$$

Der Beweis zu $\underline{t = (\lambda(y_1,\ldots,y_r).t')}$ läuft analog.

Q.E.D.

Korollar 3.22 (Die Semantik der Mehrfachabstraktion ist stetig)

Seien $\mathcal{D}$, $\mathcal{X}$, $\mathcal{K}$, t und ρ wie oben. Sei ferner $\langle y_1,\ldots.y_r\rangle \in \cup\mathcal{X}^r$ mit $r \in I\!N$.

$$\text{Die Funktion } \quad [\![\lambda(y_1,\ldots,y_r).t]\!]\rho \quad \text{ist stetig.}$$

Satz 3.23

Die Semantikfunktion $[\![\ ]\!]$ ist typerhaltend und wohldefiniert.

Beweis: Die Aussage des Satzes folgt unmittelbar aus Definition 3.20, Lemma 3.21 und Korollar 3.22, sowie den Abschlußeigenschaften von $\mathcal{D}$.

Q.E.D.

Damit ist jetzt mit denselben Techniken, mit denen die denotationelle Semantik von Programmiersprachen formuliert werden soll, bereits die Semantik der Metasprache formalisiert.

Ursprünglich wurde von Church für den λ-Kalkül eine Reduktionssemantik definiert, durch die im wesentlichen das systematische Ersetzen von formalen Parametern durch entsprechende Argumente formalisiert wird.

Bevor nun die bedeutungserhaltenden Umformungen, die α-, die β-, die δ- und die η-Reduktion des λ-Kalküls, angegeben werden, muß noch erklärt werden, was freie und gebundene Variablenvorkommen sind.

Definition 3.24 (Freie und gebundene Variablen)

Sei $t \in \mathcal{A}_\lambda$.
Die Mengen $Fr(t)$ der freien Variablen in t *und $Geb(t)$ der* gebundenen Variablen
in t sind induktiv über den Aufbau von t bestimmt (vgl. Definition 3.17):

1. $Fr(x) = \{x\}$, $Geb(x) = \emptyset$ *für alle* $x \in \mathcal{X}^D$, $D \in \mathcal{D}$ *und*

   $Fr(k) = Geb(k) = \emptyset$ *für alle* $k \in \mathcal{K}^D$, $D \in \mathcal{D}$.

2. $Fr(\langle t_1, t_2, \ldots, t_r \rangle) = \bigcup\limits_{1 \leq \nu \leq r} Fr(t_\nu)$

   $Geb(\langle t_1, t_2, \ldots, t_r \rangle) = \bigcup\limits_{1 \leq \nu \leq r} Geb(t_\nu)$

3. $Fr(t_1 t_2) = Fr(t_1) \cup Fr(t_2)$

   $Geb(t_1 t_2) = Geb(t_1) \cup Geb(t_2)$

4. $Fr(\lambda x.t) = Fr(t) \setminus \{x\}$

   $Geb(\lambda x.t) = Geb(t) \cup \{x\}$

   $Fr(\lambda(x_1, \ldots, x_r).t) = Fr(t) \setminus \{x_1, \ldots, x_r\}$

   $Geb(\lambda(x_1, \ldots, x_r).t) = Geb(t) \cup \{x_1, \ldots, x_r\}$

Die Menge $Var(t) := Fr(t) \cup Geb(t)$ ist die Menge der Variablen in t.

∎

Auf der Menge der λ-Ausdrücke ist ein *Substitutionsoperator* $\$^x_s$ erklärt, der jedes
freie Vorkommen einer Variable x durch den Term s ersetzt.

Definition 3.25 (Der Substitutionsoperator $)

Sei $x \in \mathcal{X}^D$, $D \in \mathcal{D}$ und $s : D \in \mathcal{A}_\lambda$.
Der Substitutionsoperator $, *angewendet auf die Variable x und den Term s, ergibt
die Funktion $\$^x_s : \mathcal{A}_\lambda \longrightarrow \mathcal{A}_\lambda$, die induktiv gegeben ist durch:*

1. $\$^x_s y = \begin{cases} s & falls \quad x = y \\ y & sonst \end{cases}$ *für alle $y \in \cup \mathcal{X}$*

   $\$^x_s k = k$ *für alle $k \in \cup \mathcal{K}$*

2. $\$^x_s \langle t_1, \ldots, t_r \rangle = \langle \$^x_s t_1, \ldots, \$^x_s t_r \rangle$

3. $\$^x_s (t_1 t_2) = (\$^x_s t_1 \$^x_s t_2)$

4. $\$^x_s \lambda y.t = \begin{cases} \lambda y.t & falls \quad x = y \\ \lambda y.\$^x_s t & sonst \end{cases}$

$$\$_s^x \lambda(x_1,\ldots,x_r).t = \begin{cases} \lambda(x_1,\ldots,x_r).t & \text{falls} \quad x \in \{x_1,\ldots,x_r\} \\ \lambda(x_1,\ldots,x_r).\$_s^x t & \text{sonst} \end{cases}$$

In analoger Weise ist die simultane Substitution *für alle* $x_i \in \mathcal{X}^{D_i}$, $D_i \in \mathcal{D}$ *und* $s_i : D_i \in \mathcal{A}_\lambda$ *für* $1 \leq i \leq r$, $r \in I\!N$ *erklärt:*

Die Funktion $\$_{s_1\cdots s_r}^{x_1\cdots x_r} : \mathcal{A}_\lambda \longrightarrow \mathcal{A}_\lambda$ *ist induktiv gegeben durch:*

1. $\$_{s_1\cdots s_r}^{x_1\cdots x_r} y = \begin{cases} s_i & \text{falls} \quad x_i = y \text{ für ein } 1 \leq i \leq r \\ y & \text{sonst} \end{cases}$ *für* $y \in \cup \mathcal{X}$

    $\$_{s_1\cdots s_r}^{x_1\cdots x_r} k = k$

2. $\$_{s_1\cdots s_r}^{x_1\cdots x_r} \langle t_1,\ldots,t_n \rangle = \langle \$_{s_1\cdots s_r}^{x_1\cdots x_r} t_1,\ldots,\$_{s_1\cdots s_r}^{x_1\cdots x_r} t_n \rangle$

3. $\$_{s_1\cdots s_r}^{x_1\cdots x_r} (t_1 t_2) = (\$_{s_1\cdots s_r}^{x_1\cdots x_r} t_1 \$_{s_1\cdots s_r}^{x_1\cdots x_r} t_2)$

4. $\$_{s_1\cdots s_r}^{x_1\cdots x_r} \lambda y.t = \begin{cases} \lambda y.\$_{s_1\cdots s_{i-1} s_{i+1}\cdots s_r}^{x_1\cdots x_{i-1} x_{i+1}\cdots x_r} t & \text{falls} \quad x_i = y \text{ für ein } 1 \leq i \leq r \\ \lambda y.\$_{s_1\cdots s_r}^{x_1\cdots x_r} t & \text{sonst} \end{cases}$

    $\$_{s_1\cdots s_r}^{x_1\cdots x_r} \lambda(z_1,\ldots,z_n).t$

$$= \begin{cases} \lambda(z_1,\ldots,z_n).t & \text{falls} \quad \{x_1,\ldots,x_r\} \subseteq \{z_1,\ldots,z_n\} \\ \lambda(z_1,\ldots,z_n).\$_{s_{1'}\cdots s_{q'}}^{x_{1'}\cdots x_{q'}} t & \text{falls} \quad \{x_1,\ldots,x_r\} \setminus \{z_1,\ldots,z_n\} = \{x_{1'},\ldots,x_{q'}\} \end{cases}$$

                                                             ■

Nun können die Reduktionen des λ-Kalküls erklärt werden.

Definition 3.26 (Reduktionen des λ-Kalküls)

Seien $x,y,x_1,y_1,\ldots,x_r,y_r \in \cup \mathcal{X}$ *und* $t,s \in \mathcal{A}_\lambda$.

1. α-**Konversion** *(Variablenumbenennung)*

   Jede Abstraktion der Form

   $$\lambda x.t \quad oder \quad \lambda(x_1,\ldots,x_r).t$$

   ist ein α-Redex *und kann, falls* y *bzw.* $\langle y_1,\ldots,y_r \rangle$ *vom selben Typ wie* x *bzw.* $\langle x_1,\ldots,x_r \rangle$ *ist, wie folgt reduziert werden:*

$$\lambda x.t \quad \xrightarrow{\alpha} \quad \lambda y.\$_y^x t \qquad\qquad \text{falls} \quad y \notin Var(t) \, ,$$

$$\lambda(x_1,\ldots,x_r).t \quad \xrightarrow{\alpha} \quad \lambda(y_1,\ldots,y_r).\$_{y_1\cdots y_r}^{x_1\cdots x_r} t \quad \text{falls} \quad \{y_1,\ldots,y_r\} \cap Var(t) = \emptyset.$$

2. β-Reduktion *(Argumentsubstitution)*
Jeder λ-Term der Form

$$(\lambda x.t)s \quad oder \quad (\lambda(x_1,\ldots,x_r).t)\langle s_1,\ldots,s_r\rangle$$

ist ein β-Redex und kann wie folgt reduziert werden:

$$(\lambda x.t)s \ \xrightarrow{\beta}\ \$^x_s t \qquad falls \ \ Fr(s)\cap Geb(t)=\emptyset \ ,$$

$$(\lambda(x_1,\ldots,x_r).t)\langle s_1,\ldots s_r\rangle \ \xrightarrow{\beta}\ \$^{x_1\cdots x_r}_{s_1\cdots s_r} t \ \ falls \ \ Fr(s_1\cdots s_r)\cap Geb(t)=\emptyset.$$

3. δ-Reduktion *(Konstantenreduktion)*

(a) Auswertung von Basisoperationen, angewendet auf Konstante, z.B.

$$\underline{plus}\ \langle 4,8\rangle \ \xrightarrow{\delta} 12$$

(b) Auswertung von Kombinatoren (Konstanten höheren Typs), z.B.

$$\pi_3\ \langle t,s,\underline{mult}\langle 2,3\rangle,1\rangle \ \xrightarrow{\delta}\ \underline{mult}\langle 2,3\rangle \ und$$

$$\underline{fix}\ t \ \xrightarrow{\delta}\ (t\ (\underline{fix}\ t))$$

4. η-Reduktion *(Extensionalität)*
Jeder λ-Term der Form

$$\lambda x.(t\ x) \quad oder \quad \lambda(x_1,\ldots,x_r).(t\ \langle x_1,\ldots,x_r\rangle)$$

ist ein η-Redex und kann wie folgt reduziert werden:

$$\lambda x.(t\ x) \ \xrightarrow{\eta}\ t$$

$$\lambda(x_1,\ldots,x_r).(t\ \langle x_1,\ldots x_r\rangle) \ \xrightarrow{\eta}\ t \ .$$

5. λ-Reduktion *(Vereinigung von $\xrightarrow{\alpha}$, $\xrightarrow{\beta}$, $\xrightarrow{\delta}$ und $\xrightarrow{\eta}$)*
Ein λ-Term t ist auf einen Term s reduzierbar ($t \longrightarrow s$), falls $t \xrightarrow{\alpha} s$, $t \xrightarrow{\beta} s$, $t \xrightarrow{\delta} s$ oder $t \xrightarrow{\eta} s$.

Die Relationen $\xrightarrow{\alpha}$, $\xrightarrow{\beta}$, $\xrightarrow{\delta}$, $\xrightarrow{\eta}$ und $\longrightarrow$ werden auf kanonische Weise auf Teilterme übertragen, d.h. wenn $t \longrightarrow s$ gilt, dann gilt auch $(t\ r) \longrightarrow (s\ r)$, $\lambda x.t \longrightarrow \lambda x.s$ usw.

Mit $\xrightarrow{*}$ bezeichnet man die reflexive, transitive Hülle von $\longrightarrow$.

An dieser Stelle endet die formale Behandlung des getypten λ-Kalküls. Weitere Aspekte sollen jedoch noch angesprochen und einige Literaturhinweise gemacht werden.

Ein wichtiges Resultat, welches sich durch Induktion über den Termaufbau nachweisen läßt, beinhaltet die Korrektheit der Reduktionsregeln bzgl. der denotationellen Semantik:

Satz 3.27 (λ-Reduktionen sind semantikerhaltend)
Seien t und $s \in \mathcal{A}_\lambda$, dann gilt:

$$Aus \quad t \xrightarrow{\ *\ } s \quad folgt \quad [\![t]\!] = [\![s]\!].$$

Beweis: Induktion über den Termaufbau.

Dieser Satz erlaubt dem Benutzer des λ-Kalküls (etwa als Metasprache) eine uneingeschränkte Anwendung der λ-Reduktionen auf Ausdrücke seiner Sprache. Natürlich hat er dabei das Ziel, seine Ausdrücke so einfach wie möglich darzustellen. Die *Normalformen* bilden in der Menge der λ-Ausdrücke diejenige Teilmenge von Ausdrücken, die nicht mehr durch β-, δ- oder η-Reduktionen reduziert werden können, d.h. sie sind bis auf Variablenumbenennung eindeutige minimale Repräsentanten aller auf sie reduzierbaren Ausdrücke.
Es gibt auch sichere Auswertungsstrategien, z.B. die *Standardauswertung*, bei der jeweils der am weitesten links stehende Redex reduziert wird, d.h. wenn ein λ-Ausdruck eine Normalform besitzt, so läßt sich diese mittels einer solchen Strategie erhalten.
In der originalen Version des λ-Kalküls von Church wurde noch keine denotationelle Semantik angegeben, da die benötigten semantischen Bereiche noch nicht bekannt waren. Die Reduktionsemantik von Church ordnet jedem λ-Term seine Normalform als Wert zu, falls eine solche existiert. Terme, die keine Normalform besitzen, werden semantisch als *undefiniert* betrachtet. Die Konsistenz des λ-Kalküls bzgl. der Reduktionssemantik garantiert der *Satz von Church und Rosser*, der besagt, daß zwei Terme, die aus demselben Term hergeleitet wurden, sich stets wieder durch λ-Reduktionen zusammenführen lassen.

Satz 3.28 (Church und Rosser)
Seien t, t_1 und $t_2 \in \mathcal{A}_\lambda$, dann gilt: Wenn $t \xrightarrow{\ *\ } t_1$ und $t \xrightarrow{\ *\ } t_2$ gilt, dann gibt es ein $s \in \mathcal{A}_\lambda$ mit $t_1 \xrightarrow{\ *\ } s$ und $t_2 \xrightarrow{\ *\ } s$, graphisch verdeutlicht durch folgendes Diagramm:

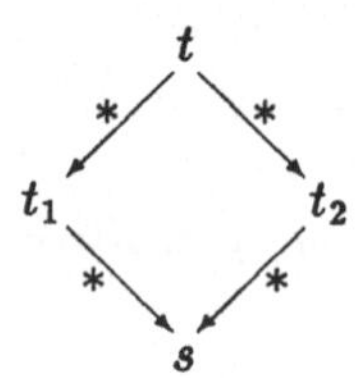

Einen Überblick über die Theorie des λ-Kalküls findet man in dem Buch von Hindley, Lercher und Seldin [47], eine umfassendere Abhandlung beinhaltet das Buch von Curry und Feys [29], und schließlich bietet das ausführliche Buch von Barendregt [11] den aktuellen Stand der Forschung auf diesem Gebiet.

3.3 Lösung rekursiver Bereichsgleichungen

Die semantischen Bereiche, die bei der denotationellen Semantikspezifikation Verwendung finden, sind im allgemeinen rekursiv definiert. Dazu zwei Beispiele:

1. Der semantische Bereich AUS von Ausgaben, der aus allen endlichen und unendlichen Folgen von Konstanten aus $\overline{KON}$ besteht, die mit einem Sondersymbol *Fehler* oder *Stop* enden, wird durch folgende Gleichung rekursiv definiert:

$$AUS = \{\underline{Fehler}, \underline{Stop}\}_\perp + (\overline{KON} \times AUS) \, .$$

2. Eine Erweiterung der Sprache WHILE um ein einfaches Prozedurkonzept ohne Parameter entsteht durch die Hinzunahme zweier Anweisungsformen:

$$C \; ::= \; \cdots \mid I := \textbf{proc } C \mid I \mid \cdots \, .$$

Die Semantik soll nun derart spezifiziert werden, daß bei Ausführung eines Programms der Form

$$\vdots$$
$$Q \; := \; \textbf{proc } C;$$
$$\vdots$$
$$Q;$$
$$\vdots$$
$$Q;$$
$$\vdots$$

jeder Aufruf von Q eine Ausführung von C bewirkt.
Dazu definiert man einen geeigneten Bereich zur Modellierung der Semantik solcher Prozeduren,

$$PROC = ZUSTAND \longrightarrow (ZUSTAND + \{\underline{Fehler}\}_\perp) \, ,$$

und nimmt eine geeignete Erweiterung des Bereiches $SPEICHER$ vor:

$$SPEICHER = [ID \longrightarrow (\mathbb{Z}_\perp + PROC + \{\underline{frei}\}_\perp)].$$

Nun kann man die Semantik der neuen Anweisungen wie folgt erklären:

$$\mathcal{C}[\![I := \textbf{proc } C]\!](s,e,a) \; = \; (s[\mathcal{C}[\![C]\!]/I], e, a)$$

$$\mathcal{C}[\![I]\!](s,e,a) \; = \; \begin{cases} sI\,(s,e,a) & \text{falls} \quad \underline{is}_{PROC}(sI) \\ \underline{Fehler} & \text{sonst} \end{cases} \, .$$

Das vollständige Gleichungssystem für die semantischen Bereiche lautet nun:

$$
\begin{aligned}
ZUSTAND &= SPEICHER \times EINGABE \times AUSGABE \\
SPEICHER &= ID \longrightarrow (\mathbb{Z}_\perp + PROC + \{\underline{frei}\}_\perp) \\
EINGABE &= \overline{KON}^* \\
AUSGABE &= \overline{KON}^* \\
\overline{KON} &= (\mathbb{Z}_\perp + \overline{BOOL}) \\
PROC &= ZUSTAND \longrightarrow (ZUSTAND + \{\underline{Fehler}\}_\perp) \; .
\end{aligned}
$$

Man erkennt, daß der Bereich $ZUSTAND$ über den Bereich $SPEICHER$, der Bereich $SPEICHER$ über den Bereich $PROC$ und der Bereich $PROC$ wieder über den Bereich $ZUSTAND$ erklärt ist, also ist dieses Gleichungssystem rekursiv.

Zur Lösung solcher rekursiv definierten Bereiche, gibt es prinzipiell zwei Möglichkeiten:

1. Die effektive Konstruktion eines Limesbereiches und

2. die Retraktion aus einem universellen Bereich.

In beiden Fällen erhält man aus einem Gleichungssystem der Form

$$
\begin{aligned}
D_1 &= \tau_1 \\
D_2 &= \tau_2 \\
&\;\;\vdots \\
D_r &= \tau_r
\end{aligned}
$$

mit $\tau_\nu \in \mathcal{T}[\mathcal{B},\mathcal{D}]$, $1 \leq \nu \leq r$ und $r \in I\!N$, als Lösung semantische Bereiche $\underline{D}_1, \underline{D}_2, \ldots, \underline{D}_r$, für die gilt:

$$
\underline{D}_\nu \cong \tau_\nu \, [\underline{D}_1/D_1]\,[\underline{D}_2/D_2] \cdots [\underline{D}_r/D_r]
$$

für alle $1 \leq \nu \leq r$. Man begnügt sich also damit, anstelle von Gleichheit Isomorphie zu verwenden, und unterscheidet in der Schreibweise D_i und $\underline{D}_i$ nicht mehr.

Nach der ersten Methode fand Scott 1969 erstmalig ein Modell für den reinen λ-Kalkül, dessen Konstruktion er in der Arbeit [108] beschreibt. Die zweite Methode wurde zunächst von Scott für den universellen Bereich $\mathcal{P}_\omega$, der Teilmengen der natürlichen Zahlen, in der Arbeit [109] vorgestellt und später von Smyth und Plotkin [112] verallgemeinert.

Hier soll exemplarisch für eine bestimmte Bereichsgleichung die erste Methode vorgestellt werden, wobei sich die Lösungen anderer Gleichungssysteme in analoger Weise konstruieren lassen. Die zweite Methode erfordert einen erheblich höheren Aufwand an mathematischen Voraussetzungen, daher sei der Leser auf die oben erwähnten Arbeiten sowie auf das Buch von Stoy [113] verwiesen.

Angenommen, man benötigt einen semantischen Bereich D, der sowohl die Konstanten aus $\overline{KON}$ als auch alle einstelligen Funktionen und Funktionale beliebiger funktionaler Tiefe über $\overline{KON}$ enthält. Eine Möglichkeit zur Definition eines solchen Bereiches wäre die Aufstellung der Gleichung

$$D = \overline{KON} + [D \longrightarrow D] \ .$$

Eine andere Möglichkeit wäre die Gleichung

$$D = [D \longrightarrow D] \ .$$

Die erste Definition gestattet es, von jedem Element aus D mittels der in Abschnitt 3.1.3 eingeführten Tests $\underline{is}_{\overline{KON}}$ und $\underline{is}_{[D \longrightarrow D]}$ die Eigenschaft, Konstante bzw. Funktion zu sein, einfach zu testen, und ist daher für praktische Anwendungen der zweiten vorzuziehen. Zur Illustration der Konstruktionsmethode für Lösungsbereiche, ist die zweite Definition jedoch besser geeignet. Die Gleichung

$$D = [D \longrightarrow D]$$

ist genau diejenige, die jedes Modell des reinen (ungetypten) λ-Kalküls erfüllen muß, da jeder λ-Term sowohl als einstelliger Operator als auch als Operand auftreten kann.

Zur Lösung dieser Gleichung soll die von Scott in [108] vorgestellte Konstruktion durchgeführt werden, wobei jedoch von cpo's anstatt von vollständigen Verbänden als semantische Bereiche ausgegangen wird.

Die Idee ist wie folgt:

Man startet von einem Basisbereich D_0, der alle atomaren Objekte enthält, z.B.

$$D_0 = \overline{KON} \ .$$

Induktiv erzeugt man nun alle „endlichen" Bereiche D_{n+1} durch Einsetzen von D_n für D in der rechten Gleichungsseite. In unserem Fall also

$$D_{n+1} = [D_n \longrightarrow D_n] \ .$$

Schließlich bildet man das unendliche Produkt

$$D_0 \times D_1 \times D_2 \times \cdots$$

und zeichnet darin diejenigen Elemente

$$\langle d_i \mid i \in I\!N \rangle$$

aus, die die Eigenschaft besitzen, daß jede Komponente d_i eine „Approximation" aller höheren Komponenten d_{i+r} darstellt. Die Menge dieser Elemente bildet den gesuchten semantischen Bereich $\underline{D}$, bei Scott D_∞ genannt.

Nun ist jedoch bisher der Begriff der „Approximation" nur innerhalb eines semantischen Bereiches erklärt worden, nämlich durch die Definition

$$d_1 \text{ approximiert } d_2 \text{ gdw } d_1 \sqsubseteq_D d_2 \ ,$$

für alle Bereiche D und $d_1, d_2 \in D$. Es zeigt sich aber, daß sich jeder Bereich D_i in einen beliebig höheren Bereich D_{i+k} mittels einer Injektion

$$\varphi^{(i,i+k)} : D_i \longrightarrow D_{i+k}$$

einbetten läßt. Damit kann man die Approximationsrelation $\sqsubseteq$ durch die Definition

$$d_i \sqsubseteq d_{i+k} \ \text{gdw} \ \varphi^{(i,i+k)}(d_i) \sqsubseteq_{D_{i+k}} d_{i+k} \ ,$$

für alle nach obiger Konstruktion erzeugten Bereiche D_i und D_{i+k} mit $d_i \in D_i$ und $d_{i+k} \in D_{i+k}$, erweitern.

Neben der Möglichkeit, mittels $\varphi^{(i,i+k)}$ ein Element in einen höheren Bereich zu injizieren, möchte man auch Elemente aus höheren Bereichen in niedrigere projizieren. Dies wird mittels der Retraktionsfunktionen

$$\psi^{(i+k,i)} : D_{i+k} \longrightarrow D_i$$

geschehen. Jedes Paar

$$\left(\varphi^{(i,i+k)}, \psi^{(i+k,i)}\right)$$

bildet ein Retraktionspaar. Man erwartet natürlich, daß diese Retraktionsfunktionen möglichst viel „Information" erhalten, d.h. daß man jedes Element aus D_i nach Anwendung einer Injektion und anschließender Anwendung der entsprechenden Retraktion wieder erhält und umgekehrt, daß das Ergebnis der Anwendung einer Retraktion und anschließender Anwendung der entsprechenden Injektion das Ausgangselement wenigstens approximiert. Diese Eigenschaften werden *Retraktionseigenschaften* genannt.

Formal läuft die Konstruktion wie folgt:

Definition 3.29 (Retraktionspaar)

Seien D_1 und D_2 semantische Bereiche.
Ein Paar (φ, ψ) von Funktionen

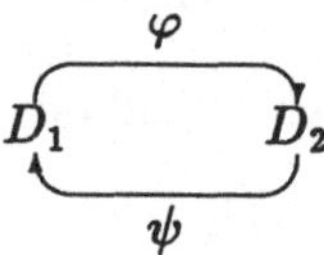

heißt Retraktionspaar (zwischen D_1 und D_2), falls φ und ψ stetig sind und die Retraktionseigenschaften

    1. $\psi \circ \varphi = \underline{id}_{D_1}$ und

    2. $\varphi \circ \psi \sqsubseteq \underline{id}_{D_2}$

erfüllen. Dabei heißt φ Injektion und ψ Retraktion. Der Bereich D_1 heißt Retrakt von D_2 (mittels (φ, ψ)).

Betrachtet man nun zu dem Bereich $D_0 := \overline{KON}$ alle Bereiche

$$D_{n+1} := [D_n \longrightarrow D_n],$$

so lassen sich zunächst Retraktionspaare zu je zwei „benachbarten" Bereichen angeben:

Definition 3.30 (Retraktionspaare $(\varphi^{\langle n \rangle}, \psi^{\langle n \rangle})$)

Sei $n \in I\!\!N$. Das Retraktionspaar

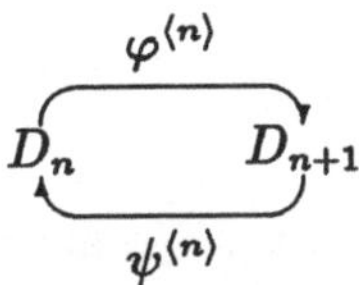

ist induktiv bestimmt durch:

1. $\varphi^{\langle 0 \rangle}(d) = \lambda x.d,$
   $\psi^{\langle 0 \rangle}(f) = f(\bot)$ und

2. $\varphi^{\langle n+1 \rangle}(d) = \varphi^{\langle n \rangle} \circ d \circ \psi^{\langle n \rangle},$
   $\psi^{\langle n+1 \rangle}(f) = \psi^{\langle n \rangle} \circ f \circ \varphi^{\langle n \rangle}.$

$\blacksquare$

Lemma 3.31 *Sei $n \in I\!\!N$.*
Das Paar $(\varphi^{\langle n \rangle}, \psi^{\langle n \rangle})$ ist stetig und erfüllt die Retraktionseigenschaften.

Beweis: Die Stetigkeit folgt unmittelbar aus Lemma 3.14. Die Retraktionseigenschaften zeigt man durch Induktion über n:

$\underline{n = 0}$ 1. Sei $d \in D_0$, dann gilt:

$$
\begin{aligned}
\psi^{\langle 0 \rangle} \circ \varphi^{\langle 0 \rangle}(d) &= \psi^{\langle 0 \rangle}(\varphi^{\langle 0 \rangle}(d)) & \\
&= (\lambda x.d)\bot & \text{nach Definition von } \varphi^{\langle 0 \rangle} \text{ und } \psi^{\langle 0 \rangle} \\
&= d & \text{nach Definition 3.26.2 und Satz 3.27.}
\end{aligned}
$$

2. Sei $f \in D_1$, dann gilt:

$$
\begin{aligned}
\varphi^{\langle 0 \rangle} \circ \psi^{\langle 0 \rangle}(f) &= \varphi^{\langle 0 \rangle}(\psi^{\langle 0 \rangle}(f)) & \\
&= \lambda x.(f\,\bot) & \text{nach Definition von } \varphi^{\langle 0 \rangle} \text{ und } \psi^{\langle 0 \rangle} \\
&\sqsubseteq f & \text{nach Lemma 3.6.}
\end{aligned}
$$

$\underline{n+1}$ 1. Sei $d \in D_{n+1}$, dann gilt:

$$\psi^{(n+1)} \circ \varphi^{(n+1)}(d)$$

$$= \psi^{(n+1)}(\varphi^{(n+1)}(d))$$

$$= \psi^{(n)} \circ \varphi^{(n)} \circ d \circ \psi^{(n)} \circ \varphi^{(n)} \quad \text{nach Definition von } \varphi^{(n+1)} \text{ und } \psi^{(n+1)}$$

$$= \underline{id}_{D_n} \circ d \circ \underline{id}_{D_n} \quad\quad\quad \text{nach Induktionsannahme}$$

$$= d$$

2. Sei $f \in D_{n+2}$, dann gilt:

$$\varphi^{(n+1)} \circ \psi^{(n+1)}(f)$$

$$= \varphi^{(n+1)}(\psi^{(n+1)}(f))$$

$$= \varphi^{(n)} \circ \psi^{(n)} \circ f \circ \varphi^{(n)} \circ \psi^{(n)} \quad \text{nach Definition von } \varphi^{(n+1)} \text{ und } \psi^{(n+1)}$$

$$\sqsubseteq \underline{id}_{D_{n+1}} \circ f \circ \underline{id}_{D_{n+1}} \quad\quad \text{nach Induktionsannahme}$$

$$= f$$

Q.E.D.

Durch Komposition der oben definierten Funktionen erhält man Retraktionspaare zu je zwei beliebigen cpo's D_s und D_r.

Definition 3.32 (Retraktionspaare $(\varphi^{(s,r)}, \psi^{(r,s)})$)

Seien $s, r \in I\!\!N$ mit $s \leq r$. Das Retraktionspaar

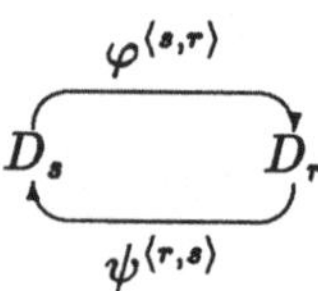

ist induktiv gegeben durch:

1. $\varphi^{(s,s)} = \underline{id}_{D_s}$,
     $\psi^{(s,s)} = \underline{id}_{D_s}$ *und*

2. $\varphi^{(s,r+1)} = \varphi^{(r)} \circ \varphi^{(s,r)}$,
     $\psi^{(r+1,s)} = \psi^{(s)} \circ \psi^{(r,s)}$.

■

Lemma 3.33 *Für alle $s, r \in I\!\!N$ mit $s \leq r$ gilt:*

$$(\varphi^{(s,r)}, \psi^{(r,s)})$$

ist ein Retraktionspaar.

Beweis: Die Stetigkeit beider Abbildungen folgt wieder aus Lemma 3.14, und die Retraktionseigenschaften folgen induktiv aus den Retraktionseigenschaften der Identitäten und der schon definierten Retraktionspaare.

Q.E.D.

Der direkte und inverse Limes einer Folge von semantischen Bereichen D_n ist der Scott-cpo D_∞.

Definition 3.34 (D_∞)

Seien die semantischen Bereiche D_i ($i \in I\!N$) wie oben konstruiert, dann ist der Scott-cpo D_∞ *definiert durch*

$$D_\infty := \{ \langle d_\nu \mid \nu \in I\!N \rangle \mid d_\nu \in D_\nu \text{ und } \psi^{\langle \nu \rangle}(d_{\nu+1}) = d_\nu \}$$

mit komponentenweiser cpo-Struktur.
Zu $n \in I\!N$ ist das Paar

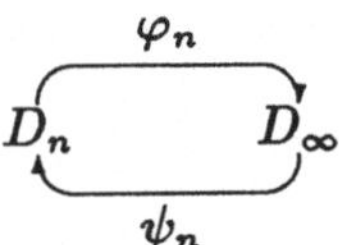

bestimmt durch:

$$\varphi_n(d)_\nu = \begin{cases} \psi^{\langle n,\nu \rangle}(d) & \text{falls } n \geq \nu \\ \varphi^{\langle n,\nu \rangle}(d) & \text{falls } n < \nu \end{cases}$$

und

$$\psi_n(\langle d_\nu \mid \nu \in I\!N \rangle) = d_n \ .$$

Das Funktionenpaar

$$D_\infty \quad [D_\infty \xrightarrow{\ \varphi\ } D_\infty]$$

ψ

ist definiert durch:

$$\varphi(\langle d_\nu \mid \nu \in I\!N \rangle) = \bigsqcup_{n \in I\!N} \varphi_n \circ d_{n+1} \circ \psi_n$$

und

$$\psi(f) = \bigsqcup_{n \in I\!N} \varphi_{n+1}(\psi_n \circ f \circ \varphi_n) \ .$$

Lemma 3.35 *Sei $n \in I\!N$.*

Das Paar (φ_n, ψ_n) ist stetig und erfüllt die Retraktionseigenschaften.

Beweis: Die Stetigkeit folgt aus der Tatsache, daß die cpo-Struktur auf D_∞ komponentenweise erklärt ist. Die Retraktionseigenschaften ergeben sich aus denen von $\varphi^{\langle n,\nu \rangle}$ und $\psi^{\langle n,\nu \rangle}$ für alle $\nu \in I\!N$.

Q.E.D.

Das nächste Lemma zeigt, daß sich jedes Element aus dem Scott-cpo D_∞ als Limes seiner endlichen Approximationen gewinnen läßt.

Lemma 3.36 *Sei $d = \langle d_\nu \mid \nu \in I\!N \rangle \in D_\infty$.*
Es gilt

$$d = \bigsqcup_{\nu \in I\!N} \varphi_\nu(d_\nu).$$

Beweis: Für beliebiges $n \in I\!N$ gilt:

$$
\begin{aligned}
\psi_n\Big(\bigsqcup_{\nu \in I\!N} \varphi_\nu(d_\nu) \Big) &= \bigsqcup_{\nu \in I\!N} \psi_n(\varphi_\nu(d_\nu)) \quad \text{wegen der Stetigkeit von } \psi_n \\
&= d_n \qquad\qquad\qquad \text{nach Definition von } D_\infty \\
&= \psi_n(d) \qquad\qquad \text{nach Definition von } \psi_n
\end{aligned}
$$

Also ist d in allen Komponenten gleich $\bigsqcup_{\nu \in I\!N} \varphi_\nu(d_\nu)$.

Q.E.D.

Nun läßt sich zeigen, daß der semantische Bereich D_∞ eine Lösung der Bereichsgleichung

$$D = [D \longrightarrow D]$$

ist, und damit als Modell des reinen λ-Kalküls dient.

Satz 3.37 (Scott)

Der Bereich D_∞ ist homöomorph zu $[D_\infty \longrightarrow D_\infty]$ mittels des Retraktionspaares (φ, ψ), d.h. φ und ψ sind stetige Funktionen mit den Eigenschaften

    1. $\psi \circ \varphi = \underline{id}_{D_\infty}$ und

    2. $\varphi \circ \psi = \underline{id}_{[D_\infty \longrightarrow D_\infty]}$.

Beweis: Die Stetigkeit von φ und ψ folgt aus Lemma 3.14.

zu 1.: Sei $d = \langle d_\nu \mid \nu \in I\!N \rangle \in D_\infty$.

$\psi(\varphi(d))$

$$= \psi(\bigsqcup_{\nu \in I\!N} \varphi_\nu \circ d_{\nu+1} \circ \psi_\nu) \qquad \text{nach Definition von } \varphi$$

$$= \bigsqcup_{n \in I\!N} \varphi_{n+1}(\psi_n \circ (\bigsqcup_{\nu \in I\!N} \varphi_\nu \circ d_{\nu+1} \circ \psi_\nu) \circ \varphi_n) \qquad \text{nach Definition von } \psi$$

$$= \bigsqcup_{n \in I\!N} \varphi_{n+1}(\psi_n \circ \varphi_n \circ d_{n+1} \circ \psi_n \circ \varphi_n) \qquad \begin{array}{l} \text{wegen der Stetigkeit von} \\ \varphi_{n+1} \text{ und } \psi_n \text{ und der} \\ \text{Retraktionseigenschaften} \end{array}$$

$$= \bigsqcup_{n \in I\!N} \varphi_{n+1}(d_{n+1}) \qquad \begin{array}{l} \text{wegen der Retraktions-} \\ \text{eigenschaften} \end{array}$$

$$= \bigsqcup_{n \in I\!N} \varphi_n(d_n) \qquad \text{da } \varphi_0(d_0) \sqsubseteq \varphi_1(d_1)$$

$$= d \qquad \text{nach Lemma 3.36}$$

zu 2.: Sei $f \in [D_\infty \longrightarrow D_\infty]$.

$\varphi(\psi(f))$

$$= \varphi(\bigsqcup_{\nu \in I\!N} \varphi_{\nu+1}(\psi_\nu \circ f \circ \varphi_\nu)) \qquad \text{nach Definition von } \psi$$

$$= \bigsqcup_{n \in I\!N} \varphi_n \circ \psi_{n+1}(\bigsqcup_{\nu \in I\!N} \varphi_{\nu+1}(\psi_\nu \circ f \circ \varphi_\nu)) \circ \psi_n \qquad \text{nach Definition von } \varphi$$

$$= \bigsqcup_{n \in I\!N} \varphi_n \circ (\psi_n \circ f \circ \varphi_n) \circ \psi_n \qquad \begin{array}{l} \text{wegen der Stetigkeit von} \\ \varphi_n \text{ und } \psi_{n+1} \text{ und der} \\ \text{Retraktionseigenschaften} \end{array}$$

$$= \bigsqcup_{n \in I\!N} (\varphi_n \circ \psi_n) \circ f \circ \bigsqcup_{n \in I\!N} (\varphi_n \circ \psi_n)$$

$$= \underline{id}_{D_\infty} \circ f \circ \underline{id}_{D_\infty} \qquad \text{nach Lemma 3.36}$$

$$= f \; .$$

Q.E.D.

Damit ist die gewünschte Konstruktion abgeschlossen. Es läßt sich weiter zeigen, daß der hier entwickelte semantische Bereich D_∞ neben den Unterbereichen D_n auch alle anderen endlich getypten Bereiche enthält, die sich aus den Basisbereichen durch die in Abschnitt 3.1 angegebenen Konstruktionen gewinnen lassen.

Im folgenden wird bei der Definition der semantischen Funktionen und anderer Elemente rekursiv definierter cpo's die Verwendung der Homöomorphismen implizit sein, d.h. z.B. daß man für Elemente d_1 und d_2 aus D_∞ anstatt $\varphi(d_1)(d_2)$ und $\varphi(d_2)(d_1)$ einfach $d_1(d_2)$ und $d_2(d_1)$ schreiben kann.

Kapitel 4

Detaillierte Behandlung der denotationellen Semantik

In diesem Kapitel werden mit Hilfe der Theorie der semantischen Bereiche und des λ-Kalküls eine Reihe von semantischen Konzepten (spezielle Bereichskonstruktionen und darauf definierte Operationen) vorgestellt, die es erlauben, alle in imperativen Sprachen wie PASCAL, ALGOL 60 u.ä. vorkommenden Konstrukte in geeigneter Weise denotationell zu beschreiben.

Nach einer gewissen Anreicherung der Metasprache in Abschnitt 4.1 wird in Abschnitt 4.2 anhand der aus Kapitel 2 bekannten Beispielsprache WHILE gezeigt, wie sich die denotationelle Semantik mit Hilfe der in Kapitel 3 eingeführten Techniken durch Angabe weniger, leicht lesbarer Formeln definieren läßt. In Abschnitt 4.3 werden *Fortsetzungsfunktionen* eingeführt, mit denen die denotationelle Semantik des „Programmrestes" adäquat definiert werden kann. Damit wird eine einfache Behandlung der Semantik von Sprunganweisungen und Fehlern ermöglicht.

In Abschnitt 4.4 wird eine neue, umfangreichere Sprache $PASCAL_0$ vorgestellt und mittels der Fortsetzungssemantik denotationell spezifiziert. Anschließend wird in Abschnitt 4.5 gezeigt, wie sich weitere aus der Programmierung bekannte Konzepte in diese Sprache einbetten und denotationell beschreiben lassen.

4.1 Spezielle Funktionen und Konventionen

In diesem Abschnitt werden einige Erweiterungen der Metasprache vorgestellt, die im getypten λ-Kalkül normalerweise nicht verwendet werden, aber für die Formulierung der denotationellen Semantik zweckmäßig sind.

4.1.1 Curry-Isomorphien

Bei der Spezifikation der denotationellen Semantik einer Programmiersprache hat man es mit Funktionen mehrerer Veränderlicher zu tun. Schon bei der einfachen Sprache WHILE benötigt man zur Bestimmung des Wertes einer Anweisung C nicht nur C selbst, sondern auch noch einen Zustand z, in dem C ausgeführt werden soll. Man könnte nun meinen, daß daher die Semantikfunktion $\mathcal{C}$ vom Typ

$$(COM \times ZUSTAND) \longrightarrow (ZUSTAND + \{\underline{Fehler}\}_\bot)$$

sei. Wie aber bereits in Kapitel 2 erläutert wurde, ist es zweckmäßig, die Funktion $\mathcal{C}$ vom Typ

$$COM \longrightarrow [ZUSTAND \longrightarrow (ZUSTAND + \{\underline{Fehler}\}_\bot)]$$

zu vereinbaren, um von der Semantik einer Anweisung als eigenständiges Objekt, nämlich einer Zustandstransformation, sprechen zu können. Diese Alternative der Typisierung beruht auf der in Abschnitt 2.4 erwähnten Isomorphie nach Curry zwischen $(A \times B) \longrightarrow C$ und $A \longrightarrow [B \longrightarrow C]$ für beliebige Bereiche A, B und C. Diese Isomorphie soll nun in ihrer allgemeinen Form als λ-Ausdruck definiert werden.

Definition 4.1 (Curry-Isomorphien)

Seien $D, D_1, \ldots, D_r, r \in I\!N$ semantische Bereiche, und sei $f : D_1 \times \cdots \times D_r \longrightarrow D$ eine stetige Funktion. Dann ist

$$\underline{curry}\ f : D_1 \longrightarrow [D_2 \longrightarrow \cdots [D_r \longrightarrow D] \cdots]$$

definiert durch

$$\underline{curry}\ f\ d_1\ d_2 \cdots d_r = f\ \langle d_1, d_2, \ldots, d_r \rangle \ ,$$

d.h.: $\underline{curry} :=$

$$\lambda f d_1 \cdots d_r . f \langle d_1, \ldots, d_r \rangle : [D_1 \times \cdots \times D_r \longrightarrow D] \longrightarrow [D_1 \longrightarrow \cdots \longrightarrow [D_r \longrightarrow D] \cdots] \ .$$

■

Beispiel 4.2 *Sei $\underline{plus} \in \cup \mathcal{K}$ mit*

$$\underline{plus}\ \langle x, y \rangle = \begin{cases} x + y & falls & x, y \in I\!N \\ \bot & sonst \end{cases} \ ,$$

dann ist

$$\underline{curry}\ \underline{plus}\ x\ y = \underline{plus}\langle x, y \rangle$$

für alle $x, y \in I\!N_\bot$. Damit läßt sich jede Funktion über $I\!N_\bot$, die eine Konstante $k \in I\!N$ auf ihr Argument addiert, durch den Ausdruck

$$\lambda x . \underline{curry}\ \underline{plus}\ k\ x$$

darstellen. Dieser Ausdruck läßt sich unter Verwendung der η-Reduktion noch zu dem Ausdruck

$$\underline{curry}\ \underline{plus}\ k$$

vereinfachen.

$\square$

4.1.2 Die bedingte Verzweigung

Neben den schon in Abschnitt 3.1 eingeführten Basisfunktionen enthält die Familie $\mathcal{K}$ der Konstanten bei der denotationellen Methode auch noch spezielle Funktionen zur Formulierung von Alternativen, das *Konditional* (die *Verzweigung*) $\underline{cond}$.

Definition 4.3 ($\underline{cond}$)
Zu jedem semantischen Bereich D existiert $\underline{cond}$ in der Menge $\mathcal{K}^{(D \times D) \to \overline{BOOL} \to D}$ mit

$$\underline{cond}\ \langle d_1, d_2 \rangle\ b = \begin{cases} d_1 & falls & b = wahr \\ d_2 & falls & b = falsch \\ \bot & sonst \end{cases}.$$

$\blacksquare$

Man beachte, daß die Funktion $\underline{cond}$ zwar nicht strikt ist
(z.B. gilt $\underline{cond}\ \langle d, \bot \rangle\ wahr = d$), aber dennoch stetig.

Konvention: Zur Erhöhung der Lesbarkeit wird auch die Pfeilschreibweise nach McCarthy [83] verwendet. So steht

$$b \longrightarrow d_1, d_2$$

für $\underline{cond}\ \langle d_1, d_2 \rangle\ b$,

$$b_1 \longrightarrow d_1, b_2 \longrightarrow d_2, \ldots, b_n \longrightarrow d_n, d_{n+1}$$

steht für $b_1 \longrightarrow d_1, (b_2 \longrightarrow d_2, (\ldots, (b_n \longrightarrow d_n, d_{n+1}) \ldots))$ und

$$b_1 \longrightarrow d_1, b_2 \longrightarrow d_2, \ldots, b_n \longrightarrow d_n$$

steht für $b_1 \longrightarrow d_1, b_2 \longrightarrow d_2, \ldots, b_n \longrightarrow d_n, \bot$.

Die bedingte Verzweigung wird oft verwendet, wenn eine Funktion mit einem Argument aus einem Summenbereich $D = D_1 + \cdots + D_n$ definiert werden soll, und der i-te Zweig gerade den Fall behandelt, in dem das Argument Element aus dem Bereich D_i ist. Eine solche Definition hat dann folgende Form:

$$f = \lambda x.\ \underline{is}_{D_1}\ x \longrightarrow t_1,$$
$$\vdots$$
$$\underline{is}_{D_n}\ x \longrightarrow t_n\ .$$

Da in der Regel alle Glieder des Summenbereiches voneinander verschieden sind, kann man für solche Definitionen auch eine einfache Form der *Unifikation* benutzen, um bereits in den Testausdrücken $\underline{is}_{D_i}\ x$ die Struktur des jeweiligen Bereiches zu verdeutlichen und implizit seine Komponenten namentlich an den entsprechenden Ergebnisausdruck zu übergeben, wie das folgende Beispiel zeigt:

Beispiel 4.4

Zur Definition einer Funktion vom Typ

$$I\!N_\perp + (Z\!\!\!Z_\perp \times Z\!\!\!Z_\perp) + \{\underline{Fehler}\}_\perp \longrightarrow Z\!\!\!Z_\perp + \{\underline{Fehler}\}_\perp$$

steht der Ausdruck

$$\begin{aligned}
f \ &= \ \lambda x.\ \ x = n \longrightarrow n, \\
&\qquad x = \langle z_1, z_2 \rangle \longrightarrow z_1 + z_2, \\
&\qquad x = \underline{Fehler} \longrightarrow \underline{Fehler}
\end{aligned}$$

als Abkürzung für den Ausdruck

$$\begin{aligned}
f \ &= \ \lambda x.\ \ \underline{is}_{I\!N_\perp}\ x \longrightarrow \underline{out}_{I\!N_\perp}\ x, \\
&\qquad \underline{is}_{Z\!\!\!Z_\perp \times Z\!\!\!Z_\perp}\ x \longrightarrow \pi_1(\underline{out}_{Z\!\!\!Z_\perp \times Z\!\!\!Z_\perp}\ x) + \pi_2(\underline{out}_{Z\!\!\!Z_\perp \times Z\!\!\!Z_\perp}\ x), \\
&\qquad \underline{is}_{\{\underline{Fehler}\}_\perp}\ x \longrightarrow \underline{out}_{\{\underline{Fehler}\}_\perp}\ x\ .
\end{aligned}$$

□

Formal läßt sich diese Notation wie folgt begründen:

Wenn d als Metavariable für Elemente aus D vereinbart ist, so steht eine Verzweigung der Form

$$x = d \longrightarrow t$$

als Abkürzung für den Ausdruck

$$\underline{is}_D\ x \longrightarrow \$^d_{\underline{out}_D\ x} t\ .$$

Wenn $d_1, \ldots, d_n$ als Metavariablen für Elemente aus $D_1, \ldots, D_n$ vereinbart sind, so steht eine Verzweigung der Form

$$x = \langle d_1, \ldots, d_n \rangle \longrightarrow t$$

als Abkürzung für den Ausdruck

$$\underline{is}_{D_1 \times \cdots \times D_n}\ x \longrightarrow \$^{d_1}_{\pi_1(\underline{out}_{D_1 \times \cdots \times D_n}\ x)} \cdots \$^{d_n}_{\pi_n(\underline{out}_{D_1 \times \cdots \times D_n}\ x)} t\ .$$

Und schließlich, wenn d als Metavariable für Elemente aus D und d' als Metavariable für Elemente aus D^* bzw. aus D^ω vereinbart sind, so steht eine Verzweigung der Form

$$x = d.d' \longrightarrow t$$

als Abkürzung für den Ausdruck

$$\underline{is}_{D^*}\ x \longrightarrow \$^d_{\underline{hd}(\underline{out}_{D^*}\ x)}\$^{d'}_{\underline{tl}(\underline{out}_{D^*}\ x)}t \ ,$$

bzw. für den Ausdruck

$$\underline{is}_{D^\omega}\ x \longrightarrow \$^d_{\underline{hd}(\underline{out}_{D^\omega}\ x)}\$^{d'}_{\underline{tl}(\underline{out}_{D^\omega}\ x)}t \ .$$

4.1.3 Basisoperationen

Auf den Mengen, die den elementaren semantischen Bereichen zugrunde liegen, sind normalerweise einige *Grundoperationen* definiert. Z.B. die arithmetischen Operationen $+, *, \ldots$ auf $Z\!\!\!Z$, die logischen Verknüpfungen $\wedge, \vee, \ldots$ auf der Menge der Wahrheitswerte $\{wahr, falsch\}$ oder die Konkatenation von Worten über einem Alphabet über der entsprechenden Wortmenge. Diese Funktionen werden über den semantischen Bereichen $Z\!\!\!Z_\perp$, $\overline{BOOL}$, ID usw. *strikt* erweitert und in der Bezeichnung nicht unterschieden.

Beispiel 4.5

$$4 + \perp = \perp$$

$$b_1 \vee b_2 = \begin{cases} b_1 \vee b_2 & falls \quad b_1, b_2 \in \{wahr, falsch\} \\ \perp & sonst \end{cases}$$

□

4.1.4 Rekursion

Zur Formulierung von Rekursion in der Metasprache gibt es prinzipiell zwei Möglichkeiten. Entweder man verwendet explizit die Fixpunktoperatoren

$$\underline{fix} \in \mathcal{K}^{[D \longrightarrow D] \longrightarrow D}, \ d \in \mathcal{D}$$

(vgl. Satz 3.7 und Definition 3.17), oder man vereinbart die Rekursion implizit unter Verwendung der Gleichungsschreibweise. In der denotationellen Semantik bevorzugt man letzteres, daher soll hier genauer darauf eingegangen werden.

Beispiel 4.6 (Fakultätsfunktion)

Die Fakultätsfunktion ist über den natürlichen Zahlen durch folgende Gleichung definiert:

$$x! = \begin{cases} 1 & falls \quad x = 0 \\ x * (x-1)! & sonst \end{cases}$$

□

Wie in Abschnitt 3.1 erwähnt wurde, soll der minimale Fixpunkt einer solchen Gleichung als Lösung vereinbart werden. In der Notation des λ-Kalküls läßt sich diese Aussage für eine gegebene Gleichung präzisieren. Betrachtet man obige Gleichung für die Fakultätsfunktion, so läßt sich ihr in natürlicher Weise folgende stetige Transformation zuordnen:

$$\lambda F.\lambda x.x = 0 \longrightarrow 1, x * F(x-1) : [IN_\perp \longrightarrow IN_\perp] \longrightarrow [IN_\perp \longrightarrow IN_\perp] \ .$$

Die Fakultätsfunktion kann nun eindeutig als minimaler Fixpunkt dieses Funktionals definiert werden:

$$\underline{fac} := \underline{fix} \ \lambda F.\lambda x.x = 0 \longrightarrow 1, x * F(x-1) : [IN_\perp \longrightarrow IN_\perp] \ .$$

Da diese Schreibweise weniger gut lesbar ist, vereinbart man die Gleichung

$$\underline{fac} \quad = \quad \lambda x.x = 0 \longrightarrow 1, x * \underline{fac}(x-1) \quad \text{oder}$$

$$\underline{fac} \ x \quad = \quad \quad x = 0 \longrightarrow 1, x * \underline{fac}(x-1)$$

als Abkürzung für obige Definition. Damit liegt unsere Metasprache sehr nahe an der üblichen mathematischen Notation (vgl. 4.6).

Allgemein: Ein Gleichungssystem der Form

$$\begin{aligned}
F_1 &= \tau_1 \\
F_2 &= \tau_2 \\
&\vdots \\
F_r &= \tau_r
\end{aligned}$$

mit $\tau_\nu \in \mathcal{A}_\lambda[\mathcal{D}, \mathcal{X} \cup \{F_1^{D_1}, \ldots, F_r^{D_r}\}, \mathcal{K}]$ für $1 \leq \nu \leq r$, definiert

$$\langle \underline{F_1}, \ldots, \underline{F_r} \rangle \in D_1 \times \cdots \times D_r$$

durch

$$\langle \underline{F_1}, \ldots, \underline{F_r} \rangle := \underline{fix} \ \lambda(F_1, \ldots, F_r).\langle \tau_1, \ldots, \tau_r \rangle \ .$$

Im allgemeinen unterscheidet man in der Schreibweise nicht mehr zwischen den Funktionsvariablen F_ν und den durch die entsprechenden Gleichungen definierten Funktionen $\underline{F_\nu}$.

Konvention: Äußere Abstraktionen auf der rechten Seite einer Gleichung können als formale Parameter auf die linke Seite geschrieben werden, d.h. eine Gleichung der Form

$$F \ x_1 \cdots x_s = \tau$$

steht als Abkürzung für die Gleichung

$$F = \lambda x_1 \cdots x_s.\tau \ .$$

Am Beispiel der Fakultätsfunktion soll nun gezeigt werden, wie der minimale Fixpunkt einer Funktion approximiert (berechnet) werden kann. Sei

$$\tau := \lambda F.\lambda x.x = 0 \longrightarrow 1, x * F(x - 1)$$

die der Gleichung für die Fakultätsfunktion zugeordnete Transformation. Aus Satz 3.7 folgt

$$\underline{fac} = \underline{fix}\ \tau = \bigsqcup_{n \in I\!N} \tau^n(\bot_{I\!N_\bot \to I\!N_\bot})$$

Betrachtet man die ersten Glieder dieser Kette, so ergibt sich:

$$
\begin{aligned}
\tau^0(\bot) &= \bot \\
\tau^1(\bot) &= \lambda x.x = 0 \longrightarrow 1, x * \bot(x - 1) \\
&= \lambda x.x = 0 \longrightarrow 1, \bot \\
\tau^2(\bot) &= \lambda x.x = 0 \longrightarrow 1, x * (\lambda x.x = 0 \longrightarrow 1, \bot)(x - 1) \\
&= \lambda x.x = 0 \longrightarrow 1, x * ((x - 1) = 0 \longrightarrow 1, \bot) \\
&= \lambda x.x = 0 \longrightarrow 1, x * (x = 1 \longrightarrow 1, \bot) \\
&= \lambda x.(x = 0 \vee x = 1) \longrightarrow 1, \bot \\
\tau^3(\bot) &= \lambda x.x = 0 \longrightarrow 1, x * (\lambda x.(x = 0 \vee x = 1) \longrightarrow 1, \bot)(x - 1) \\
&= \lambda x.x = 0 \longrightarrow 1, x * ((x = 1 \vee x = 2) \longrightarrow 1, \bot) \\
&= \lambda x.(x = 0 \vee x = 1) \longrightarrow 1, x = 2 \longrightarrow 2, \bot \\
&\ \ \vdots \\
\tau^n(\bot) &= \lambda x.x \le n \longrightarrow x!, \bot
\end{aligned}
$$

Man sieht insbesondere, daß für jedes Argument $n \in I\!N$ zur Berechnung von $\underline{fac}\ n$ die ersten $n + 1$ Approximationen genügen. Aus der Ordnungsrelation für den Funktionenbereich ergibt sich nämlich: Wenn

$$\tau^i(\bot)(n) = m \ne \bot$$

gilt, so gilt auch $\tau^k(\bot)(n) = m$ für alle $k \ge i$, und damit gilt auch

$$\underline{fac}\ n = m\ .$$

4.1.5 Modifikation von Funktionen

So wie in Definition 3.19 Umgebungen an einer Stelle modifiziert wurden, sollen auch beliebige Funktionen an bestimmten Stellen abgeändert werden können.

Definition 4.7 *Sei* $f : D \longrightarrow D'$ *eine stetige Funktion über semantischen Bereichen* D *und* D' *und seien* d *und* d' *je ein Element aus* D *und* D'. *Die* Modifikation *von f an der Stelle d mit neuem Wert d' wird mit $f[d'/d]$ bezeichnet, d.h.:*

$$f[d'/d] \in [D \longrightarrow D'] \quad mit$$

$$x \mapsto \begin{cases} d' & falls \quad x = d \\ f(x) & sonst \end{cases} \quad .$$

Für eine Änderung von f an mehreren Stellen steht der Ausdruck

$$f[d_1' d_2' \cdots d_n' / d_1 d_2 \cdots d_n]$$

als Abkürzung für den Ausdruck

$$f[d_1'/d_1][d_2'/d_2] \cdots [d_n'/d_n] \quad .$$

$\blacksquare$

4.1.6   Die verallgemeinerte Komposition

Die Komposition $\circ$ von Funktionen läßt sich durch den λ-Ausdruck

$$g \circ f = \lambda x.g(f(x)) \quad bzw.$$
$$\circ = \lambda g f x.g(f(x))$$

formalisieren. Dieser Operator läßt sich nur auf Funktionen anwenden, deren Typen von der Form

$$f : D_1 \longrightarrow D_2 \quad und \quad g : D_2 \longrightarrow D_3$$

sind. Bei der denotationellen Semantikspezifikation sollen jedoch häufig zwei Operationen hintereinander ausgeführt werden, die jeweils als Ergebnis eine Fehlermeldung liefern können und deren Ziel- bzw. Argumentbereich nur nach Anwendung der Curry-Isomorphie übereinstimmen, d.h.

$$f : D_1 \longrightarrow (D_2 + \{\underline{Fehler}\}_\perp) \quad und \quad g : D_2 \longrightarrow (D_3 + \{\underline{Fehler}\}_\perp)$$

oder

$$f : D_1 \longrightarrow ((D_2 \times \cdots \times D_n) + \{\underline{Fehler}\}_\perp) \quad und$$
$$g : D_2 \longrightarrow \cdots \longrightarrow D_n \longrightarrow (D_{n+1} + \{\underline{Fehler}\}_\perp) \quad .$$

Um die erforderlichen Anpassungen nicht immer explizit durchführen zu müssen, definiert man den Operator $\star$ zur Komposition solcher Funktionen. Dabei soll $f \star g$ ähnlich wie $g \circ f$ wirken mit zwei Abweichungen:

1. Wenn $f\, x = \underline{Fehler}$ gilt, so soll auch $(f \star g)\, x = \underline{Fehler}$ sein, und

2. wenn $f\, x = \langle d_2, \ldots, d_n \rangle \in (D_2 \times \cdots \times D_n)$ gilt und g vom Typ $D_2 \longrightarrow \cdots \longrightarrow D_n \longrightarrow (D_{n+1} + \{\underline{Fehler}\}_\perp)$ ist, so soll das Ergebnis von $(f \star g)\, x$ gleich der aufeinanderfolgenden Anwendung von g auf die Elemente d_2 bis d_n sein.

Die formale Definition lautet wie folgt:

Definition 4.8 (Der Operator $\star$)

1. *Sei* $f : D_1 \longrightarrow (D_2 + \{\underline{Fehler}\}_\perp)$ *und* $g : D_2 \longrightarrow (D_3 + \{\underline{Fehler}\}_\perp)$, *dann ist*

$$f \star g \;=\; \lambda x. \;\; f\,x = \underline{Fehler} \longrightarrow \underline{Fehler},$$
$$f\,x = d \longrightarrow g\,d \;.$$

2. *Sei* $f : D_1 \longrightarrow ((D_2 \times \cdots \times D_n) + \{\underline{Fehler}\}_\perp)$ *und*

$$g : D_2 \longrightarrow \cdots \longrightarrow D_n \longrightarrow (D_{n+1} + \{\underline{Fehler}\}_\perp), \quad \textit{dann ist}$$
$$f \star g \;=\; \lambda x. \;\; f\,x = \underline{Fehler} \longrightarrow \underline{Fehler},$$
$$f\,x = \langle d_2, \ldots, d_n \rangle \longrightarrow g\,d_2 \cdots d_n \;.$$

$\blacksquare$

Bemerkung: Man prüft leicht nach, daß die Operation $\star$ ebenso wie die Komposition $\circ$ assoziativ ist, so daß man bei einer mehrfachen Anwendung auf eine Klammerung verzichten kann.

4.2 Denotationelle Semantik der Sprache WHILE unter Verwendung der neuen Notationen

Der Gewinn, den man aus der Bereitstellung der im vorangegangenen Abschnitt eingeführten Techniken und Schreibweisen erhält, läßt sich am besten anhand des bekannten Beispiels der Sprache WHILE verdeutlichen. Daher wird die denotationelle Semantik von WHILE an dieser Stelle noch einmal spezifiziert (vgl. Abschnitte 2.1 und 2.4).

Syntaktische Bereiche mit dazugehörigen Metavariablen

$Z \in ZAHL,\; W \in BOOL,\; K \in KON,\; I \in ID,\; \underline{OP} \in OP,\; \underline{BOP} \in BOP,$
$T \in TERM,\; B \in BT,\; C \in COM$ und $P \in PROG.$

Syntaktische Klauseln

$T \;\; ::= \;\; Z \mid I \mid T_1 \; \underline{OP} \; T_2 \mid \textbf{read}$

$B \;\; ::= \;\; W \mid \textbf{not } B \mid T_1 \; \underline{BOP} \; T_2 \mid \textbf{read}$

$C \;\; ::= \;\; \textbf{skip} \mid I := T \mid C_1; C_2 \mid \textbf{if } B \textbf{ then } C_1 \textbf{ else } C_2 \mid \textbf{while } B \textbf{ do } C \mid$
$\qquad\qquad \textbf{output } T \mid \textbf{output } B$

$P \;\; ::= \;\; C$

Semantische Bereiche

$$
\begin{aligned}
ZUSTAND \;\; &= \;\; SPEICHER \times EINGABE \times AUSGABE \\
SPEICHER \;\; &= \;\; ID \longrightarrow (\mathbb{Z}_\bot + \{\underline{frei}\}_\bot) \\
EINGABE \;\; &= \;\; \overline{KON}^* \\
AUSGABE \;\; &= \;\; \overline{KON}^*
\end{aligned}
$$

Semantikfunktionen

$$
\begin{aligned}
\mathcal{T} \; &: \; TERM \; &\longrightarrow \;\; ZUSTAND &\longrightarrow ((\mathbb{Z}_\bot \times ZUSTAND) + \{\underline{Fehler}\}_\bot) \\
\mathcal{B} \; &: \; BT \; &\longrightarrow \;\; ZUSTAND &\longrightarrow ((\overline{BOOL} \times ZUSTAND) + \{\underline{Fehler}\}_\bot) \\
\mathcal{C} \; &: \; COM \; &\longrightarrow \;\; ZUSTAND &\longrightarrow (ZUSTAND + \{\underline{Fehler}\}_\bot) \\
\mathcal{P} \; &: \; PROG \; &\longrightarrow \;\; \overline{KON}^* &\longrightarrow (\overline{KON}^* + \{\underline{Fehler}\}_\bot)
\end{aligned}
$$

Semantische Klauseln

1. Semantik der Terme

    (a) $\mathcal{T}[\![\,\underline{n}\,]\!]\,z = \langle n, z\rangle$ für alle $\underline{n} \in ZAHL$

    (b) $\mathcal{T}[\![\,I\,]\!]\,\langle s, e, a\rangle = sI = \underline{frei} \longrightarrow \underline{Fehler}, \langle sI, \langle s, e, a\rangle\rangle$

    (c) $\mathcal{T}[\![\,T_1 + T_2\,]\!] = \mathcal{T}[\![\,T_1\,]\!] \star \lambda n_1.\mathcal{T}[\![\,T_2\,]\!] \star \lambda n_2 z.\langle n_1 + n_2, z\rangle$

    (d)   analog für alle anderen arithmetischen Operationen

    (e) $\mathcal{T}[\,\text{read}\,]\langle s, e, a\rangle \;=\; \underline{null}\; e \longrightarrow \underline{Fehler},$

$$
\underline{is}_{\mathbb{Z}_\bot}(\underline{hd}\; e) \longrightarrow \langle \underline{hd}\; e, \langle s, \underline{tl}\; e, a\rangle\rangle, \underline{Fehler}
$$

2. Semantik der booleschen Terme

    (a) $\mathcal{B}[\![\,\text{true}\,]\!]\,z = \langle wahr, z\rangle$

    (b) $\mathcal{B}[\![\,\text{false}\,]\!]\,z = \langle falsch, z\rangle$

    (c) $\mathcal{B}[\![\,\text{not}\; B\,]\!] = \mathcal{B}[\![\,B\,]\!] \star \lambda bz.\langle \neg b, z\rangle$

    (d) $\mathcal{B}[\![\,T_1 = T_2\,]\!] = \mathcal{T}[\![\,T_1\,]\!] \star \lambda n_1.\mathcal{T}[\![\,T_2\,]\!] \star \lambda n_2 z.\langle n_1 = n_2, z\rangle$

    (e)   analog für alle anderen booleschen Operationen

(f) $\mathcal{B}[\![\,\text{read}\,]\!]\langle s,e,a\rangle \;=\; \underline{null}\ e \longrightarrow \underline{Fehler},$

$$\underline{is_{\overline{BOOL}}}(\underline{hd}\ e) \longrightarrow \langle \underline{hd}\ e, \langle s, \underline{tl}\ e, a\rangle\rangle, \underline{Fehler}$$

3. Semantik der Anweisungen

(a) $\mathcal{C}[\![\,\text{skip}\,]\!]z = z$

(b) $\mathcal{C}[\![\,I := T\,]\!] = \mathcal{T}[\![\,T\,]\!] \star \lambda n(s,e,a).\langle s\,[n/I]\,,e,a\rangle$

(c) $\mathcal{C}[\![\,C_1;C_2\,]\!] = \mathcal{C}[\![\,C_1\,]\!] \star \mathcal{C}[\![\,C_2\,]\!]$

(d) $\mathcal{C}[\![\,\text{if}\ B\ \text{then}\ C_1\ \text{else}\ C_2\,]\!] = \mathcal{B}[\![\,B\,]\!] \star \underline{cond}\langle \mathcal{C}[\![\,C_1\,]\!], \mathcal{C}[\![\,C_2\,]\!]\rangle$

(e) $\mathcal{C}[\![\,\text{while}\ B\ \text{do}\ C\,]\!] = \mathcal{B}[\![\,B\,]\!] \star \underline{cond}\langle \mathcal{C}[\![\,C\,]\!] \star \mathcal{C}[\![\,\text{while}\ B\ \text{do}\ C\,]\!], \lambda z.z\rangle$

(f) $\mathcal{C}[\![\,\text{output}\ T\,]\!] = \mathcal{T}[\![\,T\,]\!] \star \lambda n(s,e,a).\langle s,e,a.n\rangle$

(g) $\mathcal{C}[\![\,\text{output}\ B\,]\!] = \mathcal{B}[\![\,B\,]\!] \star \lambda b(s,e,a).\langle s,e,a.b\rangle$

4. Semantik der Programme

$$\mathcal{P}[\![\,C\,]\!]e = (\mathcal{C}[\![\,C\,]\!] \star \pi_3)\ \langle s_0,e,\varepsilon\rangle,$$

wobei $s_0 \in SPEICHER$ gegeben ist durch $s_0 I = \underline{frei}$ für alle $I \in ID$.

Die Äquivalenz dieser Beschreibung zu derjenigen aus Abschnitt 2.4 läßt sich unmittelbar aus den Definitionen von $\underline{cond}$ und $\star$ sowie den Gesetzen des λ-Kalküls herleiten. Mit der jetzigen Definition wurde eine erhebliche Abkürzung erreicht, so daß der geübte Leser die Bedeutung der einzelnen Konstrukte der Sprache WHILE auf einen Blick lesen und verstehen kann. Zur Illustration der Wirkungsweise der neu eingeführten Operatoren, wird die Semantik eines kurzen Beispielprogramms, angewendet auf eine konkrete Eingabe, berechnet.

Gegeben sei folgendes WHILE-Programm:

$$P\left\{\begin{array}{l} x := \text{read}\ ; \\ \text{while}\ x > \underline{0}\ \text{do} \\ \quad C\left\{\begin{array}{l} \text{output}\ x + x; \\ x := x - \underline{1} \end{array}\right. \end{array}\right.$$

Die Semantik von P, angewendet auf die Eingabedatei $\langle 1\rangle$, läßt sich nun genau bestimmen. Dazu werden einige Nebenrechnungen $(N1 - N7)$ benötigt, die im

Anschluß aufgeführt sind. Zur Abkürzung der Zustandsbezeichnungen sei

$$z_0 = \langle s_0, \langle 1 \rangle, \varepsilon \rangle,$$
$$z_1 = \langle s_0 [1/x], \varepsilon, \varepsilon \rangle \quad \text{und}$$
$$z_2 = \langle s_0 [0/x], \varepsilon, \langle 2 \rangle \rangle.$$

Nun gilt: $\mathcal{C}[\![P]\!]\, z_0$

$\begin{array}{llll} = & (\mathcal{C}[\![x := \mathbf{read}\,]\!] \star \mathcal{C}[\![\mathbf{while}\ x > \underline{0}\ \mathbf{do}\ C]\!])\, z_0 & & \text{nach 3c} \\ = & \mathcal{C}[\![\mathbf{while}\ x > \underline{0}\ \mathbf{do}\ C]\!]\, z_1 & & \text{nach 4.8.1, } N1 \\ = & (\mathcal{B}[\![x > \underline{0}]\!] \star \underline{cond}\langle \mathcal{C}[\![C]\!] \star \mathcal{C}[\![\mathbf{while}\ x > \underline{0}\ \mathbf{do}\ C]\!], \lambda z.z\rangle)\, z_1 & & \text{nach 3e} \\ = & \underline{cond}\langle \mathcal{C}[\![C]\!] \star \mathcal{C}[\![\mathbf{while}\ x > \underline{0}\ \mathbf{do}\ C]\!], \lambda z.z\rangle\ \textit{wahr}\ z_1 & & \text{nach 4.8.2, } N3 \\ = & (\mathcal{C}[\![C]\!] \star \mathcal{C}[\![\mathbf{while}\ x > \underline{0}\ \mathbf{do}\ C]\!])\, z_1 & & \text{nach 4.3} \\ = & \mathcal{C}[\![\mathbf{while}\ x > \underline{0}\ \mathbf{do}\ C]\!]\, z_2 & & \text{nach 4.8.1, } N5 \\ = & (\mathcal{B}[\![x > \underline{0}]\!] \star \underline{cond}\langle \mathcal{C}[\![C]\!] \star \mathcal{C}[\![\mathbf{while}\ x > \underline{0}\ \mathbf{do}\ C]\!], \lambda z.z\rangle)\, z_2 & & \text{nach 3e} \\ = & \underline{cond}\langle \mathcal{C}[\![C]\!] \star \mathcal{C}[\![\mathbf{while}\ x > \underline{0}\ \mathbf{do}\ C]\!], \lambda z.z\rangle\ \textit{falsch}\ z_2 & & \text{analog zu } N3 \\ = & (\lambda z.z)z_2 & & \text{nach 4.3} \\ = & z_2 & & \beta\text{-Red.} \end{array}$

Also folgt:

$$\begin{aligned} \mathcal{P}[\![P]\!]\langle 1 \rangle &= (\mathcal{C}[\![P]\!] \star \pi_3)\, z_0 \quad \text{nach 4} \\ &= \pi_3\, z_2 \qquad\qquad \text{nach 4.8.1} \\ &= \langle 2 \rangle \end{aligned}$$

Nebenrechnungen: Sei $z_3 = \langle s_0 [1/x], \varepsilon, \langle 2 \rangle \rangle$.

N1) $\mathcal{C}[\![x := \mathbf{read}\,]\!]\, z_0$

$\begin{array}{lll} = & (\mathcal{T}[\![\mathbf{read}\,]\!] \star \lambda n(s,e,a).\langle s[n/x], e, a\rangle)\, z_0 & \text{nach 3b} \\ = & (\lambda n(s,e,a).\langle s[n/x], e, a\rangle)\, 1\, z_0 & \text{nach 4.8.2, } N2 \\ = & \langle s_0[1/x], \varepsilon, \varepsilon \rangle & \beta\text{-Red.} \\ = & z_1 \end{array}$

N2) $\mathcal{T}[\![\mathbf{read}\,]\!]\, z_0 = \langle 1, \langle s_0, \varepsilon, \varepsilon \rangle \rangle$ nach 1e

N3) $\mathcal{B}[\![x > \underline{0}]\!]\, z_1$

$\begin{array}{lll} = & (\mathcal{T}[\![x]\!] \star \lambda n_1.\mathcal{T}[\![\underline{0}]\!] \star \lambda n_2 z.\langle n_1 > n_2, z\rangle)\, z_1 & \text{nach 2e} \\ = & (\lambda n_1.\mathcal{T}[\![\underline{0}]\!] \star \lambda n_2 z.\langle n_1 > n_2, z\rangle)\, 1\, z_1 & \text{nach 4.8.2, } N4 \\ = & (\mathcal{T}[\![\underline{0}]\!] \star \lambda n_2 z.\langle 1 > n_2, z\rangle)\, z_1 & \text{nach 4.8.2, 1a} \\ = & (\lambda n_2 z.\langle 1 > n_2, z\rangle)\, 0\, z_1 & \beta\text{-Red.} \\ = & \langle 1 > 0, z_1 \rangle & \beta\text{-Red.} \\ = & \langle \textit{wahr}, z_1 \rangle & \delta\text{-Red.} \end{array}$

N4) $\mathcal{T}[\![x]\!] \; z_1 = \langle 1, z_1 \rangle$ nach 1b

N5) $\mathcal{C}[\![C]\!] \; z_1$

$$
\begin{aligned}
&= \; (\mathcal{C}[\![\text{output } x + x]\!] \star \mathcal{C}[\![x := x - \underline{1}]\!]) \; z_1 && \text{nach 3c} \\
&= \; \mathcal{C}[\![x := x - \underline{1}]\!] \; z_3 && \text{nach 4.8.1, } N6 \\
&= \; (\mathcal{T}[\![x - \underline{1}]\!] \star \lambda n(s,e,a).\langle s\,[n/x]\,,e,a\rangle) \; z_3 && \text{nach 3b} \\
&= \; (\lambda n(s,e,a).\langle s\,[n/x]\,,e,a\rangle) \; 0 \; z_3 && \text{nach 4.8.2, } N7 \\
&= \; \langle s_0\,[0/x]\,,\varepsilon,\langle 2 \rangle\rangle && \delta\text{-Red.} \\
&= \; z_2
\end{aligned}
$$

N6) $\mathcal{C}[\![\text{output } x + x]\!] \; z_1$

$$
\begin{aligned}
&= \; (\mathcal{T}[\![x + x]\!] \star \lambda n(s,e,a).\langle s,e,a.n\rangle) \; z_1 && \text{nach 3f} \\
&= \; (\lambda n(s,e,a).\langle s,e,a.n\rangle) \; 2 \; z_1 && \text{nach 1c, 1b, 4.8.2} \\
&= \; \langle s_0\,[1/x]\,,\varepsilon,\langle 2 \rangle\rangle && \beta\text{-Red.} \\
&= \; z_3
\end{aligned}
$$

N7) $\mathcal{T}[\![x - \underline{1}]\!] \; z_3$

$$
\begin{aligned}
&= \; (\mathcal{T}[\![x]\!] \star \lambda n_1.\mathcal{T}[\![\underline{1}]\!] \star \lambda n_2 z.\langle n_1 - n_2, z\rangle) \; z_3 && \text{nach 1d} \\
&= \; (\lambda n_1.\mathcal{T}[\![\underline{1}]\!] \star \lambda n_2 z.\langle n_1 - n_2, z\rangle) \; 1 \; z_3 && \text{nach 4.8.2, 1b} \\
&= \; (\mathcal{T}[\![\underline{1}]\!] \star \lambda n_2 z.\langle 1 - n_2, z\rangle) \; z_3 && \beta\text{-Red.} \\
&= \; (\lambda n_2 z.\langle 1 - n_2, z\rangle) \; 1 \; z_3 && \text{nach 4.8.2, 1a} \\
&= \; \langle 0, z_3 \rangle && \beta\text{-Red. und } \delta\text{-Red.}
\end{aligned}
$$

4.3 Entwicklung der Standardsemantik unter besonderer Berücksichtigung der Fortsetzungssemantik

Mit den bisher vorgestellten Techniken lassen sich einige bekannte Sprachkonstrukte gar nicht oder nur schlecht beschreiben. Dies sind grob charakterisiert *Sprunganweisungen* und *gemeinsame Speicherplätze*. Zur Behandlung von Sprüngen, Fehlern und anderen Konstrukten, die eine Abweichung von der sequentiellen Programmausführung erzwingen, dient das Konzept der *Fortsetzungen* (*continuations*). Gemeinsame Speicherplätze (*sharing, aliasing*) werden semantisch durch eine Aufspaltung der Bindung von Variablen an Werte beschrieben: Anstelle des Bereiches

$$
SPEICHER = ID \longrightarrow (\mathbb{Z}_\perp + \{\underline{frei}\}_\perp)
$$

verwendet man die beiden Bereiche ENV (für 'environment') und $STORE$:

$$ENV = ID \longrightarrow (LOC + \{\underline{ungebunden}\}_\perp) \quad \text{und}$$
$$STORE = LOC \longrightarrow (\mathbb{Z}_\perp + \{\underline{frei}\}_\perp) \,.$$

I.a. bezeichnet man eine denotationelle Semantikfunktion, die sowohl mit Fortsetzungen arbeitet als auch das Umgebungs-/Speicherkonzept verwendet, als *Standardsemantik*.

Die nächsten Unterabschnitte führen formal in die Techniken der Standardsemantik ein.

4.3.1 Fortsetzungen

Der $\star$-Operator dient bereits dazu, bei Auftreten eines Fehlers eine Sequenz von Funktionsanwendungen abzubrechen. In ähnlicher Weise müßte man für Sprunganweisungen auch vorgehen. Die normale Ausführung von $C_1; C_2$ im Zustand z läßt sich ja schreiben als

$$\mathcal{C}[\![C_1; C_2]\!]z = \mathcal{C}[\![C_2]\!](\mathcal{C}[\![C_1]\!]z)$$

Dies bedeutet, daß in der Semantik von C_2 die Entscheidung gefällt wird, was mit dem Ergebnis von C_1 zu tun ist. Eine bessere Möglichkeit wäre, wenn bei der Spezifikation der Semantik von C_1 bereits die Entscheidung getroffen werden könnte, ob mit der Ausführung von C_2 fortgefahren oder eine irreguläre Fortsetzung des Programms durchgeführt werden soll. Dies wird dann möglich, wenn der Semantikfunktion von C_1 nicht nur der aktuelle Zustand z sondern auch noch eine *Fortsetzung c*, die die Semantik des hinter C_1 stehenden Programmrestes darstellt, als Argument vorliegt. Die Fortsetzung c ist also ein funktionales Objekt und beschreibt diejenige Zustandstransformation, die durch Ausführung aller auf C_1 folgenden Anweisungen bestimmt ist. Sei z.B. P ein Programm, bestehend aus der Anweisungsfolge $C_1; C_2; C_3$, dann würde man der Fortsetzungssemantik von C_3 die Identitätsfunktion $\lambda z.z$ als Fortsetzung übergeben, derjenigen von C_2 die Fortsetzung, die durch Ausführung von C_3 bestimmt ist, und schließlich erhielte die Semantikfunktion zu C_1 die Zustandstransformation $\mathcal{C}[\![C_2; C_3]\!]\lambda z.z$ als Fortsetzung.

Präziser formuliert, beschreibt man nun die Semantik einer Sequenz $C_1; C_2$ bzgl. der Fortsetzung c und des Zustandes z durch die Formel

$$\mathcal{C}[\![C_1; C_2]\!]cz = \mathcal{C}[\![C_1]\!](\mathcal{C}[\![C_2]\!]c)z \,.$$

Nun ist es möglich, daß der Zustand z', der aus z durch Ausführung von C_1 entsteht, je nach Bedeutung von C_1 an die Fortsetzung $\mathcal{C}[\![C_2]\!]c$ oder an irgendeine andere Zustandstransformation übergeben wird.

Betrachtet man eine Sprache, in der Anweisungen der Form **goto** L erlaubt sind, und vereinbart, daß c_L gerade diejenige Zustandstransformation bezeichnet, die einer Programmausführung ab der Marke L entspricht, dann kann man jetzt sehr einfach die Semantik von Sprunganweisungen erklären:

$$\mathcal{C}[\![\text{goto } L]\!]cz = c_L z \ .$$

Man sieht an dieser Definition, daß die Semantik einer solchen Sprunganweisung völlig unabhängig von der aktuellen Fortsetzung c ist.

Wadsworth und Morris entwickelten unabhängig voneinander das Konzept der Fortsetzungssemantik. Eine erste Präsentation dieser Techniken findet man bei Strachey und Wadsworth [115]. De Bruin gibt eine formale Einführung in das Konzept der Fortsetzungssemantik und setzt es bzgl. einer einfachen Beispielsprache mit **goto's** in Beziehung zur operationellen und axiomatischen Semantik [19].

Natürlich kann auch bei der Berechnung von Termen ein irregulärer Kontrollfluß hervorgerufen werden, z.B. bei Auftreten eines Fehlers (etwa bei Ausführung von **read** in einem Zustand mit leerer Eingabe) oder bei Aufruf einer Funktionsprozedur. Also muß auch den Semantikfunktionen $\mathcal{T}$ und $\mathcal{B}$ ein Fortsetzungsparameter k bzw. g übergeben werden. Diese „Fortsetzung" eines Terms T ist nun keine reine Zustandstransformation, sondern eine Funktion, die zu dem aus T errechneten Wert n eine Zustandstransformation bestimmt.

Bei regulärer Berechnung kann man also die Fortsetzungssemantik von Ausdrücken durch folgende Formeln beschreiben:

$$\begin{aligned} \mathcal{T}[\![T]\!]kz &= knz \\ \mathcal{T}[\![B]\!]gz &= gbz \ , \end{aligned}$$

wobei n den Wert von T bzgl. z bezeichnet und ebenso b den Wert von B.

Um den Umgang mit der Fortsetzungssemantik zu illustrieren, soll die Semantik der Sprache WHILE noch ein letztes Mal spezifiziert werden, obwohl in WHILE keine Sprunganweisungen vorhanden sind und daher kein verkürzender Effekt eintritt.

4.3.2 Fortsetzungssemantik der Sprache WHILE

Syntaktische Bereiche und Klauseln

wie in Abschnitt 4.2.

Semantische Bereiche

$$
\begin{aligned}
ZUSTAND &= SPEICHER \times EINGABE \times AUSGABE \\
SPEICHER &= ID \longrightarrow (\mathbb{Z}_\perp + \{\underline{frei}\}_\perp) \\
EINGABE &= \overline{KON}^* \\
AUSGABE &= \overline{KON}^* \\
FORTSETZUNG &= ZUSTAND \longrightarrow (ZUSTAND + \{\underline{Fehler}\}_\perp) \\
TERMFORT &= \mathbb{Z}_\perp \longrightarrow FORTSETZUNG \\
BOOLFORT &= \overline{BOOL} \longrightarrow FORTSETZUNG
\end{aligned}
$$

Semantikfunktionen

$$
\begin{aligned}
\mathcal{T} &: TERM &&\longrightarrow TERMFORT \longrightarrow FORTSETZUNG \\
\mathcal{B} &: BT &&\longrightarrow BOOLFORT \longrightarrow FORTSETZUNG \\
\mathcal{C} &: COM &&\longrightarrow FORTSETZUNG \longrightarrow FORTSETZUNG \\
\mathcal{P} &: PROG &&\longrightarrow \overline{KON}^* \longrightarrow (\overline{KON}^* + \{\underline{Fehler}\}_\perp)
\end{aligned}
$$

Semantische Klauseln

1. Semantik der Terme

(a) $\quad \mathcal{T}[\![\underline{n}]\!]\, k = k\, n \quad$ für alle $\underline{n} \in ZAHL$

(b) $\quad \mathcal{T}[\![I]\!]\, k\, \langle s, e, a \rangle = sI = \underline{frei} \longrightarrow \underline{Fehler},\ k(sI)\langle s, e, a \rangle$

(c) $\quad \mathcal{T}[\![T_1 + T_2]\!]\, k = \mathcal{T}[\![T_1]\!]\, \lambda n_1.\mathcal{T}[\![T_2]\!]\, \lambda n_2.k(n_1 + n_2)$

(d) $\quad$ analog für alle anderen arithmetischen Operationen

(e) $\quad \mathcal{T}[\![\text{read}]\!]\, k\, \langle s, e, a \rangle \ = \ \underline{null}\, e \longrightarrow \underline{Fehler},$

$$
\underline{is}_{\mathbb{Z}_\perp}(\underline{hd}\, e) \longrightarrow k(\underline{hd}\, e)\langle s, \underline{tl}\, e, a \rangle,\ \underline{Fehler}
$$

2. Semantik der booleschen Terme

(a) $\quad \mathcal{B}[\![\text{true}]\!]\, g = g\, wahr$

(b) $\quad \mathcal{B}[\![\text{false}]\!]\, g = g\, falsch$

(c) $\quad \mathcal{B}[\![\text{not}\, B]\!]\, g = \mathcal{B}[\![B]\!]\, \lambda b.g(\neg b)$

(d) $\quad \mathcal{B}[\![T_1 = T_2]\!]\ g = \mathcal{T}[\![T_1]\!]\ \lambda n_1.\mathcal{T}[\![T_2]\!]\ \lambda n_2.g(n_1 = n_2)$

(e) $\quad$ analog für alle anderen booleschen Operationen

(f) $\quad \mathcal{B}[\![\text{read}\ ]\!]\ g\ \langle s,e,a\rangle\ =\ \underline{null}\ e \longrightarrow \underline{Fehler},$

$$is_{\overline{BOOL}}(\underline{hd}\ e) \longrightarrow g(\underline{hd}\ e)\langle s,\underline{tl}\ e,a\rangle,\ \underline{Fehler}$$

3. Semantik der Anweisungen

(a) $\quad \mathcal{C}[\![\text{skip}\ ]\!]\ c = c$

(b) $\quad \mathcal{C}[\![I := T]\!]\ c = \mathcal{T}[\![T]\!]\ \lambda n(s,e,a).c\langle s\,[n/I]\,,e,a\rangle$

(c) $\quad \mathcal{C}[\![C_1; C_2]\!] = \mathcal{C}[\![C_1]\!] \circ \mathcal{C}[\![C_2]\!]$

(d) $\quad \mathcal{C}[\![\text{if}\ B\ \text{then}\ C_1\ \text{else}\ C_2]\!] = \mathcal{B}[\![B]\!]\ \underline{cond}\langle \mathcal{C}[\![C_1]\!], \mathcal{C}[\![C_2]\!]\rangle$

(e) $\quad \mathcal{C}[\![\text{while}\ B\ \text{do}\ C]\!] = \mathcal{B}[\![B]\!]\ \underline{cond}\langle \mathcal{C}[\![C]\!] \circ \mathcal{C}[\![\text{while}\ B\ \text{do}\ C]\!], \underline{id}\rangle$

(f) $\quad \mathcal{C}[\![\text{output}\ T]\!]\ c = \mathcal{T}[\![T]\!]\ \lambda n(s,e,a).c\ \langle s,e,a.n\rangle$

(g) $\quad \mathcal{C}[\![\text{output}\ B]\!]\ c = \mathcal{B}[\![B]\!]\ \lambda b(s,e,a).c\ \langle s,e,a.b\rangle$

4. Semantik der Programme

$$\mathcal{P}[\![C]\!]\ e = (\mathcal{C}[\![C]\!]\ (\lambda z.z) \star \pi_3)\ \langle s_0,e,\varepsilon\rangle,$$

wobei $s_0 \in SPEICHER$ gegeben ist durch $s_0 I = \underline{frei}$ für alle $I \in ID$.

Bemerkungen zur Fortsetzungssemantik von WHILE

An den semantischen Klauseln der Fortsetzungssemantik von WHILE erkennt man schon, wie mit Fortsetzungen gearbeitet wird. Die Ausdrücke, die im λ-Kalkül die Fortsetzungen beschreiben, werden so aufgebaut, daß alle vorher zu berechnenden Parameter namentlich übergeben werden können. Besonders deutlich wird dies an der Klausel 3b: Die Berechnung des Terms T liefert den Wert n und den neuen Zustand $\langle s,e,a\rangle$ als Parameter an die Ausdrucksfortsetzung von T. Diese übergibt nun denjenigen Zustand an die Anweisungsfortsetzung c, der sich aus der entsprechenden Wertzuweisung ergibt.

Beispiel 4.9

$$\mathcal{C}\,[\![\,I := \mathbf{read}\,]\!]\ c\ \langle S, 4.E, A\rangle$$

$$= \mathcal{T}\,[\![\,\mathbf{read}\,]\!]\ (\lambda n(s,e,a).c\langle s\,[n/I]\,,e,a\rangle)\ \langle S, 4.E, A\rangle \qquad \textit{nach 3b}$$

$$= (\lambda n(s,e,a).c\langle s\,[n/I]\,,e,a\rangle)\ 4\ \langle S, E, A\rangle \qquad\qquad \textit{nach 1e}$$

$$= c\ \langle S\,[4/I]\,, E, A\rangle \qquad\qquad \beta\textit{-Reduktion}$$

Interessant ist auch, daß man nun bei der Semantikspezifikation der Terme und
Anweisungen ganz auf den $\star$-Operator verzichten kann. Mit der Hintereinanderausführung o werden jetzt die Fortsetzungen eines Programms von hinten nach
vorne transformiert. Wenn bei der Berechnung einer Anweisung ein Fehler auftritt, so wird eine Fehlermeldung erzeugt und der Rest des Programms (die aktuelle
Fortsetzung) ignoriert.

Beispiel 4.10

$$\mathcal{C}\,[\![\,I := \mathbf{read}\ ;\mathbf{output}\ 7\,]\!]\ (\lambda z.z)\ \langle S, \langle\rangle, A\rangle$$

$$= \mathcal{C}\,[\![\,I := \mathbf{read}\,]\!]\ (\mathcal{C}\,[\![\,\mathbf{output}\ 7\,]\!]\ \lambda z.z)\ \langle S, \langle\rangle, A\rangle \qquad\qquad \textit{nach ?}$$

$$= \mathcal{T}\,[\![\,\mathbf{read}\,]\!]\ (\lambda n(s,e,a).\ \mathcal{C}\,[\![\,\mathbf{output}\ 7\,]\!]\ (\lambda z.z)\ \langle s\,[n/I]\,,e,a\rangle)\ \langle S, \langle\rangle, A\rangle \quad \textit{nach ?}$$

$$= \underline{\textit{Fehler}} \qquad\qquad \textit{nach 1}$$

4.3.3 Typüberprüfung

Bei der Spezifikation der denotationellen Semantik lassen sich die semantischen
Klauseln stets einer ersten Prüfung unterziehen, indem man die verwendeten
Ausdrücke auf Typkorrektheit untersucht. Zur Verbesserung der Übersichtlichkeit schreibt man dabei einen Teilausdruck t mit Typ τ nicht mehr $t : \tau$, sondern
unterklammert t und setzt τ unter die Klammer, $\underbrace{t}_{\tau}$.

Beispiel 4.11 (Typüberprüfung der Formel 3f)

$$\underbrace{\underbrace{\mathcal{C}\,[\![\,\mathbf{output}\ T\,]\!]}_{FORTS.\to FORTS.}\ \underbrace{c}_{FORTS.}}_{FORTSETZUNG} = \underbrace{\underbrace{\mathcal{T}\,[\![\,T\,]\!]}_{TERMF.\to FORTS.}\ \lambda n\,(s,e,a).\ \underbrace{\underbrace{\underbrace{c}_{FORTS.}\ \underbrace{\langle s,e,a.n\rangle}_{ZUSTAND}}_{ZUSTAND+\{\underline{Fehler}\}}}_{FORTSETZUNG}}_{\substack{TERMFORT \\ FORTSETZUNG}}$$

Viele Spezifikationsfehler lassen sich auf diese Weise sehr einfach aufdecken. Es gibt auch Algorithmen, mit deren Hilfe sich diese Typüberprüfung automatisch vornehmen läßt (vgl. Damas und Milner [30]).

4.3.4 Modifikation des Ausgabebereiches

Die hier vorgestellte Version der Fortsetzungssemantik der Sprache WHILE behandelt die *Ausgabe* noch nicht zufriedenstellend.

1. Der Ausgabebereich sollte Folgen von Ausgabewerten enthalten, die mit einer Meldung über die Art des Programmstops enden.

2. Der Ausgabebereich sollte keine Zustandskomponente sein, da der Programmrest sowieso keine Zugriffsmöglichkeit auf vorher geschriebene Ausgabewerte hat.

3. Der Ausgabebereich sollte auch unendliche Folgen enthalten, um nichtterminierende Programme, die in einer Endlosschleife Werte ausgeben, vernünftig beschreiben zu können.

Alle drei Korrekturen lassen sich durch folgende Bereichsdefinitionen mit entsprechender Änderung der Semantikfunktionen erreichen (ANS steht für „answer"):

$$ZUSTAND \quad = \quad SPEICHER \times EINGABE$$
$$ANS \quad = \quad \{\underline{Fehler}, \underline{Stop}\}_\perp + (\overline{KON} \times ANS)$$
$$FORTSETZUNG \quad = \quad ZUSTAND \longrightarrow ANS$$

(alle anderen Bereiche wie oben).

Jetzt liest sich die semantische Klausel für **output** T wie folgt:

$$\mathcal{C}\,[\![\text{output } T]\!]\ c = \mathcal{T}\,[\![T]\!]\ \lambda nz.\langle n, cz\rangle\ .$$

Beispiel 4.12

$\mathcal{C}\,[\![\text{output } 3; \text{output read }]\!]\ (\lambda z.\underline{Stop})\ \langle S, \langle\rangle\rangle$

$\quad = \mathcal{C}\,[\![\text{output } 3]\!]\ (\mathcal{C}\,[\![\text{output read }]\!]\ \lambda z.\underline{Stop})\ \langle S, \langle\rangle\rangle \qquad\qquad$ *nach 3c*

$\quad = \mathcal{T}\,[\![3]\!]\ \lambda nz.\langle n, (\mathcal{C}\,[\![\text{output read }]\!]\ \lambda z.\underline{Stop})\ z\rangle\ \langle S, \langle\rangle\rangle \qquad$ *neue Ausgaberegel*

$\quad = \lambda nz.\langle n, (\mathcal{C}\,[\![\text{output read }]\!]\ \lambda z.\underline{Stop})\ z\rangle\ 3\ \langle S, \langle\rangle\rangle \qquad\quad$ *nach 1a*

$\quad = \langle 3, \mathcal{C}\,[\![\text{output read }]\!]\ (\lambda z.\underline{Stop})\ \langle S, \langle\rangle\rangle\rangle \qquad\qquad\quad$ *2 β-Reduktionen*

$\quad = \langle 3, \mathcal{T}\,[\![\text{read }]\!]\ (\lambda nz.\langle n, (\lambda z.\underline{Stop})\ z\rangle\langle S, \langle\rangle\rangle\rangle \qquad\quad$ *neue Ausgaberegel*

$\quad = \langle 3, \underline{Fehler}\rangle \qquad\qquad\qquad\qquad\qquad\qquad\qquad\qquad\quad$ *nach 1e*

$\square$

4.3.5   Modifikation des Bereiches *SPEICHER*

Der zweite Punkt, der zu Beginn dieses Abschnittes angesprochen wurde, ist die Behandlung gemeinsamer Speicherplätze, englisch *sharing*. Dieses Phänomen gibt es nicht nur in Sprachen mit speziellen Anweisungen der Form

$$x == y \ ,$$

die bewirken, daß x und y auf denselben Speicherplatz verweisen, sondern auch bei allen Prozedur- und Funktionskonzepten, die eine namentliche Parameterübergabe erlauben.

Beispiel 4.13 (PASCAL)

$$\textbf{procedure } P(\textbf{var } x : real; \ \textbf{var } y : real);$$
$$\textbf{begin}$$
$$\vdots$$
$$\textbf{end}$$
$$\dots$$
$$P(z,z);$$
$$\dots$$

Der Aufruf $P(z,z)$ bewirkt eine Ausführung der Prozedur P, bei der die Variablen x, y und z an denselben Speicherplatz gebunden sind.

□

Zur denotationellen Beschreibung solcher Sachverhalte ist es zweckmäßig, die Zuordnungsfunktion zur Bestimmung des Wertes einer Variablen in zwei Abbildungen aufzuspalten. Dann ist es möglich, mit der ersten die Adresse eines Speicherplatzes zu ermitteln und mit der zweiten den Inhalt dieses Speicherplatzes. Der Bereich

$$SPEICHER = ID \longrightarrow (\mathbb{Z}_\perp + \{\underline{frei}\}_\perp)$$

wird durch die beiden Bereiche

$$ENV \ = \ ID \longrightarrow (LOC + \{\underline{ungebunden}\}_\perp) \ \text{ und}$$
$$STORE \ = \ LOC \longrightarrow (\mathbb{Z}_\perp + \{\underline{frei}\}_\perp) \ .$$

ersetzt. Im allgemeinen Fall definiert man die neuen Semantikfunktionen so, daß

$$SPEICHER \ I = STORE(ENV \ I)$$

für alle $I \in ID$ gilt.

ENV ist der semantische Bereich der *Umgebungen (environments)*, *STORE* der Bereich der *adressierbaren Speicher* und *LOC* der Bereich der *Adressen der Speicherplätze (locations)*. Nun ist leicht einzusehen, wie zwei Variablen x und y einen Speicherplatz teilen können: Man erzeugt eine neue Umgebung ρ, so daß $\rho x = \rho y$

gilt. Die Ausführung einer Wertzuweisung ändert nur den Speicher (STORE), nicht aber die Umgebung (ENV). Angenommen $\rho x = l \in LOC$, und der aktuelle Speicher sei $s \in STORE$, dann überführt die Ausführung der Anweisung $x := 7$ diesen Speicher in $s\,[7/l]$. Definiert man nun $[\![I]\!]\rho s = s(\rho I)$, so gilt:

$$[\![x]\!]\rho s = s(\rho x) = sl = 7$$

und auch

$$[\![y]\!]\rho s = s(\rho y) = sl = 7 \ .$$

Dies ist eine vereinfachte Form der direkten Semantik, die weder die Fälle $\rho I = \underline{ungebunden}$ oder $s(\rho I) = \underline{frei}$ berücksichtigt noch eine entsprechende Fortsetzung verwendet. Eine ausführliche Fassung wird im Zusammenhang mit der Sprache $PASCAL_0$ in Abschnitt 4.4 behandelt.

I.a. nennt man eine denotationelle Semantikspezifikation, die sowohl mit Fortsetzungen arbeitet als auch das Umgebungs-/Speicherkonzept verwendet, *Standardsemantik*.

4.3.6 Standardwertebereiche

Für eine Sprache, die im Rahmen der Standardsemantik beschrieben werden soll, lassen sich mindestens drei *Standardwertebereiche* angeben:

1. Die *ausdrückbaren Werte EV* (*expressible values*) - dies sind diejenigen Werte, die durch eine Berechnung von Termen gewonnen werden können. Also

$$EV = \overline{KON} + \cdots \ .$$

2. Die *bezeichenbaren Werte DV* (*denotable values*) - dies sind diejenigen Werte, die in der Umgebung an eine Variable (einen Bezeichner) gebunden werden können. Also

$$DV = LOC + \cdots \ .$$

3. Die *speicherbaren Werte SV* (*storable values*) - dies sind diejenigen Werte, die im Speicher abgelegt werden können. Also

$$SV = \overline{KON} + \cdots \ .$$

Die Angabe der Standardwertebereiche einer Programmiersprache legt bereits einige ihrer Eigenschaften fest. So bedeutet etwa

$$EV = \mathbb{Z}_\perp + \overline{BOOL} \ ,$$

daß alle Terme über ganzen Zahlen und booleschen Werten interpretiert werden, und

$$DV = LOC + \overline{KON} \ ,$$

daß in der Umgebung sowohl Adressen von Speicherplätzen als auch konstante Werte an die Bezeichner gebunden werden können, und schließlich bedeutet

$$SV = \overline{KON} + LOC + PROC \ ,$$

daß im Speicher sowohl Konstanten als auch Adressen als auch Prozeduren abgelegt werden können.

In der Sprache PASCAL z.B. sind die Konstanten bezeichenbar und die Adressen der Speicherplätze speicherbar. Beides gilt nicht für die Sprache ALGOL 60.

4.3.7   Deklarationen

Wie bereits oben erläutert, ändert die Ausführung einer Anweisung den aktuellen Speicher, also das entsprechende Objekt aus *STORE*. Man braucht aber auch eine Möglichkeit, die aktuelle Umgebung zu modifizieren. Dazu dienen die *Deklarationen*, die zu Beginn eines Blockes oder einer Prozedur auftreten.

Beispiel 4.14

```
begin
    integer x;  boolean y;
    ⋮
    x := 7;
    y := false ;
    ⋮
end
```

Bei Eintritt in diesen Block werden den Variablen x und y in der aktuellen Umgebung neue Speicherplätze zugeordnet, die während des gesamten Blockes konstant bleiben. Alle Anweisungen innerhalb des Blockes verändern nur die Inhalte der Speicherplätze.

□

Wie man bereits an obigem Beispiel erkennen kann, ist ein Mechanismus erforderlich, der zu einem gegebenen Speicher die Adresse eines neuen Speicherplatzes auswählt, falls noch ein freier Speicherplatz vorhanden ist und der ansonsten eine Fehlermeldung produziert. Meist wird bei einer denotationellen Semantikspezifikation angenommen, daß eine Funktion

$$\underline{new} : STORE \longrightarrow (LOC + \{\underline{Fehler}\}_\perp)$$

mit folgenden Eigenschaften für alle $s \in STORE$ existiert:

1. Wenn $\underline{is}_{LOC}(\underline{new}\ s) = wahr$ gilt, dann ist $s(\underline{new}\ s) = \underline{frei}$.

2. Wenn $\underline{new}\ s = \underline{Fehler}$ gilt, dann gilt $sl \neq \underline{frei}$ für alle $l \in LOC$.

Oft wird die Funktion $\underline{new}$ nicht näher spezifiziert. I.a. ist es jedoch nicht ausreichend, eine Funktion nur durch ihre Eigenschaften zu charakterisieren. Daher soll hier eine explizite Definition unter der Annahme, daß $LOC = \{l_1, l_2, \ldots, l_n\}$ ist, angegeben werden:

$$\underline{new} = \lambda s.\quad sl_1 = \underline{frei} \longrightarrow l_1,$$
$$sl_2 = \underline{frei} \longrightarrow l_2,$$
$$\vdots$$
$$sl_n = \underline{frei} \longrightarrow l_n,$$
$$\underline{Fehler}$$

Nun lassen sich auf einer informellen Ebene bereits verschiedene Deklarationstypen betrachten:

const $I = T$

    bewirkt eine Änderung der Umgebung derart, daß dem Bezeichner I direkt der Wert von T zugeordnet wird, d.h. eine solche Deklaration verlangt $DV = \cdots + \overline{KON} + \cdots$.

var $I = T$

    erfordert die Adresse l eines neuen Speicherplatzes, belegt diesen mit dem Wert von T und bindet schließlich in der aktuellen Umgebung die Variable I an die Adresse l.

procedure $P(I); C$

    bindet in der aktuellen Umgebung die Variable P an eine Prozedur mit einem Parameter I und Prozedurrumpf C.

function $F(I); T$

    bindet in der aktuellen Umgebung die Variable F an eine Funktionsprozedur mit einem Parameter I und Funktionswert, bestimmt durch T.

$D_1; D_2$

    bewirkt eine Umgebungsänderung gemäß der Deklaration D_1 gefolgt von der Umgebungsänderung gemäß der Deklaration D_2.

4.3.8 Standardfortsetzungsfunktionen

Ähnlich wie die Standardwertebereiche lassen sich auch die *Standardfortsetzungsfunktionen* beschreiben. Dabei unterscheidet man drei Typen:

1. die *Anweisungsfortsetzungen* CC (*command continuations*),

2. die *Ausdrucksfortsetzungen* EC (*expression continuations*) und

3. die *Deklarationsfortsetzungen* DC (*declaration continuations*).

Diese Fortsetzungsfunktionen sind von folgenden Typen:

$$CC = STORE \longrightarrow ANS,$$
$$EC = EV \longrightarrow CC \text{ und}$$
$$DC = ENV \longrightarrow CC.$$

Eine Standardsemantikfunktion definiert folgende Semantikfunktionen:

$$\mathcal{C} : COM \longrightarrow ENV \longrightarrow CC \longrightarrow STORE \longrightarrow ANS,$$
$$\mathcal{E} : EXP \longrightarrow ENV \longrightarrow EC \longrightarrow STORE \longrightarrow ANS \text{ und}$$
$$\mathcal{D} : DEC \longrightarrow ENV \longrightarrow DC \longrightarrow STORE \longrightarrow ANS,$$

wobei hier alle Ausdrücke syntaktisch zu *einer* Menge EXP zusammengefaßt sind, d.h.

$$EXP = TERM + BT + \cdots.$$

Nun ist es die Aufgabe der Semantikfunktion $\mathcal{E}$, die Typen der Ausdrücke zu überprüfen.

Wenn keine irregulären Kontrollverläufe auftreten, lassen sich die Semantikfunktionen wie folgt definieren:

$\mathcal{C}[\![C]\!]\rho cs = cs'$,   wobei s' derjenige Speicher ist, der durch Ausführung von C in der Umgebung ρ aus dem Speicher s entsteht.

$\mathcal{E}[\![E]\!]\rho ks = kes'$,   wobei e der Wert von E in der Umgebung ρ und bzgl. dem Speicher s ist und s' der Speicher, der durch Berechnung von e aus s entsteht.

$\mathcal{D}[\![D]\!]\rho us = u\rho's'$,   wobei ρ' die durch D definierte Umgebung ist und s' derjenige Speicher, der durch die Deklaration D aus s entsteht.

Jede Semantikfunktion übergibt also im Normalfall nach Anwendung auf eine syntaktische Klausel ihre Ergebnisse an ihr drittes Argument, welches gerade die entsprechende Fortsetzung ist.

4.3.9   Fortsetzungstransformationen

Gewisse Hilfsfunktionen werden im Rahmen der Standardsemantik gerne als *Fortsetzungstransformationen* definiert, um sie bei der Definition der Semantikfunktionen elegant verwenden zu können. Als Beispiel dafür seien hier die Hilfsfunktionen, die im Umgang mit dem neuen Speicherkonzept nötig sind, vorgestellt. Es handelt sich um

- eine Funktion *cont*, die den Inhalt eines Speicherplatzes ermittelt,

- eine Funktion *update*, die einen Speicherplatz neu belegt,

- eine Funktion $\underline{ref}$, die den Wert eines Ausdruckes in einem neuen Speicherplatz ablegt,

- eine Funktion $\underline{deref}$, die einen Wert dereferenziert, d.h. angewendet auf eine Konstante, wird diese übergeben, aber angewendet auf eine Adresse, wird der Inhalt des entsprechenden Speicherplatzes übergeben, und schließlich

- eine Funktion $D?$ zu jedem Bereich D, die ein Argument nur dann weiterreicht, wenn es aus dem Bereich D ist, und andernfalls eine Fehlermeldung erzeugt.

Formal sind diese Funktionen wie folgt definiert:

- $\underline{cont} : EC \longrightarrow EC$
  $\underline{cont}\ k = \lambda es.\underline{is}_{LOC}e \longrightarrow (se = \underline{frei} \longrightarrow \underline{Fehler},\ k(se)s),\ \underline{Fehler}$

- $\underline{update} : LOC \longrightarrow CC \longrightarrow EC$
  $\underline{update}\ lc = \lambda es.\underline{is}_{SV}e \longrightarrow cs\,[e/l]\,,\ \underline{Fehler}$

- $\underline{ref} : EC \longrightarrow EC$
  $\underline{ref}\ k = \lambda es.\underline{new}\ s = \underline{Fehler} \longrightarrow \underline{Fehler},\ \underline{update}(\underline{new}\ s)(k(\underline{new}\ s))es$

- $\underline{deref} : EC \longrightarrow EC$
  $\underline{deref}\ k = \lambda es.\underline{is}_{LOC}e \longrightarrow \underline{cont}\ kes,\ kes$

- $D? : EC \longrightarrow EC$
  $D?\ k = \lambda es.\underline{is}_{D}e \longrightarrow kes,\ \underline{Fehler}$

Mit der speziellen Fehlerfortsetzung

- $\underline{err} : CC$
  $\underline{err} = \lambda s.\underline{Fehler}$

läßt sich die Funktion $D?$ noch vereinfachen zu:

- $D?\ k = \lambda e.\underline{is}_{D}e \longrightarrow ke,\ \underline{err}$

4.3.10 Verallgemeinerung der Wertzuweisung

Bisher wurde nur eine einfache Form der Wertzuweisung behandelt, nämlich

$$I := E\ .$$

In einigen Programmiersprachen sind jedoch auch auf der linken Seite der Zuweisung allgemeinere Ausdrücke erlaubt.

Beispiel 4.15

$$x \; := \; \text{if } a > b \text{ then } a \text{ else } b;$$
$$(\text{if } a > b \text{ then } x \text{ else } y) \; := \; c$$

$\square$

Man erkennt an obigem Beispiel, daß auf beiden Seiten der Wertzuweisung Ausdrücke von gleicher syntaktischer Struktur auftreten, so daß die entspechende Syntaxregel

$$E_1 := E_2$$

lauten könnte. Semantisch müssen jedoch Ausdrücke auf der linken und rechten Seite einer Zuweisung unterschiedlich behandelt werden. Nennen wir den Wert, den die Berechnung des *linken* Ausdruckes liefert, L-Wert und denjenigen des *rechten* Ausdruckes R-Wert, dann soll natürlich der L-Wert eine Adresse sein und der R-Wert ein speicherbarer Wert. Dieser unterschiedlichen Semantik gleichartiger Ausdrücke kann man nur durch zwei verschiedene Semantikfunktionen Rechnung tragen. Anstelle von $\mathcal{E}$ verwendet man die Funktion $\mathcal{R}$ bzw. $\mathcal{L}$ aus dem Bereich $EXP \longrightarrow ENV \longrightarrow EC \longrightarrow CC$.

$$\mathcal{R}\llbracket E \rrbracket \rho k \; = \; \mathcal{E}\llbracket E \rrbracket \rho \; (\underline{deref} \; k)$$
$$\mathcal{L}\llbracket E \rrbracket \rho k \; = \; \mathcal{E}\llbracket E \rrbracket \rho \; (LOC? \; k)$$

Mit diesen beiden Funktionen kann nun die Semantikfunktion für die verallgemeinerte Wertzuweisung recht einfach definiert werden:

$$\mathcal{C}\llbracket E_1 := E_2 \rrbracket \rho c = \mathcal{L}\llbracket E_1 \rrbracket \rho \; \lambda l . \mathcal{R}\llbracket E_2 \rrbracket \; \rho; \; \underline{update} \; l; \; c \; .$$

Eine Beispielrechnung dazu findet man im Anschluß an die Definition der Semantik von $PASCAL_0$ in Abschnitt 4.4.

4.3.11   Standardsemantik von Prozeduren und Funktionen

Das letzte Thema, das im Rahmen der Entwicklung der Standardsemantik angesprochen werden soll, ist die semantische Beschreibung eines einfachen Prozedur- und Funktionsprozedurkonzeptes. Es sollen geeignete semantische Bereiche $PROC$ und FUN konstruiert werden, die die Semantik einfacher Prozeduren bzw. Funktionen, wie sie im Zusammenhang mit Deklarationen in Unterabschnitt 4.3.7 vorgestellt wurden, enthalten können.

Syntaktisch lauten die Prozedur- und Funktionsprozedurdeklarationen

$$\text{procedure } P(I); C \text{ bzw. function } F(I); E \; .$$

Die Einschränkung auf genau einen Parameter sei hier gemacht, um die Bereichsdefinitionen zunächst möglichst einfach zu halten. Die Behandlung verallgemeinerter

Prozedurkonzepte findet man in Abschnitt 4.5.

Die Wirkung von Aufrufen der Form $P(E_1)$ bzw. $F(E_1)$ läßt sich wie folgt beschreiben: Zunächst soll der Ausdruck E_1 bei vorliegendem Speicher s ausgewertet werden. Das Ergebnis davon ist ein ausdrückbarer Wert e und ein veränderter Speicher s'. Sodann kann bei Speicher s' die Anweisung C ausgeführt bzw. der Ausdruck E berechnet werden, wobei während dieses Vorganges die Bindung von I an den Wert e gültig ist. Die Antwort auf die Frage, ob an die Variable I der R- oder L-Wert von E_1 gebunden wird, hängt von dem vereinbarten Parameterübergabemodus ab. Hier soll zunächst die einfache Semantikfunktion $\mathcal{E}$ zur Berechnung der aktuellen Parameter verwendet werden, d.h. e ist der Wert von E_1 bzgl. der Bindungen der auftretenden Variablen in der aktuellen Umgebung. Weitere Übergabemechanismen werden ebenfalls in Abschnitt 4.5 untersucht.

Der Bereich $PROC$ soll nun so konstruiert werden, daß seine Objekte die Semantik von Prozeduren geeignet repräsentieren. Ein Element aus dem Bereich $PROC$ soll bei gegebener Fortsetzung (Semantik des Programmrestes hinter einem Aufruf) zu einem ausdrückbaren Wert (dem aktuellen Parameter) und einem vorliegenden Speicher eine neue Ausgabe bestimmen, d.h.

$$PROC = CC \longrightarrow EV \longrightarrow STORE \longrightarrow ANS$$

oder abgekürzt

$$PROC = CC \longrightarrow EC \ .$$

Nun lautet die Semantik der Prozedurdeklaration:

$$\mathcal{D} \llbracket \textbf{procedure } P(I); C \rrbracket \rho u \ = \ u \left[p/P \right], \text{ wobei}$$
$$p \ = \ \lambda ce.\mathcal{C} \llbracket C \rrbracket \rho \left[e/I \right] c \ .$$

Die Semantik eines Prozeduraufrufes kann man jetzt wie folgt formalisieren:

$$\mathcal{C} \llbracket P(E) \rrbracket \rho cs = \mathcal{E} \llbracket E \rrbracket \rho \ \lambda es.\rho Pces \ .$$

Um eine Fehlermeldung zu erzeugen für den Fall, daß die Variable P in der Umgebung ρ nicht an einen Prozedurwert aus $PROC$ gebunden ist, kann die Semantik eines Aufrufes noch verbessert werden zu:

$$\mathcal{C} \llbracket P(E) \rrbracket \rho c = \mathcal{E} \llbracket P \rrbracket \rho; \ PROC? \ \lambda p.\mathcal{E} \llbracket E \rrbracket \rho; \ pc \ .$$

Diese Definition läßt sich lesen als: Bestimme den Wert von P in der Umgebung ρ. Wenn dies ein Prozedurwert p aus dem Bereich $PROC$ ist, reiche ihn weiter und berechne die Semantik von E in der Fortsetzung pc.

Diese Konstruktion läßt sich analog für Funktionsprozeduren durchführen:

$$FUN = EC \longrightarrow EC \ .$$

$$\mathcal{D} \llbracket \textbf{function } F(I); E \rrbracket \rho u \ = \ u \left[f/F \right], \text{ wobei}$$
$$f \ = \ \lambda ke.\mathcal{E} \llbracket E \rrbracket \rho \left[e/I \right] k \ .$$

Die Semantik eines Funktionsaufrufes lautet entsprechend:

$$\mathcal{E}[\![F(E)]\!]\rho k = \mathcal{E}[\![F]\!]\rho;\ FUN?\ \lambda f.\mathcal{E}[\![E]\!]\rho;\ fk\ .$$

Dies ist eine sehr einfache Form von Funktionsprozeduren. Normalerweise besteht eine solche aus einer Anweisung C, gefolgt von einem Ausdruck E, dessen Wert nach Ausführung von C den Wert eines Aufrufes liefert. Eine semantische Behandlung dieser Verallgemeinerung findet sich in Abschnitt 4.5.

Mit diesen Definitionen endet hier die Beschreibung der Methode der Standardsemantik. Die denotationelle Semantik einer beliebigen, sequentiellen Programmiersprache kann nun vollständig und einheitlich im Rahmen der Standardsemantik beschrieben werden. Damit hat man ein geeignetes Werkzeug zur Definition und zum Vergleich von Programmiersprachen entwickelt.

4.4   Die Standardsemantik der Sprache $PASCAL_0$

In diesem Abschnitt sollen alle bisher entwickelten Techniken anhand einer umfangreicheren Sprache, $PASCAL_0$, angewendet werden. Diese Sprache wird im Rahmen der Standardsemantik vollständig spezifiziert. $PASCAL_0$ ist im wesentlichen eine eingeschränkte Version der von Wirth entwickelten Sprache $PASCAL$ (siehe Jensen und Wirth [55]).

Es wird zunächst eine kompakte Sprachdefinition vorgestellt. Anschließend werden einige Erläuterungen gegeben und eine Beispielberechnung durchgeführt. Die Sprache $PASCAL_0$ wird für alle späteren Betrachtungen stets denjenigen Rahmen darstellen, in den alle weiteren Konzepte eingebettet werden.

4.4.1   Syntax von $PASCAL_0$

Syntaktische Bereiche mit dazugehörigen Metavariablen

Primitive Bereiche

    KON Bereich aller Konstanten K

    ID Bereich aller Bezeichner I, P, F

    OP Bereich aller 2-stelligen Operationen O

Zusammengesetzte Bereiche

    EXP Bereich aller Ausdrücke E

    COM Bereich aller Anweisungen C

    DEC Bereich aller Deklarationen D

    $PROG$ Bereich aller Programme P

Syntaktische Klauseln

$$E \ ::= \ K \mid I \mid E_1 \ O \ E_2 \mid \textbf{read} \mid E_1(E_2) \mid \textbf{if } E \textbf{ then } E_1 \textbf{ else } E_2$$

$$C \ ::= \ \textbf{skip} \mid E_1 := E_2 \mid C_1; C_2 \mid \textbf{if } E \textbf{ then } C_1 \textbf{ else } C_2 \mid \textbf{while } E \textbf{ do } C \mid$$
$$\textbf{write } E \mid E_1(E_2) \mid \textbf{begin } D; C \textbf{ end}$$

$$D \ ::= \ \textbf{const } I = E \mid \textbf{var } I = E \mid \textbf{procedure } P(I); C \mid \textbf{function } F(I); E \mid$$
$$D_1; D_2$$

$$P \ ::= \ C$$

4.4.2 Semantik von $PASCAL_0$

Semantische Bereiche mit dazugehörigen Metavariablen

LOC	Bereich der Speicherplatzadressen l	
BV	$= \mathbb{Z}_\perp + \overline{BOOL} + \cdots$	Basiswerte e
DV	$= LOC + RV + PROC + FUN$	bezeichenbare Werte d
SV	$= FILE + RV$	speicherbare Werte v
EV	$= DV$	ausdrückbare Werte e
RV	$= BV$	R-Werte e
$FILE$	$= RV^*$	Dateien (Files) f
ENV	$= ID \longrightarrow (DV + \{\underline{ungebunden}\}_\perp)$	Umgebungen ρ
$STORE$	$= LOC \longrightarrow (SV + \{\underline{frei}\}_\perp)$	Speicher s
CC	$= STORE \longrightarrow ANS$	Anweisungsfortsetzungen c
EC	$= EV \longrightarrow CC$	Ausdrucksfortsetzungen k
DC	$= ENV \longrightarrow CC$	Deklarationsfortsetzungen u
$PROC$	$= CC \longrightarrow EC$	Prozedurwerte p
FUN	$= EC \longrightarrow EC$	Funktionswerte f
ANS	$= \{\underline{Fehler}, \underline{Stop}\}_\perp + (RV \times ANS)$	Ausgaben a

Annahme: Der Bereich der Adressen LOC enthält einen Speicherplatz *input*, dessen Inhalt die Eingabedatei ist.

Semantikfunktionen

Gegeben seien die Funktionen

$$\mathcal{B} \; : \; KON \; \longrightarrow \; BV \quad \text{und}$$

$$\mathcal{O} \; : \; OP \quad \longrightarrow \; (RV \times RV) \longrightarrow EC \longrightarrow CC \; .$$

Nichtelementare Funktionen sind:

$$\mathcal{E} \; : \; EXP \quad \longrightarrow \; ENV \longrightarrow EC \longrightarrow CC$$

$$\mathcal{R} \; : \; EXP \quad \longrightarrow \; ENV \longrightarrow EC \longrightarrow CC$$

$$\mathcal{C} \; : \; COM \quad \longrightarrow \; ENV \longrightarrow CC \longrightarrow CC$$

$$\mathcal{D} \; : \; DEC \quad \longrightarrow \; ENV \longrightarrow DC \longrightarrow CC$$

$$\mathcal{P} \; : \; PROG \quad \longrightarrow \; FILE \longrightarrow ANS$$

Semantische Klauseln

1. Semantik der Ausdrücke

(a) $\quad \mathcal{E}[\![K]\!]\rho k = k(\mathcal{B}[\![K]\!])$

(b) $\quad \mathcal{E}[\![I]\!]\rho k = (\rho I = \underline{ungebunden}) \longrightarrow \underline{err},\; k(\rho I)$

(c) $\quad \mathcal{E}[\![E_1 \, O \, E_2]\!]\rho k = \mathcal{R}[\![E_1]\!]\rho \; \lambda e_1.\mathcal{R}[\![E_2]\!]\rho \; \lambda e_2.\mathcal{O}[\![O]\!]\langle e_1, e_2\rangle k$

(d) $\quad \mathcal{E}[\![\text{read}\,]\!]\rho k s \; = \; \underline{null}(s\;input) \longrightarrow \underline{Fehler},$

$$k(\underline{hd}(s\;input))\; s\left[\underline{tl}(s\;input)/input\right]$$

(e) $\quad \mathcal{E}[\![E_1(E_2)]\!]\rho k = \mathcal{E}[\![E_1]\!]\rho;\; FUN?\; \lambda f.\mathcal{E}[\![E_2]\!]\rho;\; fk$

(f) $\quad \mathcal{E}[\![\text{if } E \text{ then } E_1 \text{ else } E_2]\!]\rho k = \mathcal{R}[\![E]\!]\rho;\; \overline{BOOL}?\; \underline{cond}\langle\mathcal{E}[\![E_1]\!]\rho k, \mathcal{E}[\![E_2]\!]\rho k\rangle$

2. R-Semantik der Ausdrücke

(a) $\quad \mathcal{R}[\![E]\!]\rho k = \mathcal{E}[\![E]\!]\rho;\; \underline{deref};\; RV?\; k$

3. Semantik der Anweisungen

(a) $\quad \mathcal{C}[\![\text{skip}\,]\!]\rho c = c$

(b) $\quad \mathcal{C}[\![E_1 := E_2]\!]\rho c = \mathcal{E}[\![E_1]\!]\rho;\; LOC?\; \lambda l.\mathcal{R}[\![E_2]\!]\rho;\; \underline{update}\; l\; c$

(c) $\mathcal{C}[\![C_1; C_2]\!]\rho c = \mathcal{C}[\![C_1]\!]\rho;\ \mathcal{C}[\![C_2]\!]\rho c$

(d) $\mathcal{C}[\![\textbf{if } E \textbf{ then } C_1 \textbf{ else } C_2]\!]\rho c =$

      $\mathcal{R}[\![E]\!]\rho;\ \overline{BOOL}?;\ \underline{cond}\langle \mathcal{C}[\![C_1]\!]\rho c, \mathcal{C}[\![C_2]\!]\rho c\rangle$

(e) $\mathcal{C}[\![\textbf{while } E \textbf{ do } C]\!]\rho c =$

      $\mathcal{R}[\![E]\!]\rho;\ \overline{BOOL}?;\ \underline{cond}\langle \mathcal{C}[\![C;\textbf{while } E \textbf{ do } C]\!]\rho c, c\rangle$

(f) $\mathcal{C}[\![\textbf{write } E]\!]\rho c = \mathcal{R}[\![E]\!]\rho\ \lambda es.\langle e, cs\rangle$

(g) $\mathcal{C}[\![E_1(E_2)]\!]\rho c = \mathcal{E}[\![E_1]\!]\rho;\ PROC?\ \lambda p.\mathcal{E}[\![E_2]\!]\rho;\ pc$

(h) $\mathcal{C}[\![\textbf{begin } D; C \textbf{ end }]\!]\rho c = \mathcal{D}[\![D]\!]\rho\ \lambda\rho'.\mathcal{C}[\![C]\!]\rho[\rho']\ c$

4. Semantik der Deklarationen

(a) $\mathcal{D}[\![\textbf{const } I = E]\!]\rho u = \mathcal{R}[\![E]\!]\rho\ \lambda e.u(e/I)$

(b) $\mathcal{D}[\![\textbf{var } I = E]\!]\rho u = \mathcal{R}[\![E]\!]\rho;\ \underline{ref}\ \lambda l.u(l/I)$

(c) $\mathcal{D}[\![\textbf{procedure } P(I); C]\!]\rho u = u(\lambda ce.\mathcal{C}[\![C]\!]\rho\,[e/I]\,c/P)$

(d) $\mathcal{D}[\![\textbf{function } F(I); E]\!]\rho u = u(\lambda ke.\mathcal{E}[\![E]\!]\rho\,[e/I]\,k/F)$

(e) $\mathcal{D}[\![D_1; D_2]\!]\rho u = \mathcal{D}[\![D_1]\!]\rho\ \lambda\rho_1.\mathcal{D}[\![D_2]\!]\rho[\rho_1]\ \lambda\rho_2.u(\rho_1[\rho_2])$

5. Semantik der Programme

$\mathcal{P}[\![C]\!]\ i = \mathcal{C}[\![C]\!]()(\lambda s.\underline{Stop})(i/\underline{input})$

4.4.3   Bemerkungen zur Definition von $PASCAL_0$

<u>Primitive und zusammengesetzte syntaktische Bereiche</u>

Ein syntaktischer Bereich mit beliebig mächtiger und strukturierter Grundmenge ist aus der Sicht der Standardsemantik genau dann primitiv, wenn die dazugehörige Semantikfunktion in direkter Weise für jedes seiner Objekte definiert ist.

Beispiel 4.16

- *Der Bereich NUM, der aus dem Nichtterminal N mit der BNF-Definition*

$$N = \underline{0} \mid \underline{1} \mid \underline{2} \mid \cdots$$

erzeugt wird, ist primitiv, wenn die entsprechende Semantikfunktion durch eine Gleichung definiert ist, z.B.

$$\mathcal{E}[\![\underline{n}]\!]\rho = n \quad \text{für alle } n \in I\!N .$$

Bei einer solchen Definition geht man davon aus, daß die Zuordnung von Zahldarstellungen zu ihren semantischen Werten elementar ist, und unterscheidet häufig syntaktische Objekte in der Schreibweise nicht mehr von den entsprechenden semantischen Werten.

- *Der Bereich NUM mit einer BNF-Definition der Form*

$$N = \underline{0} \mid \underline{1} \mid N\underline{0} \mid N\underline{1}$$

ist ein zusammengesetzter Bereich, wenn die Semantikfunktion induktiv über den Aufbau einer Zahl definiert ist, z.B.

$$
\begin{aligned}
\mathcal{E}[\![\underline{0}]\!]\rho &= 0 \\
\mathcal{E}[\![\underline{1}]\!]\rho &= 1 \\
\mathcal{E}[\![N\underline{0}]\!]\rho &= 2 \cdot \mathcal{E}[\![N]\!]\rho \\
\mathcal{E}[\![N\underline{1}]\!]\rho &= 2 \cdot \mathcal{E}[\![N]\!]\rho + 1
\end{aligned}
$$

Bei dieser Definition wird also nur die Abbildung von $\underline{0}$ und $\underline{1}$ auf 0 bzw. 1 als elementar vorausgesetzt.

$\square$

Syntaktische Klauseln

Die meisten Syntaxformen sind bereits von der Sprache WHILE her bekannt. Anstatt wie bisher zwischen arithmetischen Ausdrücken, booleschen Termen u.a. zu unterscheiden, wird in $PASCAL_0$ nur *eine* Menge von Ausdrücken betrachtet, so daß die Typinformation syntaktisch verlorengeht, d.h. beliebige Konstruktionen wie

$$\text{true } + 4 \quad \text{oder} \quad \text{if } 3 - 7 \text{ then } C_1 \text{ else } C_2$$

sind zwar syntaktisch erlaubt, werden aber von der Semantikfunktion $\mathcal{O}$ als fehlerhaft erkannt.

Neu ist auch die allgemeine Form der Prozedur- und Funktionsaufrufe. Anstelle von $P(E)$ und $F(E)$ werden beliebige Ausdrücke der Form $E_1(E_2)$ zugelassen. Dies kann motiviert werden durch die Überlegung, daß es manchmal sinnvoll ist, einen Ausdruck zu verwenden, der sich zu einem Prozedur- oder Funktionsnamen berechnet, z.B. wenn der aktuelle Parameter für einen Aufruf bestimmt ist, die anzuwendende Prozedur jedoch vom aktuellen Speicher abhängt, etwa:

$$(\textbf{if } I = 1 \textbf{ then } P \textbf{ else } Q)(7) \ .$$

Semantische Bereiche

Der Grund, warum die Bereiche EV und RV explizit definiert sind, anstatt überall dort, wo ihre Namen vorkommen, entsprechend DV bzw. BV einzusetzen, liegt darin, daß man zum Ausdruck bringen möchte, daß in dieser Sprache alle bezeichenbaren Werte auch ausdrückbar sind und alle Basiswerte auch Rechtswerte sind. Man möchte dennoch diese Bereiche konzeptuell unterscheiden, d.h. wenn ein Bezeichner x in der Umgebung ρ an die Adresse l gebunden ist, so ist x in diesem Fall ein bezeichenbarer Wert, und wenn x als Ausdruck auf der rechten Seite einer Anweisung der Form $I := x$ vorkommt und sich die Semantik $\mathcal{E}[\![x]\!]\rho$ zu l berechnet, dann ist l in diesem Fall ein ausdrückbarer Wert.

Semantikfunktionen

Die Semantikfunktion $\mathcal{O}$ für die zweistelligen Operationen würde man zunächst im Bereich

$$OP \longrightarrow (RV \times RV) \longrightarrow RV$$

spezifizieren. Mit dem hier angegebenen Typ

$$OP \longrightarrow (RV \times RV) \longrightarrow EC \longrightarrow CC$$

wird jedoch gleich die Semantik der Operationssymbole als fortsetzungstransformierende Funktionen einheitlich dargestellt.

Semantische Klauseln

Für Umgebungen und Speicher wird eine Standardabkürzung verwendet, die einer Initialisierung aller nicht spezifizierten Variablen mit *ungebunden* bzw. *frei* entspricht.

Insbesondere definiert man:

$$d_1, \ldots, d_n / I_1, \ldots, I_n \ = \lambda I. \ \begin{aligned} &I = I_1 \longrightarrow d_1, \\ &I = I_2 \longrightarrow d_2, \\ &\qquad \vdots \\ &I = I_n \longrightarrow d_n, \\ &\underline{\textit{ungebunden}} \end{aligned}$$

und

$$v_1, \ldots, v_n / l_1, \ldots, l_n \; = \lambda l. \; \begin{aligned} &l = l_1 \longrightarrow v_1, \\ &l = l_2 \longrightarrow v_2, \\ &\quad\vdots \\ &l = l_n \longrightarrow v_n, \\ &\underline{frei} \end{aligned}$$

für alle $I_i \in ID$, $d_i \in DV$ und $v_i \in SV$ mit $1 \leq i \leq n$, $n \in I\!N$. Insbesondere gilt:

$$() \in ENV \text{ mit } () = \lambda I.\underline{ungebunden}$$

und

$$() \in STORE \text{ mit } () = \lambda l.\underline{frei} \; .$$

Diese Schreibweise läßt sich mit derjenigen zur Modifikation von Funktionen (vgl. Abschnitt 4.1.5) so kombinieren, daß aus Umgebungen ρ und ρ' die *erweiterte Umgebung* $\rho[\rho']$ entsteht, die durch die Gleichung

$$\rho[\rho'] \; = \; \lambda I. \; (\rho'I = \underline{ungebunden}) \longrightarrow \rho I, \; \rho'I$$

definiert ist.

4.4.4   Berechnung der denotationellen Semantik eines Beispielprogramms

Die semantischen Klauseln der Sprache $PASCAL_0$ sollen nun anhand eines kleinen Beispiels angewendet werden.

Gegeben sei folgendes $PASCAL_0$-Programm:

$$P \left\{ \begin{array}{l} \textbf{begin} \\ D \, \{ \; \textbf{var } x = 1; \\ C \left\{ \begin{array}{l} C_1 \{ \; x \; := \; x + 2; \\ C_2 \{ \; \textbf{write } x \end{array} \right. \\ \textbf{end} \end{array} \right.$$

Die Semantik von P, angewendet auf die Eingabedatei $\langle \rangle$, läßt sich wie folgt berechnen:

$$\mathcal{P}[\![P]\!]\ \langle\rangle$$

$$= \mathcal{C}[\![P]\!]()(\lambda s.\underline{Stop})(\langle\rangle/\underline{input}) \qquad\qquad 5$$

$$= \mathcal{D}[\![D]\!]()\ \underbrace{(\lambda\rho.\mathcal{C}[\![C]\!]\rho\ \lambda s.\underline{Stop}}_{u})(\langle\rangle/\underline{input}) \qquad\qquad 3\text{h}$$

$$= \mathcal{R}[\![1]\!]()\ (\underline{ref}\ \lambda l.u(l/x))\ (\langle\rangle/\underline{input}) \qquad\qquad 4\text{b}$$

$$= \mathcal{E}[\![1]\!]()\ (\underline{deref};\ RV?;\ \underline{ref}\ \lambda l.u(l/x))\ (\langle\rangle/\underline{input}) \qquad\qquad 2\text{a}$$

$$= (\underline{deref};\ RV?;\ \underline{ref}\ \lambda l.u(l/x))\ 1\ (\langle\rangle/\underline{input}) \qquad\qquad 1\text{a}$$

$$= (\underline{ref}\ \lambda l.u(l/x))\ 1\ (\langle\rangle/\underline{input}) \qquad\qquad \text{Def. von } \underline{deref} \text{ und } RV?$$

$$= \underline{update}\ l_1\ u(l_1/x)\ 1\ (\langle\rangle/\underline{input}) \qquad\qquad \text{Def. von } \underline{ref} \text{ und } \beta\text{-Red.}$$

$$= \underline{is}_{SV}\ 1 \longrightarrow u(l_1/x)\ \underbrace{(\langle\rangle,1/\underline{input},l_1)}_{s},\ \underline{Fehler} \qquad\qquad \text{Def. von } \underline{update}$$

$$= u(l_1/x)\ s \qquad\qquad \text{Def. von } SV$$

$$= (\lambda\rho.\mathcal{C}[\![C]\!]\rho\ \lambda s.\underline{Stop})(l_1/x)\ s$$

$$= \mathcal{C}[\![C]\!](l_1/x)\ (\lambda s.\underline{Stop})\ s \qquad\qquad \beta\text{-Reduktion}$$

$$= \mathcal{C}[\![C_1]\!](l_1/x)\ \underbrace{(\mathcal{C}[\![C_2]\!](l_1/x)\ \lambda s.\underline{Stop})}_{c}\ s \qquad\qquad 3\text{c}$$

$$= \mathcal{E}[\![x]\!](l_1/x)\ (LOC?\ \lambda l.\mathcal{R}[\![x+2]\!](l_1/x);\ \underline{update}\ l\ c)\ s \qquad\qquad 3\text{b}$$

$$= (LOC?\ \lambda l.\mathcal{R}[\![x+2]\!](l_1/x);\ \underline{update}\ l\ c)\ l_1\ s \qquad\qquad 1\text{b}$$

$$= (\mathcal{R}[\![x+2]\!](l_1/x);\ \underline{update}\ l_1\ c)\ s \qquad\qquad \text{Def. von } LOC? \text{ und } \beta\text{-Red}$$

$$= (\mathcal{E}[\![x+2]\!](l_1/x);\ \underbrace{\underline{deref};\ RV?;\ \underline{update}\ l_1\ c}_{k})\ s \qquad\qquad 2\text{a}$$

$$= (\mathcal{R}[\![x]\!](l_1/x)\ \underbrace{(\lambda e_1.\mathcal{R}[\![2]\!](l_1/x)\ \lambda e_2.\mathcal{O}[\![+]\!]\langle e_1,e_2\rangle\ k)}_{k_1})\ s \qquad 1\text{c}$$

$$= \mathcal{E}[\![x]\!](l_1/x)\ (\underline{deref};\ RV?\ k_1)\ s \qquad\qquad 2\text{a}$$

$$= (\underline{deref};\ RV?\ k_1)\ l_1\ s \qquad\qquad 1\text{b}$$

$$= \underline{cont}\ (RV?\ k_1)\ l_1\ s \qquad\qquad \text{Def. von } \underline{deref}$$

$$= (RV?\ k_1)\ 1\ s \qquad\qquad \text{Def. von } \underline{cont}$$

$$= k_1 \, 1 \, s \qquad\qquad \text{Def. von } RV?$$

$$= \mathcal{R}[\![2]\!](l_1/x) \; \underbrace{(\lambda e_2.\mathcal{O}[\![+]\!]\langle 1, e_2\rangle \, k)}_{k_2} \; s \qquad\qquad \beta\text{-Reduktion}$$

$$= \mathcal{E}[\![2]\!](l_1/x); \; (\underline{deref}; \; RV? \, k_2) \, s \qquad\qquad \text{2a}$$

$$= (\underline{deref}; \; RV? \, k_2) \, 2 \, s \qquad\qquad \text{1a}$$

$$= k_2 \, 2 \, s \qquad\qquad \text{Def. von } \underline{deref} \text{ und } RV?$$

$$= \mathcal{O}[\![+]\!]\langle 1, 2\rangle \, k \, s \qquad\qquad \beta\text{-Reduktion}$$

$$= k \, 3 \, s \qquad\qquad \text{Def. von } \mathcal{O}$$

$$= (\underline{deref}; \; RV?; \; \underline{update} \, l_1 \, c) \, 3 \, s$$

$$= \underline{update} \, l_1 \, c \, 3 \, s \qquad\qquad \text{Def. von } \underline{deref} \text{ und } RV?$$

$$= c \, s \, [3/l_1] \qquad\qquad \text{Def. von } \underline{update} \text{ und } \beta\text{-Red.}$$

$$= (\mathcal{C}[\![C_2]\!](l_1/x) \, \lambda s.\underline{Stop}) \, s \, [3/l_1]$$

$$= (\mathcal{C}[\![\mathbf{write} \, x]\!](l_1/x) \, \lambda s.\underline{Stop}) \; \underbrace{(\langle\rangle, 3/\underline{input}, l_1)}_{s_1}$$

$$= \mathcal{R}[\![x]\!](l_1/x) \; \underbrace{(\lambda es.\langle e, \underline{Stop}\rangle)}_{k_3} \; s_1 \qquad\qquad \text{3f}$$

$$= \mathcal{E}[\![x]\!](l_1/x) \, (\underline{deref}; \; RV? \, k_3) \, s_1 \qquad\qquad \text{2a}$$

$$= (\underline{deref}; \; RV? \, k_3) \, l_1 \, s_1 \qquad\qquad \text{1b}$$

$$= \underline{cont} \, (RV? \, k_3) \, l_1 \, s_1 \qquad\qquad \text{Def. von } \underline{deref}$$

$$= (RV? \, k_3) \, 3 \, s_1 \qquad\qquad \text{Def. von } \underline{cont}$$

$$= k_3 \, 3 \, s_1 \qquad\qquad \text{Def. von } RV?$$

$$= \langle 3, \underline{Stop}\rangle \qquad\qquad \beta\text{-Reduktion}$$

Bereits dieses kleine Beispiel zeigt, daß die Standardsemantik einer Sprache nicht unmittelbar dafür geeignet ist, Programmläufe zu simulieren. Die entstehenden teilausgewerteten λ-Ausdrücke blähen sich stark auf und wären ohne eine abkürzende Schreibweise gar nicht mehr zu verstehen. Nun liegt die Idee nahe, den

Prozeß der λ-Auswertungen zu automatisieren und die semantischen Gleichungen eventuell so zu transformieren, daß eine Auswertung effizienter werden kann. Ein erstes solches System wurde von Mosses in Aarhus entwickelt (s. [95] und [96]). Weitere Ansätze, aus der denotationellen Semantik, Interpreter und Compiler zu erzeugen, sollen in Kapitel 6 behandelt werden.

Die hier durchgeführte Transformation der Semantikbeschreibung von P ist natürlich auch als formaler Beweis für die Aussage: „P, angewendet auf die leere Eingabe, terminiert mit der Ausgabe $\langle 3, \underline{Stop} \rangle$" zu verstehen.

4.5 Weitere Sprachkonzepte, analysiert im Rahmen der Standardsemantik

In diesem Abschnitt wird die Behandlung von Sprüngen und Abbrüchen diskutiert. Ferner werden einige Verallgemeinerungen des Prozedur- und Funktionskonzeptes besprochen. Schließlich wird die denotationelle Semantik einiger wichtiger Datenstrukturen wie **array** , **record** und **file** beschrieben.

4.5.1 Sprünge und Abbrüche

Die einfachste Form des Programmabbruchs wurde bereits mehrfach in der Semantikdefinition der Sprache $PASCAL_0$ verwendet, und zwar im Zusammenhang mit der *Fehlerbehandlung*. Diese tritt *explizit* in den Semantikklauseln 1b und 1d auf. Dort führt die Berechnung des Wertes eines Bezeichners, der in der Umgebung ungebunden ist, bzw. die Ausführung eines Lesebefehls bei leerer Eingabe zu einer Fehlermeldung. In beiden Fällen führt das Auftreten eines Fehlers zu einem Abbruch des Programmlaufes, der semantisch durch ein Ignorieren der aktuellen Fortsetzung beschrieben wird. Eine *implizite* Fehlerbehandlung steckt auch in den Hilfsfunktionen $\underline{cont}$, *update*, $\underline{ref}$, $\underline{deref}$ und $D?$.

Eine erste Verallgemeinerung der Abbruchmöglichkeit wäre ein programmgesteuerter Abbruchbefehl der Form

if E **then stop** .

Im allgemeinen möchte man jedoch, daß solche Abbrüche zu einem bestimmten Kommentar und eventuell zu einer Endberechnung führen. Dies ist in Form einer **trap** - Anweisung möglich. Eine Anweisung der Form

trap C $I_1 : C_1, \ldots, I_n : C_n$ **end**

bedeutet, daß in der Anweisung C Abbrüche der Form

escapeto I_ν

auftreten können, deren Ausführung unmittelbar die Ausführung von C_ν auslöst und damit die Ausführung der gesamten **trap** - Anweisung beendet.

Dazu erweitert man im Rahmen der Standardsemantik die Menge DV der bezeichenbaren Werte um die Anweisungsfortsetzungen CC, also

$$DV = \cdots + CC + \cdots \,,$$

und erklärt die Semantik der neuen Anweisungen durch die semantischen Klauseln

$$\mathcal{C}\,[\![\,\textbf{trap } C\ I_1 : C_1, \ldots, I_n : C_n \textbf{ end }]\!]\,\rho c = \mathcal{C}\,[\![\,C\,]\!]\,\rho\,[\mathcal{C}\,[\![\,C_1\,]\!]\,\rho c \ldots \mathcal{C}\,[\![\,C_n\,]\!]\,\rho c/I_1 \ldots I_n]\,c$$

und

$$\mathcal{C}\,[\![\,\textbf{escapeto } I\,]\!]\,\rho c = \mathcal{E}\,[\![\,I\,]\!]\,\rho;\ CC?\ \lambda c.c\,.$$

Eine allgemeine Ablaufsteuerung von Programmen erlaubt die Sprunganweisung der Form

$$\textbf{goto } I \,.$$

Hat man die Bereichserweiterung der bezeichenbaren Werte wie oben vorgenommen, so läßt sich die Semantik der Sprunganweisung sofort angeben:

$$\mathcal{C}\,[\![\,\textbf{goto } I\,]\!]\,\rho c = \mathcal{E}\,[\![\,I\,]\!]\,\rho;\ CC?\ \lambda c.c\,.$$

Das Problem liegt nun darin, wie die zur Marke I gehörende Fortsetzung in der Umgebung bekannt wird. Zur Bestimmung dieser Fortsetzungen definiert man eine Funktion

$$\mathcal{J} : COM \longrightarrow ENV \longrightarrow CC \longrightarrow ENV$$

mit

$$\mathcal{J}\,[\![\,C\,]\!]\,\rho c = (c_1, \ldots, c_n/I_1, \ldots, I_n)\,,$$

falls $I_1, \ldots, I_n$ genau diejenigen Marken sind, die in C vorkommen, und $c_1, \ldots, c_n$ die entsprechenden Fortsetzungen.

Nun läßt sich die Syntax von $PASCAL_0$ wie folgt erweitern:

$$C ::= \ldots \mid \textbf{goto } I \mid I : C \mid \ldots \,.$$

Die semantischen Klauseln zu der Funktion $\mathcal{J}$ lauten:

6. J-Semantik der Anweisungen

(a) $\mathcal{J}\,[\![\,\textbf{skip }]\!]\,\rho c = ()$

(b) $\mathcal{J}\,[\![\,E_1 := E_2\,]\!]\,\rho c = ()$

(c) $\mathcal{J}\,[\![\,C_1; C_2\,]\!]\,\rho c = \mathcal{J}\,[\![\,C_1\,]\!]\,\rho\,(\mathcal{C}\,[\![\,C_2\,]\!]\,\rho c)\,[\mathcal{J}\,[\![\,C_2\,]\!]\,\rho c]$

(d) $\mathcal{J}\,[\![\,\textbf{if } E \textbf{ then } C_1 \textbf{ else } C_2\,]\!]\,\rho c = \mathcal{J}\,[\![\,C_1\,]\!]\,\rho c[\mathcal{J}\,[\![\,C_2\,]\!]\,\rho c]$

(e) $\mathcal{J}[\![\text{while } E \text{ do } C]\!]\rho c = \mathcal{J}[\![C]\!]\rho(\mathcal{C}[\![\text{while } E \text{ do } C]\!]\rho c)$

(f) $\mathcal{J}[\![\text{write } E]\!]\rho c = ()$

(g) $\mathcal{J}[\![E_1(E_2)]\!]\rho c = ()$

(h) $\mathcal{J}[\![\text{begin } D; C \text{ end }]\!]\rho c = ()$

(i) $\mathcal{J}[\![\text{goto } I]\!]\rho c = ()$

(j) $\mathcal{J}[\![I : C]\!]\rho c = \mathcal{J}[\![C]\!]\rho c[\mathcal{C}[\![C]\!]\rho c/I]$

Bemerkungen:

- Sprünge in Ausdrücke hinein sind nicht erlaubt (siehe 6b und 6d - 6g).

- Bei gleichen Marken innerhalb einer Sequenz von Anweisungen hat die letzte Priorität vor den vorherigen (siehe 6c).

- Kommt eine Marke innerhalb einer **if** - **then** - **else** Anweisung sowohl im **then** - Zweig als auch im **else** - Zweig vor, so wird die entsprechende Stelle im **else** - Zweig angesprungen (siehe 6d).

- Bei einem Sprung in eine **while** - Schleife wird diese Schleife ab der markierten Stelle ausgeführt (siehe 6e).

- Sprünge in innere Blöcke sind nicht erlaubt (siehe 6h).

Alle diese Festlegungen sind willkürliche Konventionen und lassen sich durch einfache Modifikationen der Klauseln von $\mathcal{J}$ abändern. Wichtig dabei ist wie bei allen anderen Semantikdefinitionen auch, daß diese Form der Spezifikation eindeutig ist und im Gegensatz zu verbalen Verabredungen keinen Spielraum mehr für Interpretationen läßt.

Der letzte Punkt der Behandlung allgemeiner Spranganweisungen erfordert eine entsprechende Änderung der Semantikfunktion $\mathcal{C}$ auf der Blockanweisung und die Erweiterung von $\mathcal{C}$ auf den neuen Anweisungsklauseln:

3. Semantik der Anweisungen

(a) - (g)   wie oben

(h) $\mathcal{C}[\![\text{begin } D; C \text{ end }]\!]\rho c = \mathcal{D}[\![D]\!]\rho \,\lambda\rho'.\mathcal{C}[\![C]\!]\rho[\rho'][\rho''] \, c \, ,$
      wobei $\rho'' = \mathcal{J}[\![C]\!]\rho[\rho'][\rho''] \, c$ gilt.

$$\text{(i)} \quad \mathcal{C}[\![\textbf{goto } I]\!]\rho c = \mathcal{E}[\![I]\!]\rho;\; CC?\ \lambda c.c$$

$$\text{(j)} \quad \mathcal{C}[\![I:C]\!]\rho c = \mathcal{C}[\![C]\!]\rho c$$

An dieser Definition erkennt man, daß die Gültigkeit der Marken auf den jeweils innersten umschließenden Block begrenzt ist und daß durch die rekursive Definition von ρ'' die Marken auch noch in denjenigen Fortsetzungen, die an sie gebunden wurden, bekannt sind.

Anstelle der Definition von ρ'' mittels einer Zusatzgleichung kann man auch unter Verwendung des $\underline{fix}$-Operators die semantische Klausel für Blöcke wie folgt definieren:

$$\mathcal{C}[\![\textbf{begin } D; C \textbf{ end }]\!]\rho c = \mathcal{D}[\![D]\!]\rho\ \lambda\rho'.\mathcal{C}[\![C]\!]\rho[\rho'][\underline{fix}\ \lambda\rho''.\mathcal{J}[\![C]\!]\rho[\rho'][\rho'']\ c]\ c\ .$$

4.5.2   Verallgemeinerungen des Prozedur- und Funktionskonzeptes

Die Möglichkeiten der Variation der Semantik von Prozeduren sind so vielfältig, daß sie hier nicht vollständig behandelt werden können. Es sollen jedoch fünf Modifikationen diskutiert werden:

1. Prozeduren mit mehreren Parametern

2. Rekursive Prozeduren

3. Weitere Parameterübergabemechanismen

4. Dynamische Variablenbindung

5. Funktionsprozeduren mit Zustandstransformationen

Prozeduren mit mehreren Parametern

Syntaktisch vereinbart man Klauseln der Form:

$$E \;::= \quad \cdots \mid E(E_1,\ldots,E_n) \mid \cdots$$
$$C \;::= \quad \cdots \mid E(E_1,\ldots,E_n) \mid \cdots$$
$$D \;::= \quad \cdots \mid \textbf{procedure } P(I_1,\ldots,I_n); C \mid \textbf{function } F(I_1\ldots,I_n); E \mid \cdots$$

Zu jedem $n \in I\!N$ ist nun je ein semantischer Bereich für Prozeduren und Funktionen mit n Parametern wie folgt erklärt:

$$PROC_n \;=\; CC \longrightarrow EV^n \longrightarrow CC \;,$$
$$FUN_n \;=\; EC \longrightarrow EV^n \longrightarrow CC \;, \quad \text{wobei}$$
$$DV \;=\; \cdots + PROC_0 + PROC_1 + \cdots + FUN_0 + FUN_1 + \cdots \;.$$

Die Semantikfunktionen lassen sich nun kanonisch erweitern:

$$\mathcal{E}\,[\![E(E_1,\ldots,E_n)]\!]\,\rho k = \mathcal{E}\,[\![E]\!]\,\rho;\; FUN_n?\; \lambda f.\mathcal{E}\,[\![E_1]\!]\,\rho\,\lambda e_1.\cdots\mathcal{E}\,[\![E_n]\!]\,\rho\,\lambda e_n.fk\langle e_1,\ldots,e_n\rangle$$

$$\mathcal{C}\,[\![E(E_1,\ldots,E_n)]\!]\,\rho c = \mathcal{E}\,[\![E]\!]\,\rho;\; PROC_n?\; \lambda p.\mathcal{E}\,[\![E_1]\!]\,\rho\,\lambda e_1.\cdots\mathcal{E}\,[\![E_n]\!]\,\rho\,\lambda e_n.pc\langle e_1,\ldots,e_n\rangle$$

$$\mathcal{D}\,[\![\mathbf{procedure}\; P(I_1,\ldots,I_n);C]\!]\,\rho u = u\left[\lambda c(e_1,\ldots,e_n).\mathcal{C}\,[\![C]\!]\,\rho\,[e_1\cdots e_n/I_1\cdots I_n]\,c/P\right]$$

$$\mathcal{D}\,[\![\mathbf{function}\; F(I_1,\ldots,I_n);E]\!]\,\rho u = u\left[\lambda k(e_1,\ldots,e_n).\mathcal{E}\,[\![E]\!]\,\rho\,[e_1\cdots e_n/I_1\cdots I_n]\,k/F\right]$$

Rekursive Prozeduren

Betrachtet man die Umgebung, in der die Prozedur- und Funktionsrümpfe ausgewertet werden, so sieht man, daß dies die Deklarationsumgebung ist, die um die Bindung der formalen an die aktuellen Parameter erweitert ist. Bei rekursiven Prozeduren muß natürlich auch die Bindung des Prozedurnamens an den entsprechenden Wert aus $PROC$ bei der Auswertung des Rumpfes bekannt sein:

$$\mathcal{D}\,[\![\mathbf{procedure}\; P(I);C]\!]\,\rho u \;=\; u\,[p/P]\,, \quad \text{wobei}$$
$$p \;=\; \lambda ce.\mathcal{C}\,[\![C]\!]\,\rho\,[pe/PI]\,c\;.$$

Rekursive Funktionsprozeduren und rekursive Prozeduren mit mehreren Parametern werden analog behandelt.

Parameterübergabemechanismen

In der Definition von $PASCAL_0$ wurde beim Aufruf einer Prozedur der $\mathcal{E}$-Wert des aktuellen Parameters berechnet und an den Namen des formalen Parameters gebunden. Dieser Übergabemechanismus läßt sich zwar sehr einfach beschreiben, ist aber in den bekannten Programmiersprachen nicht vorhanden. In $PASCAL$ gibt es zwei verschiedene Möglichkeiten:

1. Die *Wertübergabe (call by value)*.

   In $PASCAL$ besteht die Konvention, daß ein formaler Parameter, dessen

Übergabemechanismus in der Prozedurdeklaration nicht spezifiziert ist, per Wert übergeben wird. Das bedeutet, daß bei Aufruf der Prozedur der $\mathcal{R}$-Wert des aktuellen Parameters berechnet und in einem neuen Speicherplatz abgelegt wird, wobei während der Ausführung des Prozedurrumpfes der entsprechende formale Parameter an diesen neuen Speicherplatz gebunden ist. Ein solcher Mechanismus läßt sich auf verschiedene Weise formalisieren. Hier soll nur eine Variante angegeben werden, bei der die Deklarationssemantik nicht verändert und die Aufrufsemantik neu definiert wird:

$$\mathcal{C}\left[E_1(E_2)\right]\rho c = \mathcal{E}\left[E_1\right]\rho;\ PROC?\ \lambda p.\mathcal{R}\left[E_2\right]\rho;\ \underline{ref};\ pc$$

Setzt man die Definition von $\underline{ref}$ ein, so wird die Wirkungsweise deutlicher:

$$\mathcal{E}\left[E_1\right]\rho;\ PROC?\ \lambda p.\mathcal{R}\left[E_2\right]\rho\ \lambda es.\underline{new}\ s = \underline{Fehler} \longrightarrow \underline{Fehler},$$
$$\underline{update}(\underline{new}\ s)(pc(\underline{new}s))es\ .$$

2. Die *Referenzübergabe (call by reference)*.

Diese muß in der Sprache $PASCAL$ durch eine Prozedurdeklaration der Form **procedure** $P(\textbf{var}\ I); C$ explizit vereinbart werden. Bei der Referenzübergabe ist während der Ausführung von C in der Umgebung an I derjenige Speicherplatz gebunden, der bei Aufruf an den aktuellen Parameter gebunden war, d.h. insbesondere, daß der aktuelle Parameter nur an einen Speicherplatz und nicht an irgendeinen anderen bezeichenbaren Wert gebunden sein darf. Dieser Mechanismus läßt sich am einfachsten durch Abänderung der Deklarationssemantik formalisieren:

$$\mathcal{D}\left[\textbf{procedure}\ P(\textbf{var}\ I); C\right]\rho u = u\left[\lambda c.LOC?\lambda l.\mathcal{C}\left[C\right]\rho\left[l/I\right]c/P\right]\ .$$

Es existieren noch eine Reihe anderer Übergabemechanismen. Hier sei nur noch die aus $ALGOL$ 60 bekannte *Namenübergabe (call by name)* erwähnt, die es allerdings in $PASCAL$ nicht gibt. Die Deklarationssemantik einer Vereinbarung der Form **procedure** $P(\textbf{name}\ I); C$ ist die gleiche wie in $PASCAL_0$ (siehe 4c), jedoch lautet die Aufrufsemantik:

$$\mathcal{C}\left[E_1(E_2)\right]\rho c = \mathcal{E}\left[E_1\right]\rho;\ PROC?\ \lambda p.\ pc(\mathcal{E}\left[E_2\right]\rho)\ .$$

Dadurch wird bewirkt, daß bei Ausführung von C der Wert von E_2 bei jedem Auftreten von I neu berechnet wird. Natürlich müssen bei solchen Definitionen Objekte der Form $\mathcal{E}\left[E\right]\rho$, also Elemente aus $EC \longrightarrow CC$, bezeichenbare und ausdrückbare Werte sein. Dann läßt sich die Berechnung eines Bezeichners I wie folgt formalisieren:

$$\mathcal{E}\left[I\right]\rho k = (\rho I = \underline{ungebunden}) \longrightarrow \underline{err},\ \underline{is}_{EC \longrightarrow CC}(\rho I) \longrightarrow \rho Ik,\ k(\rho I)\ .$$

Zur Illustration soll ein kurzes Programm aufgestellt werden, dessen Semantik für die drei vorgestellten Parameterübergabemechanismen jeweils verschieden ist.

Gegeben sei folgendes $PASCAL_0$-Programm:

$$P \left\{ \begin{array}{l} \textbf{begin} \\ \quad \textbf{var } x = 1; \\ \quad \textbf{var } y = 3; \\ \quad \textbf{procedure } p(z); \\ \qquad z := 2; \\ \qquad x := 1; \\ \qquad \textbf{write } z; \\ \quad p(\textbf{if read then } x \textbf{ else } y) \\ \textbf{end} \end{array} \right.$$

Es gilt

$$\mathcal{P}\llbracket P \rrbracket \; \langle wahr, falsch \rangle = \langle 1, \underline{Stop} \rangle \; .$$

Desgleichen gilt für eine Modifikation gemäß der Referenzübergabe. Vereinbart man hingegen die Wertübergabe, so ergibt sich

$$\mathcal{P}\llbracket P \rrbracket \; \langle wahr, falsch \rangle = \langle 2, \underline{Stop} \rangle$$

und bei der Namenübergabe erhält man

$$\mathcal{P}\llbracket P \rrbracket \; \langle wahr, falsch \rangle = \langle 3, \underline{Stop} \rangle \; .$$

Dynamische Variablenbindung

In $PASCAL$ und auch in $PASCAL_0$ wurde eine statische Variablenbindung vereinbart, d.h. Bezeichner, die in einer Prozedur frei vorkommen, werden in der Deklarationsumgebung gebunden. Dies hat den Vorteil, daß bei strukturierter Programmierung alle Größen bei der Prozedurdefinition bekannt sind. In einigen Sprachen wie z.B. $LISP$ 1.5 wird wohl wegen leichter Implementierbarkeit eine dynamische Variablenbindung vorgenommen, d.h. alle frei vorkommenden Bezeichner werden in der Aufrufumgebung gebunden. Denotationell läßt sich auch die dynamische Variablenbindung recht einfach durch eine Änderung des Bereiches $PROC$ der Prozedurwerte beschreiben:

$$PROC = ENV \longrightarrow CC \longrightarrow EC \; .$$

Damit wird es möglich, einem Prozedurwert erst eine Umgebung (die Umgebung an der Stelle des Aufrufs), dann eine Fortsetzung und schließlich den Wert des aktuellen Parameters zu übergeben. Die entsprechende Modifikation der Deklarations- und Aufrufsemantik lautet:

$$\mathcal{D}\llbracket \textbf{procedure } P(I); C \rrbracket \rho u = u \left[\lambda \rho' ce.\mathcal{C}\llbracket C \rrbracket \rho'\,[e/I]\,c/P \right]$$

$$\mathcal{C}\llbracket E_1(E_2) \rrbracket \rho c = \mathcal{E}\llbracket E_1 \rrbracket \rho; \; PROC?\; \lambda p.\mathcal{E}\llbracket E_2 \rrbracket \rho; \; p\rho c \; .$$

Der Nachteil der dynamischen Variablenbindung besteht darin, daß eine wichtige Eigenschaft der Programmsemantik verlorengeht: die Möglichkeit der Variablenumbenennung. Die Regel der α-Konversion des λ-Kalküls möchte man gerne auch auf der Ebene der Programme zur Verfügung haben, um bei der Vereinbarung lokaler Variablennamen unabhängig vom Kontext zu sein. Betrachtet man folgendes Programm,

$$
\begin{aligned}
&\textbf{begin} \\
&\quad \textbf{var } x = 0; \\
&\quad \textbf{var } y = 0; \\
&\quad \textbf{procedure } p(z); \\
&\quad\quad \textbf{write } x; \\
&\quad \textbf{begin} \\
&\quad\quad \textbf{var } x = 1; \\
&\quad\quad p(y) \\
&\quad \textbf{end }; \\
&\textbf{end}
\end{aligned}
$$

so erhält man bei statischer Bindung das Ergebnis $\langle 0, \underline{Stop} \rangle$. Hingegen ergibt sich bei dynamischer Bindung die Ausgabe $\langle 1, \underline{Stop} \rangle$. Ändert man in dem inneren Block die lokale Deklaration **var** $x = 1$ in **var** $x' = 1$ um, so führt auch die dynamische Bindung zu dem Ergebnis $\langle 0, \underline{Stop} \rangle$.

Funktionsprozeduren mit Zustandstransformationen

Die Funktionsprozeduren in $PASCAL$ und anderen Sprachen unterscheiden sich von denjenigen in $PASCAL_0$ dadurch, daß nicht nur ein Ausdruck E als Rumpf zulässig ist, sondern eine beliebige Anweisung C, in der dann der Funktionsname auf der linken Seite einer Zuweisung vorkommen kann. Die semantische Behandlung dieser allgemeinen Form

$$\textbf{function } F(I); C$$

ist jedoch recht kompliziert, da der Name F in C sowohl als Name für die Funktionsprozedur selbst (rekursiver Aufruf) als auch für den lokalen Speicherplatz, in dem der Funktionswert abgelegt wird (in Anweisungen der Form $F := E$), steht. Um diese Schwierigkeiten zu umgehen, wird hier eine syntaktische Variante vorgestellt, die aus der Sprache $BCPL$ bekannte **valof** - **resultis** Konstruktion. Man erweitert dazu die Menge der Ausdrücke um eine neue Klausel

$$E ::= \cdots \mid \textbf{valof } C \mid \cdots$$

und die Menge der Anweisungen um die Klausel

$$C ::= \cdots \mid \textbf{resultis } E \mid \cdots .$$

Intuitiv bedeutet der Ausdruck **valof** C, daß die Anweisung C solange ausgeführt wird, bis eine Anweisung der Form **resultis** E angetroffen wird. Dann liefert die Berechnung von E nach der bis dahin durchgeführten Zustandstransformation den Wert des Ausdruckes **valof** C. Wenn in C keine Anweisung der Form **resultis** E angetroffen wird, tritt ein Fehler auf. Nun läßt sich eine $PASCAL$-Funktion der Form

$$\textbf{function } F(I); C$$

in die Deklaration

$$\textbf{fun } F(I); \textbf{valof } C'$$

übersetzen, wobei C' aus C durch Ersetzen aller Anweisungen der Form $F := E$ durch eine entsprechende Anweisung **resultis** E hervorgeht.

Die formale Definition der Semantik solcher Funktionsprozeduren erfordert eine neue Typisierung der Semantikfunktion $\mathcal{C}$, da bei der Ausführung von C die Ausdrucksfortsetzung, die bei Antreffen des Ausdrucks **valof** C vorlag, mitgeführt werden muß.

$$\mathcal{C} : COM \longrightarrow ENV \longrightarrow EC \longrightarrow CC' \longrightarrow CC$$

$$\mathcal{C}[\![\textbf{resultis } E]\!]\rho kc = \mathcal{R}[\![E]\!]\rho k$$

$$\mathcal{E}[\![\textbf{valof } C]\!]\rho k = \mathcal{C}[\![C]\!]\rho \, k \, \underline{err}$$

Die Fehlerfortsetzung $\underline{err}$ wird genau dann aufgerufen, wenn die Ausführung von C nicht auf eine Anweisung der Form **resultis** E stößt.

Die Semantikformeln zu allen anderen Anweisungen verwenden nur die Fortsetzung c und lassen den Parameter k unberücksichtigt.

4.5.3   Datenstrukturen

In diesem Unterabschnitt soll die Sprache $PASCAL_0$ um einige Standarddatenstrukturen erweitert werden. Dies sind

1. Zeiger (pointer),

2. Felder (arrays),

3. Verbunde (records) und

4. Dateien (files).

Im Grunde gehören auch die elementaren Datentypen $BOOL$, $ZAHL$, $CHAR$ u.s.w. zum Kapitel der Datenstrukturen. Die denotationelle Methode bietet zu ihrer Beschreibung zwei naheliegende Möglichkeiten. Entweder man bezieht die Typisierung explizit mit in die Syntax ein, oder man arbeitet syntaktisch typfrei und integriert gewisse Typüberprüfungen in die Semantikfunktionen. Ersteres wurde in der Sprache $WHILE$ exemplarisch für die Typen $BOOL$ und $ZAHL$ durchgeführt. In der Sprache $PASCAL_0$ wurde letzteres verfolgt, wobei eine konkrete Definition der Semantikfunktion $\mathcal{O}$ mit den entsprechenden Tests dem Leser überlassen bleibt.

Zeiger

In $PASCAL$ unterscheidet man statische und dynamische Variablen. Während statische Variablen im Deklarationsteil vereinbart werden und innerhalb ihres Gültigkeitsbereiches stets dieselbe Adresse bezeichnen, werden dynamische Variablen im Anweisungsteil erzeugt und können nicht direkt durch Bezeichner angesprochen werden. Ihre Erzeugung geschieht durch Anwendung einer Funktion **new**, die im wesentlichen der Semantikfunktion $\underline{new}$ (siehe Abschnitt 4.3.7) entspricht und daher auch genauso bezeichnet wird. Zum Umgang mit den dynamisch erzeugten Speicherplätzen werden die *Zeigervariablen* eingeführt. Deklariert man eine solche Zeigervariable durch

$$\textbf{ref } p = E \;,$$

so wird eine statische Variable p vereinbart, deren zugeordneter Speicherplatz jedoch Adressen enthalten kann, insbesondere auch Adressen von dynamisch erzeugten Variablen. Ein Aufruf der Funktion **new** mit einer Zeigervariable p als Parameter, also

$$\textbf{new(p)} \;,$$

bewirkt gerade, daß die Adresse eines neuen Speicherplatzes in den an p gebundenen Speicherplatz abgelegt wird. Den Zugriff auf den Inhalt einer dynamischen Variable realisiert man wie folgt: Wenn die Zeigervariable p auf eine dynamische Variable mit der Adresse l verweist, dann bezeichnet der Ausdruck

$$p{\uparrow}$$

gerade den Speicherplatz mit der Adresse l.

Graphisch läßt sich dieses Konzept folgendermaßen veranschaulichen:

Seien x und y statische Variablen, die in einer Umgebung an die Adressen l_2 bzw. l_2 gebunden sind.

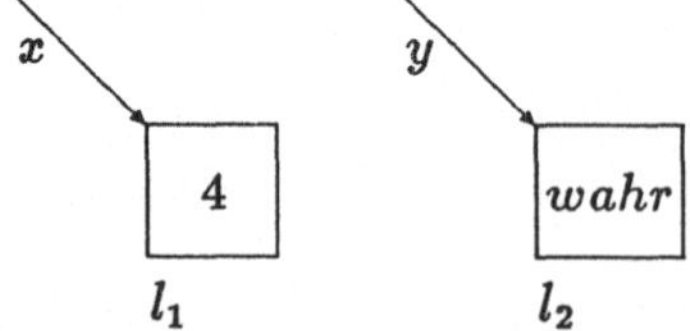

Sei **ref** $p = x$ eine dazu lokale Deklaration.

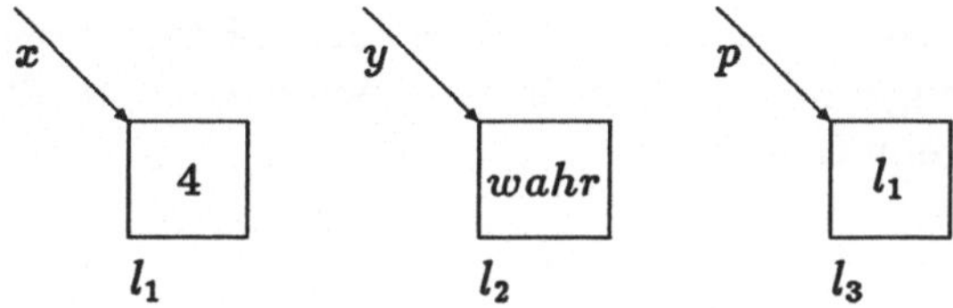

Diese Situation wird auch durch die Pfeilschreibweise dargestellt.

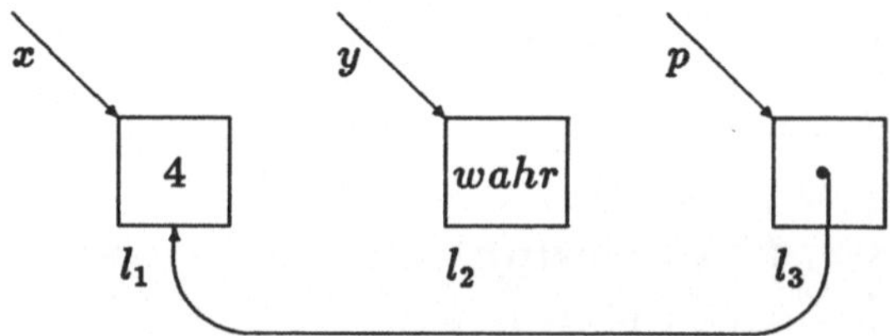

Eine Ausführung des Aufrufes **new(p)** legt die Adresse l_4 eines neuen Speicherplatzes mit Inhalt **nil** in den von p bezeichneten Speicherplatz ab. Dabei ist **nil** der Name einer neuen Konstante.

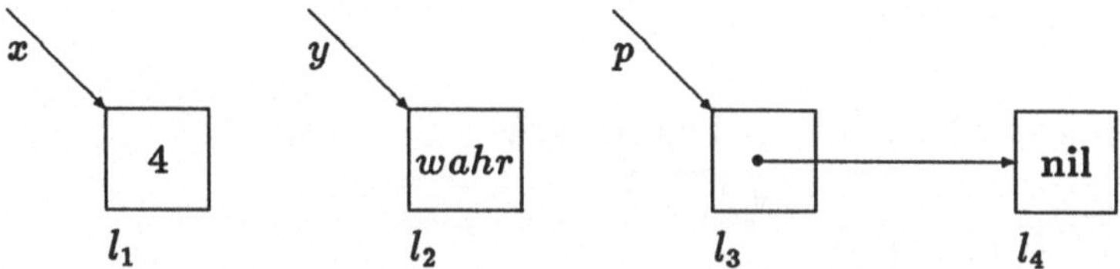

Eine Ausführung der Anweisung $p\uparrow := 7$ bewirkt eine entsprechende Änderung der dynamischen Variable.

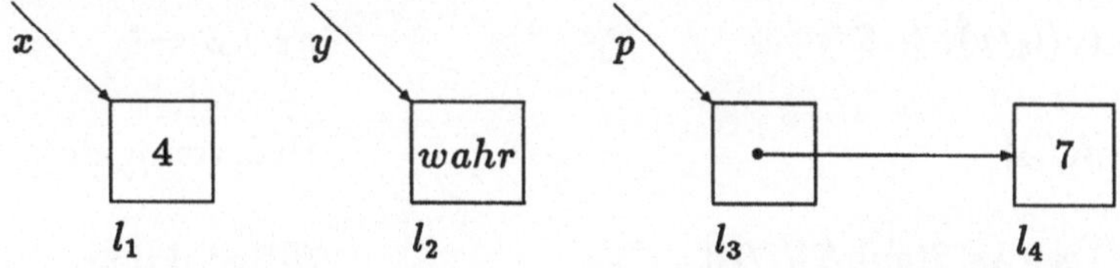

Im Rahmen der Standardsemantik läßt sich eine formale Beschreibung der neuen Sprachkonstrukte leicht angeben.

$$\mathcal{D}[\![\textbf{ref } p = E]\!]\rho u = \mathcal{L}[\![E]\!]\rho;\ \underline{ref}\ \lambda l.u(l/p)$$

$$\mathcal{C}[\![\textbf{new(p)}]\!]\rho cs = \underline{ref}\ (\lambda l.c)\ \textbf{nil}\ s\,[\underline{new}\ s/\rho p]$$

$$\mathcal{E}[\![p\uparrow]\!]\rho k = \mathcal{L}[\![p]\!]\rho;\ \underline{cont}\ k$$

Die Wirkungsweise dieser Definitionen soll anhand eines kurzen Programmstückes, das gerade den graphisch durchgeführten Transformationen entspricht, illustriert werden. Gegeben sei eine Umgebung ρ mit

$$\rho x = l_1 \text{ und } \rho y = l_2,$$

ein aktueller Zustand S mit

$$Sl_1 = 4 \text{ und } Sl_2 = wahr$$

und folgender innerer Block eines $PASCAL_0$-Programms:

$$B \begin{cases} \textbf{begin} \\ D\{\ \textbf{ref}\ p = x; \\ \quad C \begin{cases} C_1\{\ \textbf{new(p)}; \\ C_2\{\ p\uparrow := 7 \end{cases} \\ \textbf{end} \end{cases}$$

Die Semantik von B, angewendet auf die Umgebung ρ, die Fortsetzung $\lambda s.\underline{Stop}$ und den Speicher S, läßt sich wie folgt berechnen:

$$\mathcal{C}\,[\![B]\!]\,\rho\ (\lambda s.\underline{Stop})\ S$$

$$= \mathcal{D}\,[\![\textbf{ref}\ p = x]\!]\,\rho\ \underbrace{(\lambda \rho'.\mathcal{C}\,[\![C]\!]\,\rho[\rho']\ \lambda s.\underline{Stop})}_{u}\ S \qquad \text{3h}$$

$$= \mathcal{L}\,[\![x]\!]\,\rho\ (\underline{ref}\ \lambda l.u(l/p))\ S \qquad \text{s.o.}$$

$$= \underline{ref}\ (\lambda l.u(l/p))\ l_1\ S \qquad \text{Def. von } \mathcal{L} \text{ und } \mathcal{E}$$

$$= \underline{update}\ (\underline{new}\ S)\ (u(\underline{new}\ S/p))\ l_1\ S \qquad \text{Def. von } \underline{ref} \text{ und } \beta\text{-Red.}$$

$$= \underline{update}\ l_3\ (u(l_3/p))\ l_1\ S \qquad \underline{new}\ S = l_3$$

$$= u(l_3/p)\ S\,[l_1/l_3] \qquad \text{Def. von } \underline{update}$$

$$= \mathcal{C}\,[\![C]\!]\,\rho\,[l_3/p]\ (\lambda s.\underline{Stop})\ S\,[l_1/l_3] \qquad \beta\text{-Reduktion}$$

$$= \mathcal{C}\,[\![\textbf{new(p)}]\!]\,\rho\,[l_3/p]\,\underbrace{(\mathcal{C}\,[\![C_2]\!]\,\rho\,[l_3/p]\ \lambda s.\underline{Stop})}_{c}\,S\,[l_1/l_3] \quad \text{3c}$$

$$= \underline{ref}\ (\lambda l.c)\ \textbf{nil}\ S\,[l_1/l_3]\,[\underline{new}\ S\,[l_1/l_3]\,/l_3] \qquad \text{s.o.}$$

$$= \underline{ref}\ (\lambda l.c)\ \textbf{nil}\ S\,[l_4/l_3] \qquad \text{Def. von } \underline{new}$$

$$= \underline{update}\ l_4\ c\ \textbf{nil}\ S\,[l_4/l_3] \qquad \text{Def. von } \underline{ref} \text{ und } \underline{new}$$

$$= \; c \; \underbrace{S\,[l_4/l_3]\,[\mathbf{nil}/l_4]}_{S'} \qquad\qquad\qquad \text{Def. von } \underline{update}$$

$$= \; \mathcal{C}\,[\![\,p\!\uparrow\,:= 7\,]\!]\,\rho\,[l_3/p]\;(\lambda s.\underline{Stop})\;S'$$

$$= \; \mathcal{E}\,[\![\,p\!\uparrow\,]\!]\,\rho\,[l_3/p]\,\underbrace{(LOC?\ \lambda l.\mathcal{R}\,[\![\,7\,]\!]\,\rho\,[l_3/p]\,(\underline{update}\ l\ \lambda s.\underline{Stop}))}_{k}\,S' \quad \text{3b}$$

$$= \; \mathcal{L}\,[\![\,p\,]\!]\,\rho\,[l_3/p]\;(\underline{cont}\ k)\;S' \qquad\qquad\qquad \text{s.o.}$$

$$= \; \underline{cont}\ k\ l_3\ S' \qquad\qquad\qquad\qquad\qquad \text{Def. von } \mathcal{L} \text{ und } \mathcal{E}$$

$$= \; k\ l_4\ S' \qquad\qquad\qquad\qquad\qquad\qquad \text{Def. von } \underline{update}$$

$$= \; \mathcal{R}\,[\![\,7\,]\!]\,\rho\,[l_3/p]\;(\underline{update}\ l_4\ \lambda s.\underline{Stop})\;S' \qquad \beta\text{-Reduktion}$$

$$= \; \underline{update}\ l_4\ (\lambda s.\underline{Stop})\ 7\ S' \qquad\qquad\qquad \text{2a und 1a}$$

$$= \; (\lambda s.\underline{Stop})\ S'\,[7/l_4] \qquad\qquad\qquad\qquad \text{Def. von } \underline{update}$$

$$= \; \underline{Stop} \qquad\qquad\qquad\qquad\qquad\qquad\quad \beta\text{-Reduktion}$$

Der letzte erzeugte Speicher ist also

$$S\,[l_4/l_3]\,[7/l_4] = [4/l_1]\,[wahr/l_2]\,[l_4/l_3]\,[7/l_4]\ ,$$

wie auch in der graphischen Darstellung gezeigt.

Felder

Das charakteristische Merkmal von Feldern ist die Zusammenfassung einer festen Anzahl *gleichartiger* Variablen unter einem Namen, wobei durch Indizierung dieses Namens auf die einzelnen Komponenten zugegriffen werden kann. Die syntaktische Spracherweiterung läßt sich wie folgt vornehmen:

$$D \quad ::= \quad \cdots \mid \mathbf{array}\ A[E_1..E_2] \mid \cdots$$
$$E \quad ::= \quad \cdots \mid E_1[E_2] \mid \cdots$$

Hier werden der Einfachheit halber nur eindimensionale Felder behandelt, eine Erweiterung auf Mehrdimensionalität ist jedoch kanonisch.

Ein angemessener semantischer Bereich zur Modellierung der Felder besteht aus drei Komponenten.

$$ARRAY = I\!N_\perp \times I\!N_\perp \times LOC^*$$

Die erste Komponente enthält die untere Feldgrenze, die zweite die obere und die dritte alle dazugehörigen Speicherplatzadressen.

Zur Definition der Semantikfunktionen auf den neuen Konstrukten ist es nützlich, drei Hilfsfunktionen zu definieren, nämlich *news*, *newarray* und *subscript*, die die Erzeugung neuer Speicherplätze und den Zugriff auf einzelne Komponenten realisieren.

$$news : I\!N_\perp \longrightarrow STORE \longrightarrow ((LOC^* \times STORE) + \{Fehler\}_\perp)$$

$$
\begin{aligned}
news\ n\ s\ =\ & (n = 0) \longrightarrow \langle\langle\rangle, s\rangle, \\
& ((news\ (n-1)\ s = \langle l^*, s'\rangle) \longrightarrow \\
& \quad ((new\ s' = l) \longrightarrow \langle l^*.l, s'\,[\mathbf{nil}\ /l]\rangle,\ Fehler), \\
& \quad Fehler)
\end{aligned}
$$

$$newarray : (I\!N_\perp \times I\!N_\perp) \longrightarrow EC \longrightarrow CC$$

$$
\begin{aligned}
newarray\ \langle n_1, n_2\rangle\ k\ s\ =\ & (n_1 > n_2) \longrightarrow Fehler, \\
& (news\ (n_2 - n_1 + 1)\ s = \langle l^*, s'\rangle) \longrightarrow k\ \langle n_1, n_2, l^*\rangle\ s', \\
& Fehler
\end{aligned}
$$

$$subscript : ARRAY \longrightarrow EC \longrightarrow EC$$

$$
\begin{aligned}
subscript\ \langle n_1, n_2, l^*\rangle\ k\ e\ =\ & is_{I\!N_\perp}\ e \longrightarrow \\
& ((n_1 \le e \le n_2) \longrightarrow k\ (\pi_{(e-n_1+1)}l^*),\ err), \\
& err
\end{aligned}
$$

Die denotationelle Semantik der neuen Sprachkonstrukte läßt sich nun sehr einfach formalisieren.

$$\mathcal{D}[\![\mathbf{array}\ A[E_1..E_2]]\!]\,\rho u =$$
$$\mathcal{R}[\![E_1]\!]\rho;\ I\!N_\perp?\ \lambda n_1.\mathcal{R}[\![E_2]\!]\rho;\ I\!N_\perp?\ \lambda n_2.newarray\ \langle n_1, n_2\rangle\ \lambda e.u(e/A)$$

$$\mathcal{E}[\![E_1[E_2]]\!]\rho k = \mathcal{E}[\![E_1]\!]\rho;\ ARRAY?\ \lambda e.\mathcal{R}[\![E_2]\!]\rho;\ I\!N_\perp?;\ subscript\ e\ k$$

Eine Verallgemeinerung dieses Feldkonzeptes durch Hinzunahme anderer Indexmengen ist leicht möglich, indem man den Bereich der Felder durch

$$ARRAY = INDEX \times INDEX \times LOC^*$$

und den Indexbereich durch

$$INDEX = IN_\perp + \overline{BOOL} + CHAR + \cdots$$

definiert. Dabei müssen auch die oben verwendeten Hilfsfunktionen entsprechend geändert werden.

Verbunde

Das charakteristische Merkmal von Verbunden ist die Zusammenfassung *verschiedenartiger* Variablen unter einem Namen, wobei auf die einzelnen Komponenten über Selektoren zugegriffen werden kann. Der Einfachheit halber soll hier wieder eine vereinfachte Version behandelt werden, bei der ein Verbund aus der Zusammenfassung endlich vieler Speicherplätze besteht, auf die mit unterschiedlichen Namen zugegriffen werden kann. Die syntaktische Spracherweiterung sieht folgendermaßen aus:

$$D ::= \cdots \mid \mathbf{record}\ R[I_1, \ldots, I_n] \mid \cdots$$
$$E ::= \cdots \mid E_1.E_2 \mid \cdots$$

In *PASCAL* besteht die Möglichkeit , eine Anweisung C, die zur Manipulation eines Verbundes R dient, mit dem Präfix „**with** R **do** " zu versehen, was bewirkt, daß in C auf die Komponenten von R direkt mit den entsprechenden Selektornamen zugegriffen werden kann, ohne jedesmal den Namen R als Präfix zu verwenden. Zu diesem Zweck erweitert man die syntaktischen Klauseln zu

$$C ::= \cdots \mid \mathbf{with}\ E\ \mathbf{do}\ C \mid \cdots \ .$$

Eine zweckmäßige Bereichsdefinition für Verbunde ist es, den Bereich der Umgebungen zu übernehmen, da ja auch bei Verbunden eine Zuordnung von Bezeichnern an bezeichenbare Werte vorgenommen wird.

$$RECORD = ID \longrightarrow (DV + \{\underline{ungebunden}\}_\perp) = ENV$$

Die denotationelle Semantik der neuen Sprachkonstrukte erhält man durch folgende Gleichungen:

$$\mathcal{D}[\![\mathbf{record}\ R[I_1, \ldots, I_n]]\!]\rho u\ s =$$
$$(\underline{news}\ ns = \langle\langle l_1, \ldots l_n\rangle, s'\rangle) \longrightarrow u((l_1 \cdots l_n/I_1 \cdots I_n)/R)\ s',$$
$$\underline{Fehler}$$

$$\mathcal{E}[\![E_1.E_2]\!]\rho k = \mathcal{E}[\![E_1]\!]\rho;\ RECORD?\ \lambda\rho'.\mathcal{E}[\![E_2]\!]\rho[\rho']\ k$$

$$\mathcal{C}[\![\mathbf{with}\ E\ \mathbf{do}\ C]\!]\rho c = \mathcal{E}[\![E]\!]\rho;\ RECORD?\ \lambda\rho'.\mathcal{C}[\![C]\!]\rho[\rho']\ c\ .$$

Dateien

Die einfachste Form der Strukturierung von Daten in $PASCAL$ ist die *Sequenz*. Wie allgemein üblich, bezeichnet man eine linear geordnete Menge von Daten mit einem Zeiger auf eine aktuelle Komponente als *Datei (file)*. Der Zugriff auf Dateikomponenten geschieht über eine Puffervariable, deren Inhalt auf die aktuelle Komponente geschrieben bzw. mit dem Wert der aktuellen Komponente überschrieben werden kann. Zusätzlich benötigt man bestimmte Befehle zum Verschieben des Zeigers. Dies ist i.a. nur beschränkt möglich. In $PASCAL$ bewirkt der Befehl

$$\text{reset } F$$

ein Setzen dieses Zeigers auf den Anfang der Datei F und eine Aktualisierung der Puffervariable $F\uparrow$ mit dem Inhalt der ersten Dateikomponente, der Befehl

$$\text{rewrite } F$$

ein Löschen der Datei F und der Befehl

$$\text{get } F$$

das Verschieben des Zeigers um eine Stelle nach rechts und eine entsprechende Aktualisierung der Puffervariable. Jede $PASCAL$-Datei endet mit einem speziellen Wert, der EOF-Marke, sodaß ein Test

$$\text{eof } F$$

auf das Ende der Datei F möglich ist. Schließlich bewirkt der Befehl

$$\text{put } F \, ,$$

daß der Inhalt der Puffervariable $F\uparrow$ auf die aktuelle Komponente der Datei F geschrieben und der Zeiger um eine Stelle nach rechts verschoben wird.

Syntaktisch gibt es also folgende Spracherweiterungen:

$$
\begin{aligned}
D \;&::=\; \cdots \mid \textbf{file } F \mid \cdots \\
E \;&::=\; \cdots \mid \textbf{eof } E \mid \cdots \\
E \;&::=\; \cdots \mid \textbf{reset } E \mid \textbf{rewrite } E \mid \textbf{get } E \mid \textbf{put } E \mid \cdots \; .
\end{aligned}
$$

Der semantische Bereich der Dateien läßt sich wie folgt definieren:

$$FILE = RV^{*} \times IN_{\perp} \times LOC \, ,$$

wobei die erste Komponente alle in der Datei eingetragenen Datenelemente enthält, die zweite Komponente die Position des Zeigers bestimmt und in der dritten Komponente die Adresse der Puffervariable enthalten ist.

Die semantischen Funktionen lassen sich wieder nach Einführung geeigneter Hilfsfunktionen eleganter aufschreiben. Da der Bereich $FILE$ nur die Adresse der Puffervariable enthält, man sich aber in der Regel für deren Inhalt interessiert, lassen sich die Hilfsfunktionen vereinfachen, wenn ein zusätzlicher Bereich der Dateizustände verwendet wird.

$$FILESTATE = RV^* \times IN_\perp \times (RV + \{\underline{frei}\}_\perp)$$

In Analogie zu den oben erläuterten Dateioperationen definiert man vier Hilfsfunktionen $\underline{resetf}$, $\underline{rewritef}$, $\underline{getf}$ und $\underline{putf}$, die Dateizustände manipulieren, d.h. folgenden Typs sind:

$$FILESTATE \longrightarrow (FILESTATE + \{\underline{Fehler}\}_\perp) \ .$$

$\underline{resetf} \ \langle e^*, n, e \rangle = \underline{null} \ e^* \longrightarrow \langle e^*, 1, \underline{frei} \rangle, \ \langle e^*, 1, \pi_1 \ e^* \rangle$

$\underline{rewritef} \ \langle e^*, n, e \rangle = \langle \langle \rangle, 1, \underline{frei} \rangle$

$$\begin{aligned}
\underline{getf} \ \langle e^*, n, e \rangle \ = \ &(n > \underline{length} \ e^*) \longrightarrow \underline{Fehler}, \\
&(n = \underline{length} \ e^*) \longrightarrow \langle e^*, n+1, \underline{frei} \rangle, \\
&(n < \underline{length} \ e^*) \longrightarrow \langle e^*, n+1, \pi_{n+1} \ e^* \rangle
\end{aligned}$$

$\underline{putf} \ \langle e^*, n, e \rangle = (n = \underline{length} \ e^* + 1) \longrightarrow \langle e^*.e, n+1, \underline{frei} \rangle, \ \underline{Fehler}$

Zur Einbettung dieser direkten Hilfsfunktionen in die Semantikfunktionen erzeugt man aus ihnen Fortsetzungstransformationen mittels einer letzten Hilfsfunktion $\underline{do}$.

$\underline{do} : FILESTATE \longrightarrow (FILESTATE + \{\underline{Fehler}\}_\perp) \longrightarrow CC \longrightarrow EC$

$$\begin{aligned}
\underline{do} \ f \ c \ l \ s \ = \ &\underline{is}_{LOC} \ l \longrightarrow ((sl = \langle e^*, n, l' \rangle) \longrightarrow \\
&((sl' = e) \longrightarrow ((f \langle e^*, n, e \rangle = \langle d^*, n', e' \rangle) \longrightarrow \\
&c \ s \ [\langle d^*, n', e \rangle \ e'/l \ l'], \ \underline{Fehler}), \ \underline{Fehler}), \ \underline{Fehler}), \ \underline{Fehler}.
\end{aligned}$$

Damit ist die denotationelle Beschreibung der Dateimanipulationen sehr einfach.

$$\mathcal{C}\,[\![\mathbf{reset} \ E]\!] \rho c = \mathcal{E}\,[\![E]\!] \rho; \ \underline{do} \ \underline{resetf} \ c$$

$$\mathcal{C}\,[\![\mathbf{rewrite} \ E]\!] \rho c = \mathcal{E}\,[\![E]\!] \rho; \ \underline{do} \ \underline{rewritef} \ c$$

$$\mathcal{C}\,[\![\mathbf{get} \ E]\!] \rho c = \mathcal{E}\,[\![E]\!] \rho; \ \underline{do} \ \underline{getf} \ c$$

$$\mathcal{C}\,[\![\mathbf{put} \ E]\!] \rho c = \mathcal{E}\,[\![E]\!] \rho; \ \underline{do} \ \underline{putf} \ c$$

Eine Formalisierung der Deklaration von Dateien sowie des Tests auf Leerheit läßt sich ebenfalls recht einfach aufschreiben.

$$\mathcal{D}\,[\![\mathbf{file} \ F]\!] \rho u s =$$

$$(\underline{news} \ 2 \ s = \langle \langle l_1, l_2 \rangle, s' \rangle) \longrightarrow u(l_1, l_2/F, F\!\!\uparrow) \ s' \ [\langle \langle \rangle, 1, l_2 \rangle / l_1], \ \underline{Fehler}$$

$$\mathcal{E}\,[\![\mathbf{eof} \ E]\!] \rho k =$$

$$\mathcal{E}\,[\![E]\!] \rho; \ LOC? \ \lambda ls.(sl = \langle e^*, n, l' \rangle) \longrightarrow k(n > \underline{length} \ e^*)s, \ \underline{Fehler}$$

Die in der Sprache $PASCAL$ zusätzlich erlaubten Befehle

$$\textbf{read}\ (F,x)\ \ \text{und}\ \ \textbf{write}\ (F,x)$$

können durch die Anweisungsfolgen

$$x := F\uparrow\ ;\ \textbf{get}\ F\ \ \text{bzw.}\ \ F\uparrow := x;\ \textbf{put}\ F$$

definiert werden, und daher läßt sich ihre Semantik direkt durch die Semantik der entsprechenden Anweisungsfolge definieren.

Kapitel 5

Funktionale Programmiersprachen

Im vorherigen Kapitel diente der λ-Kalkül, angereichert um einige Basisfunktionen und -prädikate, als Metasprache zur Formalisierung der Semantik imperativer Programmiersprachen. Der gleiche Kalkül, sogar mit weniger Basisfunktionen, eignet sich auch sehr gut, ein gewünschtes Ein-/Ausgabeverhalten *direkt* als Funktion zu beschreiben. Daher liegt es nahe, Programmiersprachen zu betrachten, deren Sprachelemente die des λ-Kalküls oder der verwandten kombinatorischen Logik sind. Bei solchen Sprachen ist die Metasprache der imperativen Sprachen zur Objektsprache geworden, und damit besteht die Spezifikation der Semantik nur noch aus der Angabe der semantischen Bereiche und der Interpretation der Funktions- und Prädikatssymbole. Ein funktionales Programm besteht dann aus einem Ausdruck A, der selbst das von ihm definierte Objekt bezeichnet, d.h. die Semantikfunktion wird durch die Gleichung

$$\llbracket A \rrbracket = A$$

bestimmt. Damit lassen sich Aussagen über Programmeigenschaften wesentlich kürzer beweisen.

Die am meisten verbreitete Sprache dieser Art ist LISP (siehe [86] und [87]), wobei leider aus Effizienzgründen die Semantik von LISP von der des λ-Kalküls abweicht. Daher muß eine denotationelle Spezifikation das entsprechende Interpreterverhalten simulieren, wodurch auch Beweise über Programmeigenschaften wieder komplexer werden.

In Abschnitt 5.1 wird die Sprache Kern-LISP vorgestellt und ihre Semantik denotationell spezifiziert. Anschließend wird die Abweichung gegenüber der Semantik des λ-Kalküls charakterisiert und gezeigt, daß in Kern-LISP die Gesetze des λ-Kalküls nicht gelten (siehe auch Eick und Fehr [33]).

Eine weitere funktionale Sprache, die jedoch mehr an der kombinatorischen Logik orientiert ist, wird durch die FP-Systeme von Backus [9] definiert, die in Abschnitt

5.2 behandelt werden. Die Semantik dieser Sprache ist konsistent mit der mathematischen Theorie der Kombinatoren. Die Programmiertechnik in FP-Systemen ist jedoch dadurch erschwert, daß die Objekte, auf denen operiert werden soll, nicht bezeichnet werden können.

Schließlich wird in Abschnitt 5.3 als Repräsentant einer Klasse von modernen funktionalen Sprachen, die sowohl die λ-Kalkül-Semantik verwenden als auch leicht lesbare Funktionsdefinitionen erlauben, die funktionale Sprache Miranda von Turner [126] vorgestellt.

Da das Thema funktionale Programmierung im Rahmen einer Semantikvorlesung nicht umfassend behandelt werden kann, sei an dieser Stelle auf das Lehrbuch von Lippe und Simon [75] verwiesen. Daneben bietet das Buch von Henderson [44] eine praktische Einführung in Programmiertechniken im funktionalen Stil.

5.1   Die Programmiersprache LISP

Die Grundidee bei der Entwicklung von LISP war die Einsicht, daß der λ-Kalkül, angereichert um Listenoperationen, eine mächtige und mathematisch formalisierte Sprache ist, die sich besonders gut dazu eignet, komplexe Listenoperationen strukturiert zu programmieren. Eine naheliegende Möglichkeit der maschinellen Auswertung von λ-Ausdrücken ist die Implementierung der α-, β-, δ- und η-Konversion sowie die Verwendung einer korrekten Auswertestrategie. Leider stellt sich heraus, daß dies aus folgenden Gründen nicht sehr effizient möglich ist:

1. Die Suche nach freien Variablen im Argument, die im Rumpf gebunden sind, die Erzeugung neuer Variablennamen sowie die entsprechenden Umbenennungen sind sehr aufwendig (vgl. Definition 3.26.1 und 2).

2. Die Substitution von Argumenten für die entsprechenden formalen Parameter ist ineffizient, da im allgemeinen große Ausdrücke mehrfach kopiert werden müssen.

Also wurde beim Entwurf des Interpreters für LISP die Idee verfolgt, einen Kellerspeicher (a-list für association-list) zur Ablage von Paaren der Form

$$[formaler Parameter \quad | \quad aktueller Parameter]$$

zu verwenden, so daß erst ersetzt wird, wenn ein formaler Parameter bei der Auswertung des Ausdruckes gebraucht wird. Diese Methode ist jedoch im allgemeinen nicht korrekt, wie folgendes Beispiel zeigt:

Seien a und b Konstanten. Der λ-Ausdruck

$$t = (\lambda x.(\lambda y.(\lambda x.y)b)x)a$$

läßt sich wie folgt reduzieren:

$$t \;\xrightarrow{\;\beta\;}\; (\lambda y.(\lambda x.y)b)a$$

$$\xrightarrow{\;\beta\;}\; (\lambda x.a)b$$

$$\xrightarrow{\;\beta\;}\; a$$

Der Wert von t bzgl. der Semantik des λ-Kalküls ist also die Konstante a. Eine einfache Kellerimplementierung arbeitet wie folgt:

Ausdruck	Keller
$(\lambda x.(\lambda y.(\lambda x.y)b)x)a$	$<>$
$(\lambda y.(\lambda x.y)b)x$	$< [x \mid a] >$
$(\lambda x.y)b$	$< [y \mid x] \, , \, [x \mid a] >$
y	$< [x \mid b] \, , \, [y \mid x] \, , \, [x \mid a] >$
b	$< [x \mid b] \, , \, [y \mid x] \, , \, [x \mid a] >$

Hier sieht man bereits, daß die Kellerimplementierung ein falsches Ergebnis liefert, da der Wert von y auf den Wert von x zurückgeführt wird und dieser dann dynamisch auf den Wert b gesetzt wird, anstatt die statische Bindung von x an a zu erkennen.

Ein Verbot, nach Variablen innerhalb ihres Gültigkeitsbereiches erneut zu abstrahieren, würde erstens die Modularität zerstören und zweitens auch nur für eine eingeschränkte Ausdrucksmenge eine korrekte Kellerimplementierung gestatten. Dazu betrachte man folgendes Beispiel:

$$(\lambda z.zz)\lambda x.\lambda y.xy \;\xrightarrow{\;\beta\;}\; (\lambda x.\lambda y.xy)\lambda x.\lambda y.xy$$

$$\xrightarrow{\;\beta\;}\; \lambda y.(\lambda x.\lambda y.xy)y$$

Obwohl in diesem Ausdruck zunächst nach keiner Variable mehrfach abstrahiert wird, ist dies nach zwei β-Reduktionen bereits der Fall.

Beim Entwurf der Sprache LISP glaubte man, daß die Einschränkung der Auswertungsstrategie auf 'call-by-value' das Problem lösen würde. 'Call-by-value' bedeutet, daß ein aktueller Parameter zuerst ausgewertet wird, bevor der dazugehörige formale Parameter an ihn gebunden wird. Obwohl diese Strategie nicht vollständig ist, kann man im allgemeinen Ausdrücke so formulieren, daß diese Strategie zum Ergebnis führt (siehe Plotkin [102]).

In unserem ersten Beispiel hilft dieses Vorgehen:

Ausdruck	Keller
$(\lambda x.(\lambda y.(\lambda x.y)b)x)a$	$<>$
$(\lambda y.(\lambda x.y)b)x$	$< [x \mid a] >$
$(\lambda x.y)b$	$< [y \mid a] , [x \mid a] >$
y	$< [x \mid b] , [y \mid a] , [x \mid a] >$
a	$< [x \mid b] , [y \mid a] , [x \mid a] >$

Leider ist dies aber immer noch keine korrekte Implementierung, wie man am zweiten Beispiel erkennen kann:

Ausdruck	Keller
$(\lambda z.zz)\lambda x.\lambda y.xy$	$<>$
zz	$< [z \mid \lambda x.\lambda y.xy] >$
$(\lambda x.\lambda y.xy)z$	$< [z \mid \lambda x.\lambda y.xy] >$
$\lambda y.xy$	$< [x \mid \lambda x.\lambda y.xy] , < [z \mid \lambda x.\lambda y.xy] >$
$\lambda y.(\lambda x.\lambda y.xy)y$	$< [x \mid \lambda x.\lambda y.xy] , < [z \mid \lambda x.\lambda y.xy] >$
$\lambda y.\lambda y.xy$	$< [x \mid y] , [x \mid \lambda x.\lambda y.xy] , < [z \mid \lambda x.\lambda y.xy] >$
$\lambda y.\lambda y.yy$	$< [x \mid y] , [x \mid \lambda x.\lambda y.xy] , < [z \mid \lambda x.\lambda y.xy] >$

Das Problem bei dieser Auswertung besteht darin, daß der Gesamtausdruck nicht vom Basistyp ist, d.h. es bleiben äußere Abstraktionen bestehen, zu denen kein Argument existiert. Das hat zur Folge, daß auch bei einer 'call-by-value'-Strategie aktuelle Parameter selbst nach ihrer Auswertung nicht notwendigerweise geschlossene Ausdrücke sind, so daß durch ihre Substitution falsche Bindungen entstehen können.

Ein weiteres Problem ergibt sich, wenn aktuelle Parameter nicht vom Basistyp sind. Da sich funktionale Ausdrücke nicht auf Konstanten reduzieren lassen, können ebenfalls falsche Variablenbindungen durch die Substitution von aktuellen Parametern entstehen. Für später entwickelte Dialekte von LISP hat man daher eine spezielle Behandlung funktionaler Argumente implementiert, auf die hier nicht weiter eingegangen werden soll (vgl. Allen [2]).

Der Kern der Sprache LISP, der auch als Metasprache zur Definition des Interpreters verwendet wird, beschränkt sich auf Ausdrücke vom Basistyp, die auch nur Parameter vom Basistyp zulassen. Diese Sprache werden wir im folgenden formal definieren und nachweisen, daß gegen alle Absicht die Semantik dennoch nicht mit den Gesetzen des λ-Kalküls verträglich ist.

5.1.1 Syntax von Kern-LISP

Syntaktische Bereiche mit dazugehörigen Metavariablen

Primitive Bereiche

X Bereich der Variablen x, y, z, f, g

N Bereich der Zahlen n, m

W Bereich der Worte v, w

B Bereich der Wahrheitswerte b

   $B := \{\underline{tt}, \underline{ff}\}$

O Bereich der Basisoperationen o

   $O := \{\underline{car}^{(1)}, \underline{cdr}^{(1)}, \underline{cons}^{(2)}, \underline{eq}^{(2)}, \underline{atom}^{(1)}, \underline{null}^{(1)}, +^{(2)}, *^{(2)}, -^{(2)}, \ldots\}$

Zusammengesetzte Bereiche

A Bereich der Atome a

L Bereich der Listen l

E Bereich der Ausdrücke e

F Bereich der Funktionen fn

Syntaktische Klauseln

$$a \quad ::= \quad w \mid b \mid n$$
$$l \quad ::= \quad \mathbf{err} \mid a \mid (l^*) \mid (l_1.l_2)$$
$$e \quad ::= \quad l \mid x \mid fn[e_1; \ldots; e_n] \mid [e_{1_1} \longrightarrow e_{1_2}; \ldots; e_{n_1} \longrightarrow e_{n_2}]$$
$$fn \quad ::= \quad o \mid f \mid \lambda[[x_1; \ldots; x_n]; e] \mid \mathbf{label}\ [f; fn]$$

Zunächst einige Erläuterungen zur Syntax:

In Anlehnung an die LISP-Konvention wurden kleine Buchstaben als Metavariablen gewählt.

Die primitiven Bereiche X, N und W sind hier nicht vollständig definiert, da dies systemabhängig ist und auf die Semantikspezifikation keinen Einfluß hat.

Auch die Menge der Basisoperationen variiert je nach Implementierung, wobei die hier explizit genannten stets vorhanden sind. Der hochgestellte Index bezeichnet die Stelligkeit einer Basisoperation. In LISP sind alle Operationen über dem Bereich L der Listen erklärt, dadurch ist ihr Typ durch Angabe der Stelligkeit eindeutig bestimmt.

Wie bereits aus der Syntaxdefinition implizit hervorgeht, sind in diesem Bereich L

recht allgemeine Listenstrukturen zusammengefaßt. Die entsprechende Bereichsgleichung lautet:

$$L = A + L^* + (L \times L) \, .$$

In LISP wird im allgemeinen nur die Gleichung

$$L = A + (L \times L)$$

verwendet, wobei Objekte aus L^* auf Objekte aus $A + (L \times L)$ durch folgende Injektion i abgebildet werden:

$$i\,() \;\; = \;\; \underline{nil} \quad \text{(ein spezielles Wort aus } A)$$
$$i\,l_1.l \;\; = \;\; \langle l_1, l \rangle \quad \text{(meist als 'dotted pair' } (l_1.l) \text{ geschrieben).}$$

Syntaktisch ist es jedoch eine brauchbare Spracherweiterung, wenn sowohl die Listen- als auch die Paarschreibweise erlaubt ist.

Vergleicht man dies mit der Syntax des getypten λ-Kalküls, so stellt man fest, daß sich Kern-LISP davon nur geringfügig unterscheidet:

1. Die Verzweigung ist ein eigenes syntaktisches Konstrukt und nicht Element der Menge der Basisoperationen.

2. Die Typen der LISP-Objekte sind auf den Basistyp L und funktionale Typen erster Stufe der Form $L^n \longrightarrow L$ eingeschränkt.

3. Wegen der unter Punkt 2. genannten Typeinschränkung muß die Rekursion explizit (als Sprachelement **label**) aufgenommen werden, da der Operator *fix* zur Definition rekursiver Listenfunktionen vom Typ

$$[L^n \longrightarrow L] \longrightarrow [L^n \longrightarrow L]$$

   ist.

4. Die Applikation und Abstraktion sind n-stellig anstatt monadisch wie im λ-Kalkül.

5. Die Bezeichnungen der Basisobjekte und -operationen weichen geringfügig ab. Listenklammern sind rund anstatt spitz, Applikationsklammern sind ekkig anstatt rund, und die Basisoperationen haben folgende Entsprechungen:

$$\underline{car} \;\; \hat{=} \;\; \underline{hd}$$
$$\underline{cdr} \;\; \hat{=} \;\; \underline{tl}$$
$$\underline{cons}[k;l] \;\; \hat{=} \;\; k.l$$
$$\underline{atom} \;\; \hat{=} \;\; \underline{is}_A$$

Mit diesen Erläuterungen kann man unmittelbar die Semantik der Sprache Kern-LISP als die Semantik des λ-Kalküls verstehen. Der Vollständigkeit halber sei diese hier noch einmal formal definiert, wobei erneut darauf hingewiesen wird, daß es sich dabei *nicht* um die Semantik von LISP handelt, wie sie in [87] durch den Interpreter *evalquote* von McCarthy et al. definiert ist, sondern um eine denotationelle Semantikbeschreibung von Kern-LISP mit *statischer* Variablenbindung.

5.1.2 Statische Semantik von Kern-LISP

Semantische Bereiche mit dazugehörigen Metavariablen

Die semantischen Bereiche für Atome und Listen seien die gleichen wie die syntaktischen.

$$U = X \longrightarrow L + [L^* \longrightarrow L] \quad \text{Bereich der Umgebungen } \sigma$$

Semantikfunktionen

$$\mathcal{E} \; : \; E \; \longrightarrow \; U \longrightarrow L$$
$$\mathcal{F} \; : \; F \; \longrightarrow \; U \longrightarrow L^* \longrightarrow L$$

Semantische Klauseln

1. **Semantik der Ausdrücke**

   (a) $\quad \mathcal{E}[\![l]\!]\sigma = l$

   (b) $\quad \mathcal{E}[\![x]\!]\sigma = \sigma x$

   (c) $\quad \mathcal{E}[\![fn[e_1;\ldots;e_n]]\!]\sigma = \mathcal{F}[\![fn]\!]\sigma(\mathcal{E}[\![e_1]\!]\sigma,\ldots,\mathcal{E}[\![e_n]\!]\sigma)$

   (d) $\quad \mathcal{E}[\![[e_{1_1} \longrightarrow e_{1_2};\ldots;e_{n_1} \longrightarrow e_{n_2}]]\!]\sigma = \mathcal{E}[\![e_{1_1}]\!]\sigma \longrightarrow \mathcal{E}[\![e_{1_2}]\!]\sigma,$

   $$\ldots$$

   $$\mathcal{E}[\![e_{n_1}]\!]\sigma \longrightarrow \mathcal{E}[\![e_{n_2}]\!]\sigma, \underline{ff}$$

2. **Semantik der Funktionen**

   (a) $\quad \mathcal{F}[\![o]\!]\sigma = o$

   (b) $\quad \mathcal{F}[\![f]\!]\sigma = \sigma f$

   (c) $\quad \mathcal{F}[\![\lambda[[x_1;\ldots;x_n];e]]\!]\sigma = \lambda l_1 \ldots l_n.\mathcal{E}[\![e]\!]\sigma[l_1 \cdots l_n/x_1 \cdots x_n]$

   (d) $\quad \mathcal{F}[\![\text{label } [f;fn]]\!]\sigma = \underline{fix}\; \lambda F.\mathcal{F}[\![fn]\!]\sigma[F/f]$

Für die Sprache Kern-LISP zusammen mit der statischen Semantik gilt nun die gewünschte Gleichheit von Programmiersprache und Metasprache, denn für geschlossene Ausdrücke und Funktionen gilt bis auf unterschiedliche Konventionen in der Schreibweise:

$$[\![e]\!] = e \quad \text{und} \quad [\![fn]\!] = fn \; .$$

5.1.3   Operationelle Semantik von Kern-LISP

Im LISP 1.5 Programmer's Manual von McCarthy et al. [87] wird Kern-LISP als Metasprache zur Definition der Semantik von LISP verwendet. Eine universelle Funktion *evalquote* zur Auswertung von LISP-Funktionen wird dort in Kern-LISP definiert. Um den Vergleich zur statischen Semantik zu ermöglichen, soll der Interpreter *evalquote* hier kurz vorgestellt werden. Da alle LISP-Funktionen auf Listen arbeiten, müssen Ausdrücke und Funktionen als Listen dargestellt werden, um sie der Auswertungsfunktion *evalquote* als Argument übergeben zu können. Dazu wird eine Übersetzungsfunktion τ definiert.

Zunächst erweitert man die Menge A der Atome um die Menge X der Variablen, um die Menge O der Basisoperationssymbole und um die Elemente *err*, *quote*, *cond*, *lambda* und *label*.

Definition 5.1

$$\tau : (E + F) \longrightarrow L$$

$$\tau \; \mathbf{err} \; = \underline{err}$$

$$\tau \; a = (\underline{quote} \; a)$$

$$\tau \; (l_1 \ldots l_n) = (\tau l_1 \; \ldots \; \tau l_n)$$

$$\tau \; (l_1 . l_2) = (\tau l_1 \; . \; \tau l_2)$$

$$\tau \; x = x$$

$$\tau \; fn[e_1; \ldots; e_n] = (\tau fn \; \tau e_1 \; \ldots \; \tau e_n)$$

$$\tau \; [e_{1_1} \longrightarrow e_{1_2}; \ldots; e_{n_1} \longrightarrow e_{n_2}] = (\underline{cond}(\tau e_{1_1} \; \tau e_{1_2}) \; \ldots \; (\tau e_{n_1} \; \tau e_{n_2}))$$

$$\tau \; o = o$$

$$\tau \; f = f$$

$$\tau \; \lambda[[x_1; \ldots; x_n]; e] = (\underline{lambda} \; (x_1 \ldots x_n) \; \tau e)$$

$$\tau \; \mathbf{label} \; [f; fn] = (\underline{label} \; f \; \tau fn)$$

■

Nun soll die Interpreterfunktion *evalquote* in Kern-LISP so definiert werden, daß gilt:

$$\underline{evalquote}[\tau \; fn; (e_1 \ldots e_n)] = fn[e_1; \ldots; e_n] \; .$$

Wie zu Beginn dieses Abschnittes erläutert, ist die Idee dieses Interpreters, einen Kellerspeicher zur Ablage von Variablenbindungen zu verwenden. Dieser Kellerspeicher wird 'association-list' oder kurz 'a-list' genannt.

Zur Manipulation der a-list werden zwei Hilfsfunktionen definiert:

$$\underline{pairlist}[x; y; a] \;=\; [\underline{null}[x] \longrightarrow a;$$
$$\underline{tt} \longrightarrow \underline{cons}[\underline{cons}[\underline{car}[x]; \underline{car}[y]]; \underline{pairlist}[\underline{cdr}[x]; \underline{cdr}[y]; a]]]$$

$$\underline{assoc}[x; a] \;=\; [\underline{eq}[\underline{caar}[a]; x] \longrightarrow \underline{car}[a];$$
$$\underline{tt} \longrightarrow \underline{assoc}[x; \underline{cdr}[a]]] \; .$$

Wie man sieht, wird auch in LISP die Gleichungsschreibweise der Notation unter
Verwendung von **label** bevorzugt. Eine weitere syntaktische Vereinfachung ist die
Abkürzung von Kompositionen aus $\underline{car}$ und $\underline{cdr}$ durch die entsprechende Folge von
a's bzw. d's zwischen den Buchstaben c und r.

Beispiel:

$$\underline{cddar}[x] = \underline{cdr}[\underline{cdr}[\underline{car}[x]]] \; .$$

Die Wirkungsweise von *pairlist* entspricht der Modifikation von Umgebungen in
der denotationellen Semantik. Jede a-list beschreibt eindeutig eine Umgebung, und
in der vertrauten Notation könnte man sagen:

$$\underline{pairlist}[x; y; a] \;\hat{=}\; a\,[x/y] \; .$$

Beispiel:

$$\underline{pairlist}[(a\ b\ c); (u\ v\ w); ((d.x)(e.y))]$$
$$= \; \underline{cons}[\underline{cons}[a; u]; \underline{pairlist}[(b\ c); (v\ w); ((d.x)(e.y))]]$$
$$= \; ((a.u).\underline{cons}[\underline{cons}[b; v]; \underline{pairlist}[(c); (w); ((d.x)(e.y))]])$$
$$= \; ((a.u).((b.v).\underline{cons}[\underline{cons}[c; w]; \underline{pairlist}[(); (); ((d.x)(e.y))]]))$$
$$= \; ((a.u).((b.v).((c.w).((d.x)(e.y)))))$$
$$= \; ((a.u)(b.v)(c.w)(d.x)(e.y))$$

Die Hilfsfunktion $\underline{assoc}$ bestimmt zu einer Variablen x und einer a-list a das entsprechende Tupel

$$(x.\text{'Wert von } x \text{ bzgl. } a') \; .$$

Beispiel:

$$\underline{assoc}[y; ((a.(m\ n))(y.(\underline{car}\ x))(c.(\underline{quote}\ m))(c.(\underline{cdr}\ x)))]$$
$$= \; \underline{assoc}[y; ((y.(\underline{car}\ x))(c.(\underline{quote}\ m))(c.(\underline{cdr}\ x)))]$$
$$= \; (y.(\underline{car}\ x)) \; .$$

Die universelle Funktion *evalquote* verwendet zur Berechnung eines Funktionswertes im wesentlichen die Hilfsfunktionen *eval* und *apply*. *apply* bestimmt den Wert einer LISP-Funktion, angewendet auf eine Argumentliste, bzgl. einer a-list, und *eval* bestimmt den Wert eines Ausdruckes bzgl. einer a-list.

Definition 5.2 (Der Kern-LISP-Interpreter *evalquote*)

$$evalquote[fn; x] = apply[fn; x; nil]$$

$$apply[fn; x; a] =$$

$$[atom[fn] \longrightarrow [\ eq[fn; car] \longrightarrow caar[x];$$
$$eq[fn; cdr] \longrightarrow cdar[x];$$
$$eq[fn; cons] \longrightarrow cons[car[x]; cadr[x]];$$
$$eq[fn; atom] \longrightarrow atom[car[x]];$$
$$eq[fn; eq] \longrightarrow eq[car[x]; cadr[x]];$$
$$tt \longrightarrow apply[eval[fn; a]; x; a]];$$

$$eq[car[fn]; lambda] \longrightarrow eval[caddr[fn]; pairlist[cadr[fn]; x; a]];$$

$$eq[car[fn]; label] \longrightarrow apply[caddr[fn]; x; cons[cons[cadr[fn]; caddr[fn]]; a]]]$$

$$eval[e; a] =$$

$$[atom[e] \longrightarrow cdr[assoc[e; a]];$$

$$[atom[car[e]] \longrightarrow [\ eq[car[e]; quote] \longrightarrow cadr[e];$$
$$eq[car[e]; cond] \longrightarrow evcon[cdr[e]; a];$$
$$tt \longrightarrow apply[car[e]; evlis[cdr[e]; a]; a]];$$

$$tt \longrightarrow apply[car[e]; evlis[cdr[e]; a]; a]]$$

$$evcon[c; a] =$$

$$[eval[caar[c]; a] \longrightarrow eval[cadar[c]; a];$$

$$tt \longrightarrow evcon[cdr[c]; a]]$$

$$evlis[m; a] =$$

$$[null[m] \longrightarrow nil;$$

$$tt \longrightarrow cons[eval[car[m]; a]; evlis[cdr[m]; a]]]$$

Die 'call-by-value'-Implementierung erkennt man im letzten Zweig der Funktion *eval*, der dann verwendet wird, wenn das Argument *e* aus einer noch nicht reduzierten Funktion *car*[e], angewendet auf die Argumente *cdr*[e], besteht. In diesem Fall wird die Auswertungsfunktion *apply* auf die Funktion *car*[e] und die durch *evlis* ausgewerteten Argumente angewendet.

5.1.4   Inkonsistenzen von LISP

Die Inkorrektheit von Kern-LISP bzgl. der statischen Semantik läßt sich nun durch Angabe einer LISP-Funktion fn und eines Arguments e , so daß

$$\mathcal{F}\llbracket fn \rrbracket \; \mathcal{E}\llbracket e \rrbracket \neq \underline{evalquote}[\tau \; fn; (e)]$$

gilt, formal nachweisen.

Satz 5.3

> *Die LISP-Semantik ist ungleich der statischen Semantik.*

Beweis: Sei

$$fn = \lambda[[x]; \mathbf{label} \; [f; \lambda[[z]; [z = 0 \longrightarrow x; \underline{tt} \longrightarrow \lambda[[x]; f[x-1]][1]]]][1]]$$

und

$$e = 0 \; .$$

Sei ferner σ eine Umgebung. Da aus der Syntax bereits ersichtlich ist, ob es sich um einen Ausdruck oder eine Funktion handelt, können hier die Namen $\mathcal{E}$ bzw. $\mathcal{F}$ der Semantikfunktionen weggelassen werden, so daß ein Ausdruck der Form

$$\llbracket \cdots \rrbracket$$

für den entsprechenden Ausdruck

$$\mathcal{E}\llbracket \cdots \rrbracket \quad \text{bzw.} \quad \mathcal{F}\llbracket \cdots \rrbracket$$

steht.

1. $\llbracket fn \rrbracket \sigma \; \llbracket e \rrbracket \sigma$

    $= \; \llbracket \mathbf{label} \; [\cdots][1] \rrbracket \sigma \, [0/x]$

    $= \; \llbracket \lambda[[z]; \cdots] \rrbracket \sigma \, [0/x] \left[\llbracket \underline{label} \cdots \rrbracket \sigma \, [0/x] / f \right] (1) \quad \text{Fixpunkteigenschaft}$

    $= \; \llbracket [z = 0 \longrightarrow x; \; \underline{tt} \longrightarrow \cdots] \rrbracket \sigma \, [0/x] \left[\llbracket \underline{label} \cdots \rrbracket \sigma \, [0/x] / f \right] [1/z]$

$$= \ \llbracket \lambda[[x]; f[x-1]][1] \rrbracket \, \sigma \, [0/x] \left[\llbracket \underline{label} \cdots \rrbracket \sigma \, [0/x] \, / f \right] [1/z]$$

$$= \ \llbracket f[x-1] \rrbracket \sigma \, [0/x] \left[\llbracket \underline{label} \cdots \rrbracket \sigma \, [0/x] \, / f \right] [1/z][1/x]$$

$$= \ \llbracket \text{label} \cdots \rrbracket \sigma \, [0/x] \, (0)$$

$$= \ 0$$

2. $\underline{evalquote}[\tau \ fn; (e)]$

$$= \ \underline{apply}[\tau \ fn; (0); \underline{nil}]$$

$$= \ \underline{apply}[(\underline{lambda}(x)((\underline{label} \ f(\underline{lambda}(z)(\underline{cond}((eq \ z \ (\underline{quote} \ 0))x)$$
$$(\underline{tt}((\underline{lambda}(x) \ (f(-x(\underline{quote} \ 1))))(\underline{quote} \ 1))))))(\underline{quote} \ 1))); (0); \underline{nil}]$$

$$= \ \underline{eval}[((\underline{label} \ f \cdots)(\underline{quote} \ 1)); ((x.0))]$$

$$= \ \underline{apply}[(\underline{label} \ f \cdots); \underline{evlis}[((\underline{quote} \ 1)); ((x.0))]; ((x.0))]$$

$$= \ \underline{apply}[(\underline{label} \ f \ (\underline{lambda} \ (z) \cdots)); (1); ((x.0))]$$

$$= \ \underline{apply}[(\underline{lambda} \ (z) \cdots); (1); ((f.(\underline{lambda} \ (z) \cdots))(x.0))]$$

$$= \ \underline{eval}[(\underline{cond} \cdots); ((z.1)(f.(\underline{lambda} \ (z) \cdots))(x.0))]$$

$$= \ \underline{eval}[((\underline{lambda} \ (x) \cdots)(\underline{quote} \ 1)); ((z.1)(f.(\underline{lambda} \ (z) \cdots))(x.0))]$$

$$= \ \underline{apply}[(\underline{lambda} \ (x) \cdots); \underline{evlis}[((\underline{quote} \ 1)); \cdots]; ((z.1)(f. \cdots)(x.0))]$$

$$= \ \underline{apply}[(\underline{lambda} \ (x) \cdots); (1); ((z.1)(f.(\underline{lambda} \ (z) \cdots))(x.0))]$$

$$= \ \underline{eval}[(f(-x(\underline{quote} \ 1))); ((x.1)(z.1)(f.(\underline{lambda} \ (z) \cdots))(x.0))]$$

$$= \ \underline{apply}[f; 0; ((x.1)(z.1)(f.(\underline{lambda} \ (z) \cdots))(x.0))]$$

$$= \ \underline{apply}[\underline{eval}[f; (\cdots)]; 0; ((x.1)(z.1)(f.(\underline{lambda} \ (z) \cdots))(x.0))]$$

$$= \ \underline{apply}[(\underline{lambda} \ (z) \cdots); 0; ((x.1)(z.1)(f.(\underline{lambda} \ (z) \cdots))(x.0))]$$

$$= \ \underline{eval}[(\underline{cond} \cdots); ((z.0)(x.1)(z.1)(f.(\underline{lambda} \ (z) \cdots))(x.0))]$$

$$= \ \underline{eval}[x; ((z.0)(x.1)(z.1)(f.(\underline{lambda} \ (z) \cdots))(x.0))]$$

$$= \ 1$$

Q.E.D.

An diesem Beweis erkennt man den Unterschied zwischen statischer und dynamischer Variablenbindung. An das Funktionssymbol f wird bei statischer Semantik die Funktion $[\![\mathbf{label}\ [f; \cdots]\!]\!]\,\sigma$ gebunden, wobei σ die statische Umgebung dieser Funktionsdefinition ist, während der LISP-Interpreter das Tupel $(f.\cdots)$ textmäßig in die a-list schreibt, ohne die aktuelle Umgebung mit festzuhalten. Bei einem Aufruf von f wird dann diese Funktion bzgl. der dann erstellten a-list, also in der Aufrufumgebung ausgewertet. Nun könnte man meinen, es sei nur eine Frage der Konvention, ob statische oder dynamische Semantik vereinbart wird. Dies ist leider nicht ohne schwerwiegende Konsequenzen der Fall, wie folgende Sätze verdeutlichen.

Satz 5.4 *Die Semantik von Kern-LISP ist nicht konsistent mit dem Gesetz der Variablenumbenennung.*

Beweis: Sei fn wie im Beweis von Satz 5.3. Durch Umbenennung der inneren Abstraktion nach x in y entsteht der Ausdruck

$$fn' = \lambda[[x]; \mathbf{label}\ [f; \lambda[[z]; [z = 0 \longrightarrow x; \underline{tt} \longrightarrow \lambda[[y]; f[y - 1]][1]]]]][1]]\ .$$

Nun läßt sich leicht verifizieren, daß die Gleichung

$$\underline{evalquote}[\tau\ fn'; (e)] = 0$$

gilt, während ja im Beweis von Satz 5.3 die Gleichung

$$\underline{evalquote}[\tau\ fn; (e)] = 1$$

hergeleitet wurde. **Q.E.D.**

Satz 5.5 *Die Semantik von Kern-LISP ist nicht konsistent mit dem Gesetz der β-Reduktion.*

Beweis: Sei wieder fn wie im Beweis von Satz 5.3. Durch Reduktion des innersten Redexes entsteht der Ausdruck

$$fn'' = \lambda[[x]; \mathbf{label}\ [f; \lambda[[z]; [z = 0 \longrightarrow x; \underline{tt} \longrightarrow f[0]][1]]\ .$$

Nun gilt wieder die Gleichung

$$\underline{evalquote}[\tau\ fn''; (e)] = 0\ ,$$

während im Beweis von Satz 5.3 die Gleichung

$$\underline{evalquote}[\tau\ fn; (e)] = 1$$

gezeigt wurde. **Q.E.D.**

Daß es sich bei der Implementierung von LISP mit dynamischer Variablenbindung um ein Versehen handelt, wird deutlich, wenn man im LISP 1.5 Programmer's Manual liest: „The variables in a lambda-expression are dummy or bound variables because systematically changing them does not alter the meaning of the expression", [87] S. 7. Diese Aussage ist nach Satz 5.4 falsch.

Leider ist dieser Fehler bis heute in allen verbreiteten LISP-Implementierungen, insbesondere auch in den LISP-Maschinen von Symbolics und LMI, vorhanden. Bei der Untersuchung von Programmeigenschaften, muß man daher auf die Definition des Interpreters zurückgreifen, anstatt die Gesetze des λ-Kalküls verwenden zu können. Dies führt insbesondere dazu, daß sich LISP-Programme nicht so leicht verifizieren lassen wie die entsprechenden Ausdrücke des λ-Kalküls. Bereits der kurze Beweis zu Satz 5.3 macht den Unterschied in der Komplexität zwischen λ-Reduktionen und entsprechenden Schritten des Interpreters *evalquote* deutlich.

5.2 FP-Systeme

Backus führt in seinem „ACM Turing Award Lecture" [9] aus, daß konventionelle Programmiersprachen zu groß, zu komplex und zu unflexibel seien, um heutigen Ansprüchen an Ausdrucksstärke und semantische Klarheit gerecht zu werden. Seiner Meinung nach orientieren sich die Programmiersprachen immer noch zu stark am Konzept des von Neumann-Rechners, der über *einen* Kanal in *sequentieller* Reihenfolge Informationen zwischen der Zentraleinheit und dem Kernspeicher austauscht. Diese eingeschränkte Möglichkeit der Speichermanipulation nennt er das „von Neumann bottleneck". Es führt auf der Seite der Sprachen dazu, daß ein Programm eine sequentielle Folge von Zuweisungsbefehlen definiert, anstatt auch von komplexeren Speichermanipulationen Gebrauch zu machen.

Als Alternative zu diesen Konzepten schlägt Backus funktionale Programmierung vor, wobei er das Prinzip verfolgt, aus einigen vorgegebenen Basisprogrammen unter Verwendung von Kombinatoren in hierarchischer Weise neue Programme zu konstruieren. In seiner Sprache, den FP-Systemen besteht ein Programm aus einer Funktionsdefinition ohne Variablen. Alle Funktionen sind vom gleichen Typ, nämlich monadische Abbildungen über Atomen und geschachtelten Listen. Die Datenstruktur ist also die gleiche wie in LISP, nur nennt Backus die Elemente daraus *Objekte* und beschreibt sie in einer abgeänderten Notation.

Ein FP-System besteht aus

- einer Menge O von *Objekten*,

- einer Menge F von *Funktionen* über O. Die Menge F besteht aus drei Teilmengen: den *primitiven Funktionen*, der Menge $\mathcal{F}$ von *funktionalen Ausdrükken* und der Menge D von *Definitionen*.

Im folgenden sollen diese Komponenten der Reihe nach beschrieben werden:

Objekte Die Menge O der Objekte über einer Menge A von Atomen ist induktiv durch 1. und 2. bestimmt:

1. $\bot \in O$, $\emptyset \in O$ und $a \in O$ für alle Atome a aus A.

2. $< x_1, \ldots, x_n > \in O$ mit $x_i \in O$, $1 \leq i \leq n$, $n \in I\!N$.

Dabei entspricht das Symbol $\emptyset$ dem NIL aus LISP und bezeichnet die leere Liste. Es ist das einzige Objekt, das sowohl ein Atom als auch eine Liste ist. Die Atome T und F bezeichnen die Wahrheitswerte „wahr" und „falsch".

Funktionen Funktionen sind Abbildungen von O nach O. Die Applikation einer Funktion f auf ein Argument x wird durch $f : x$ bezeichnet.
Alle Funktionen aus F sind stetig und strikt, d.h. F ist eine Teilmenge von $[O \longrightarrow O]$ mit $f : \bot = \bot$ für alle f aus F.
Zur Definition von Elementen aus F verwendet Backus eine Variante von McCarthy's bedingter Verzweigung ([83]). So schreibt er

$$p_1 \longrightarrow e_1; \cdots; p_n \longrightarrow e_n; e_{n+1}$$

anstelle von McCarthy's Ausdruck

$$(p_1 \longrightarrow e_1, \ldots, p_n \longrightarrow e_n, T \longrightarrow e_{n+1}) \ .$$

Primitive Funktionen

Selektoren Jede natürliche Zahl s dient als Selektor:

$$\underline{s} : x \equiv x =< x_1, \ldots, x_n > \ \& \ n \geq s \longrightarrow x_s; \bot$$

Jede natürliche Zahl mit dem Zusatz „r" dient als Rechtsselektor:

$$\underline{s}r : x \equiv x =< x_1, \ldots, x_n > \ \& \ n \geq s \longrightarrow x_{n+1-s}; \bot$$

Beispiel:

$$\underline{2} :< A, B, C, D > \ = \ B$$
$$\underline{2}r :< A, B, C, D > \ = \ C$$
$$\underline{2} :< A > \ = \ \bot$$

Tail-Funktionen

$$\underline{tl} : x \equiv x =< x_1 > \longrightarrow \emptyset; x =< x_1, \ldots, x_n > \ \& \ n > 1 \longrightarrow < x_2 \ldots x_n >; \bot$$

$$\underline{tlr} : x \equiv x =< x_1 > \longrightarrow \emptyset; x =< x_1, \ldots, x_n > \ \& \ n > 1 \longrightarrow < x_1 \ldots x_{n-1} >;$$

Identität

$$\underline{id} : x \equiv x$$

Tests auf leere Liste, Atom und Gleichheit

$$\underline{null} : x \;\equiv\; x = \emptyset \longrightarrow T; x \neq \bot \longrightarrow F; \bot$$

$$\underline{atom} : x \;\equiv\; x \in A \longrightarrow T; x \neq \bot \longrightarrow F; \bot$$

$$\underline{eq} : x \;\equiv\; x =< y, z > \,\&\, y = z \longrightarrow T; x =< y, z > \,\&\, y \neq z \longrightarrow F; \bot$$

Spiegelung

$$\underline{reverse} : x \equiv x = \emptyset \longrightarrow \emptyset; x =< x_1, \ldots, x_n > \longrightarrow < x_n \ldots, x_1 >; \bot$$

Verteilungsfunktionen

$$\underline{distl} : x \;\equiv\; x =< y, \emptyset > \longrightarrow \emptyset;$$
$$x =< y, < z_1, \ldots, z_n >> \longrightarrow << y, z_1 >, \ldots, < y, z_n >>; \bot$$

$$\underline{distr} : x \;\equiv\; x =< \emptyset, y > \longrightarrow \emptyset;$$
$$x =<< z_1, \ldots, z_n >, y > \longrightarrow << z_1, y >, \ldots, < z_n, y >>; \bot$$

Längenfunktion

$$\underline{length} : x \equiv x = \emptyset \longrightarrow 0; x =< x_1, \ldots, x_n > \longrightarrow n; \bot$$

Arithmetische Funktionen

$$+ : x \;\equiv\; x =< y, z > \,\&\, y, z \in I\!N \longrightarrow y + z; \bot$$

$$- : x \;\equiv\; x =< y, z > \,\&\, y, z \in I\!N \longrightarrow y - z; \bot$$

$$* : x \;\equiv\; x =< y, z > \,\&\, y, z \in I\!N \longrightarrow y * z; \bot$$

$$\div : x \;\equiv\; x =< y, z > \,\&\, y, z \in I\!N \longrightarrow y \div z; \bot$$

Transposition

$$\underline{trans} : x \;\equiv\; x =< \emptyset, \ldots, \emptyset > \longrightarrow \emptyset;$$
$$x =< x_1, \ldots, x_n > \longrightarrow < y_1, \ldots, y_m >; \bot$$

wobei

$$x_i =< x_{i_1}, \ldots, x_{i_m} > \quad \text{und} \quad y_j =< x_{1_j}, \ldots, x_{n_j} >$$

für alle $1 \leq i \leq n$, $1 \leq j \leq m$.

Boolesche Funktionen

$$\underline{and} : x \;\equiv\; x =< T, T > \longrightarrow T;$$
$$x =< T, F > \vee x =< F, T > \vee x =< F, F > \longrightarrow F; \bot$$

$$\underline{or} : x \;\equiv\; x =< F, F > \longrightarrow F;$$
$$x =< T, F > \vee x =< F, T > \vee x =< T, T > \longrightarrow T; \bot$$

$$\underline{not} : x \;\equiv\; x = T \longrightarrow F; \; x = F \longrightarrow T; \bot$$

Append-Funktionen

$$\underline{apndl} : x \quad \equiv \quad x = < y, \emptyset > \longrightarrow < y >;$$
$$x = < y, < z_1, \ldots z_n >> \longrightarrow < y, z_1, \ldots, z_n >; \ \bot$$
$$\underline{apndr} : x \quad \equiv \quad x = < \emptyset, y > \longrightarrow < y >;$$
$$x = << z_1, \ldots z_n >, y > \longrightarrow < z_1, \ldots, z_n, y >; \ \bot$$

Rotationsfunktionen

$$\underline{rotl} : x \quad \equiv \quad x = \emptyset \longrightarrow \emptyset;$$
$$x = < x_1 > \longrightarrow < x_1 >;$$
$$x = < x_1, \ldots, x_n > \ \& \ n > 1 \longrightarrow < x_2 \ldots, x_n, x_1 >; \ \bot$$
$$\underline{rotr} : x \quad \equiv \quad x = \emptyset \longrightarrow \emptyset;$$
$$x = < x_1 > \longrightarrow < x_1 >;$$
$$x = < x_1, \ldots, x_n > \ \& \ n > 1 \longrightarrow < x_n, x_1, \ldots, x_{n-1} >; \ \bot$$

Funktionale Ausdrücke Ein funktionaler Ausdruck bezeichnet eine Funktion, deren Parameter nicht nur Objekte sondern auch Funktionen sein können. Backus verwendet die Buchstaben f, g und p als Metavariable für Funktionen.

Komposition

$$(f \circ g) : x \equiv f : (g : x)$$

Konstruktion

$$[f_1, \ldots, f_n] : x \equiv < f_1 : x, \ldots, f_n : x >$$

Verzweigung

$$(p \longrightarrow f; g) : x \equiv (p : x) = T \longrightarrow f : x; \ (p : x) = F \longrightarrow g : x; \ \bot$$

Konstante Funktionen

$$\underline{x} : y \equiv y = \bot \longrightarrow \bot; \ x \ \text{für alle} \ x \in O$$

Einsetzung

$$/f : x \quad \equiv \quad x = < y > \longrightarrow y;$$
$$x = < x_1, \ldots, x_n > \ \& \ n > 1 \longrightarrow f : < x_1, /f : < x_2, \ldots, x_n >>; \ \bot$$

Wenn f ein eindeutiges rechtsneutrales Element $u_f \neq \bot$ besitzt, d.h. $f : < x, u_f > \in \{x, \bot\}$ für alle $x \in O$, dann wird diese Definition erweitert:

$$/f : \emptyset = u_f .$$

Beispiel:

$$
\begin{aligned}
/+ \, :< 4,5,6 > \; &= \; + \, :< 4, /+ \, :< 5,6 >> \\
&= \; + \, :< 4, + \, :< 5, /+ \, :< 6 >>> \\
&= \; + \, :< 4, + \, :< 5,6 >> \\
&= \; 15
\end{aligned}
$$

$$
/+ \, : \emptyset \; = \; 0
$$

Allanwendung

$$
\alpha f : x \;\; \equiv \;\; x = \emptyset \longrightarrow \emptyset;
$$
$$
x =< x_1, \ldots, x_n > \longrightarrow < f : x_1, \ldots, f : x_n >; \;\; \bot
$$

Binär in Monadisch

$$
(\underline{bu} \; f \; x) : y \equiv f :< x,y >
$$

Schleifen

$$
(\underline{while} \; p \; f) : x \;\; \equiv \;\; x = F \longrightarrow x;
$$
$$
x = T \longrightarrow (\underline{while} \; p \; f) : (f : x); \;\; \bot
$$

Definitionen Eine *Definition* in einem FP-System ist ein Ausdruck der Form

$$
\textbf{Def} \; l \equiv r \; ,
$$

wobei die linke Seite l ein noch nicht verwendetes Funktionssymbol ist und
die rechte Seite r ein funktionaler Ausdruck, in dem l vorkommen darf.

Beispiel:

$$
\textbf{Def} \; \underline{last} \equiv \underline{null} \circ \underline{tl} \longrightarrow 1; \; \underline{last} \circ \underline{tl}
$$

Sieht man von den Konventionen in der Notation ab, so gilt für die FP-Systeme:
Die Objektsprache ist eine echte Teilmenge der Metasprache. Daher ist die Semantik eines Ausdrucks das durch diesen Ausdruck bezeichnete Objekt, bzw. die
durch diesen Ausdruck bezeichnete Funktion.

Beispiel: Ein FP-Ausdruck zur Berechnung des Skalarproduktes zweier Vektoren lautet:

$$\textbf{Def } \underline{sp} \equiv (/+) \circ (\alpha*) \circ \underline{trans}$$

Die Semantik dieses Ausdruckes, angewendet auf das Argument

$$x = <<2,5,4>,<3,2,3>>\ ,$$

läßt sich nun anhand der Bedeutung der Teilausdrücke wie folgt berechnen:

$$
\begin{aligned}
\underline{sp} : x &= ((/+) \circ (\alpha*) \circ \underline{trans}) : x \\
&= (/+) : (\alpha* : (\underline{trans} : x)) \\
&= (/+) : (\alpha* : <<2,3>,<5,2>,<4,3>>) \\
&= (/+) : < * :<2,3>, * :<5,2>, * :<4,3>> \\
&= (/+) : <6,10,12> \\
&= 28
\end{aligned}
$$

Der entscheidende Vorteil der Verschmelzung zwischen Objekt- und Metasprache liegt darin, daß Aussagen über Programme in der gleichen Sprache geschrieben und bewiesen werden können, in der auch die Programme selbst formuliert sind.

Als Beispiel sei folgendes Lemma bewiesen:

Lemma:

$$\underline{apndl} \circ [f \circ g, \alpha f \circ h] = \alpha f \circ \underline{apndl} \circ [g,h]$$

Beweis: Sei $x \in O$.

1. **Fall** $h : x$ ist keine Folge, insbesondere nicht die leere Folge $\emptyset$. Dann ergeben beide Gleichungsseiten, angewendet auf x, den Wert $\perp$.

2. **Fall** $h : x = \emptyset$. Dann gilt:

$$
\begin{aligned}
\underline{apndl} \circ [f \circ g, \alpha f \circ h] : x &= \underline{apndl} :< f \circ g : x, \emptyset > \\
&= < f : (g : x) > \\[1em]
\alpha f \circ \underline{apndl} \circ [g,h] : x &= \alpha f \circ \underline{apndl} :< g : x, \emptyset > \\
&= \alpha f :< g : x > \\
&= < f : (g : x) >
\end{aligned}
$$

3. Fall $h : x = < y_1, \ldots, y_n >$. Dann gilt:

$$\underline{apndl} \circ [f \circ g, \alpha f \circ h] : x \;=\; \underline{apndl} :< f \circ g : x, \alpha f :< y_1, \ldots, y_n >>$$
$$= \; < f : (g : x), f : y_1, \ldots, f : y_n >$$

$$\alpha f \circ \underline{apndl} \circ [g, h] : x \;=\; \alpha f \circ \underline{apndl} :< g : x, < y_1, \ldots, y_n >>$$
$$= \; \alpha f :< g : x, y_1, \ldots, y_n >$$
$$= \; < f : (g : x), f : y_1, \ldots, f : y_n >$$

Q.E.D.

Im Artikel von Backus [9] findet sich eine Vielzahl solcher allgemeiner Gesetze und ihre Beweise.

Eine Weiterentwicklung der Sprache der FP-Systeme sind die FFP-Systeme (Formal Systems for Functional Programming), in denen alle Objekte Funktionen darstellen, womit ähnlich wie in LISP universelle Funktionen existieren und neue funktionale Ausdrücke durch ein Programm definiert werden können. Auch hier sei zur ausführlichen Abhandlung auf Backus [9] verwiesen.

Abschließend sei noch erwähnt, daß der Programmierstil von FP- und FFP-Systemen dem Programmierer ein hohes Maß an Vertrautheit mit der Wirkungsweise der Kombinatoren abverlangt. Die entsprechenden Ausdrücke in der λ-Notation sind zwar etwas länger, lassen sich aber leichter lesen, weil die Objekte benannt werden können und der Ausdruck unmittelbar beschreibt, wie auf ihnen operiert wird.

Zur Illustration sei der Ausdruck für das Skalarprodukt aufgeführt:

$$\underline{sp} <><> \;=\; 0$$
$$\underline{sp} \; x.\overline{x} \; y.\overline{y} \;=\; x * y + (\underline{sp} \; \overline{x} \; \overline{y})$$

Eine Sprache, die auf solchen Gleichungssystemen aufbaut, ist die von Turner entwickelte Sprache Miranda, die im nächsten Abschnitt behandelt wird.

5.3   Programmieren mit rekursiven Gleichungssystemen

In den vergangenen zehn Jahren wurde eine Reihe funktionaler (applikativer) Programmiersprachen entwickelt, die sich durch eine klare Semantik auszeichnen, d.h. sie verwenden aus der Mathematik bekannte Notationen, die dann auch in der vertrauten Weise interpretiert werden. Damit ist die Verschmelzung von Syntax und

Semantik erreicht. Im wesentlichen besteht ein funktionales Programm aus einem rekursiven Gleichungssystem mit Funktionssymbolen und formalen Parametern auf den linken Seiten und applikativen Ausdrücken bzw. λ-Ausdrücken auf den rechten Seiten. Die beiden Seiten einer solchen Gleichung aus einem funktionalen Programm bezeichnen also stets auch semantisch gleiche Objekte. Daher kann etwa in einem Beweis ein Ausdruck, der der linken Seite entspricht, durch den entsprechenden Ausdruck der rechten Seite ersetzt werden und umgekehrt. Ein weiterer Vorteil funktionaler Sprachen im Vergleich zu den „von Neumann-Sprachen" ist wie bei den FP-Systemen ihre Nähe zur Spezifikation, da im Programm nicht mehr ein sequentieller Kontrollfluß definiert werden muß. Der Nachteil der funktionalen Programmierung ist die aufwendige Implementierung auf herkömmlichen Rechnern, die zu erheblicher Ineffizienz führt. Unter Verwendung neuer Technologien, insbesondere die Ausnutzung von VLSI und Parallelität, werden derzeit alternative Rechnermodelle entwickelt, die diesen Nachteil aufheben sollen.

Als Prototyp der Klasse der funktionalen Programmiersprachen soll in diesem Abschnitt die von Turner entwickelte Sprache Miranda vorgestellt werden (s. [122], [124], [125] und [126]). Weitere Sprachen dieser Art sind u.a. die Sprache HOPE von Burstall [22] und der funktionale Kern der Sprache ML von Milner et al. [93].

Die Sprache Miranda unterscheidet sich von Kern-LISP in vierfacher Hinsicht:

1. Die Syntax ist durch die generelle Verwendung von Gleichungen und anderen Konventionen erheblich benutzerfreundlicher.

2. Die Sprache enthält einige mengentheoretische und prädikatenlogische Konzepte.

3. Die Sprache ist streng getypt und erlaubt die Verwendung abstrakter Datentypen.

4. Die Semantik ist genau die statische Semantik rekursiver Gleichungssysteme.

Während die drei ersten Unterschiede unerhebliche Modifikationen sind, die sich auch in die Sprache LISP integrieren ließen, beinhaltet der vierte Punkt den entscheidenden Unterschied, der Miranda zu einer alternativen Sprache macht.

Da an dieser Stelle bereits die formalen Definitionen zweier funktionaler Sprachen mit der Eigenschaft, Objektsprache gleich Metasprache, vorliegen (getypter λ-Kalkül und Kern-LISP mit statischer Semantik), soll die Sprache Miranda an Beispielen informell vorgestellt werden, um die Brauchbarkeit und Eleganz solcher alternativen Sprachen zu illustrieren.

Die *Datenobjekte* von Miranda umfassen die primitiven Bereiche der Zahlen, der Wahrheitswerte und der Worte sowie die zusammengesetzten Bereiche der Listen und Verbunde (records). Variablen sind Worte über den kleinen lateinischen Buchstaben.

Beispiele:

4, 7.36, -28	sind Zahlen
True, *False*	sind Wahrheitswerte
"Erich", *"Das ist ein Satz"*	sind Worte
x, *y*, *a*, *wer*	sind Variablen
[], $[a,b,c]$, $[[0],[1]]$	sind Listen
$(a,"Jones",3,True)$	ist ein Verbund

Folgende *Operationen* sind *auf Listen* erklärt:

- Der Infixoperator ! zur Indizierung. Wenn L eine Liste ist und i eine natürliche Zahl, dann bezeichnet der Ausdruck $L!i$ das (i-1)-te Element der Liste L, z.B.

$$[l_0, l_1, l_2, l_3]!2 = l_2$$

- Der Präfixoperator # zur Bestimmung der Länge einer Liste, z.B.

$$\# [l_0, l_1, l_2, l_3] = 4$$

- Der Infixoperator : zur Realisierung der <u>cons</u>-Funktion, z.B.

$$0 : [1, 2, 3] = [0, 1, 2, 3]$$

- Der Infixoperator ++ zur Konkatenation von Listen, z.B.

$$[0, 1, 2] + +[3, 4] = [0, 1, 2, 3, 4]$$

- Der Infixoperator $--$ zur Differenz von Listen, z.B.

$$[0, 1, 2, 3, 4] - -[1, 3] = [0, 2, 4]$$

Ferner gibt es in Miranda eine Kurzschreibweise .. für Listen, deren Elemente eine arithmetische Folge bilden, z.B.

$$[0..4] = [0, 1, 2, 3, 4]$$

$$[1, 3..9] = [1, 3, 5, 7, 9]$$

Da in Miranda auch unendliche Listen als Objekte zugelassen sind, kann die rechte Listenbegrenzung auch weggelassen werden. So bezeichnet der Ausdruck

$$[3..]$$

die Liste aller natürlichen Zahlen größer gleich 3 und der Ausdruck

$$[1, 3..]$$

die Liste aller ungeraden Zahlen.

Funktionen werden in Miranda durch Gleichungen derart definiert, daß der Funktionsname, gefolgt von den formalen Parametern, auf der linken Seite steht und der definierende Ausdruck auf der rechten. Folgende Konventionen verbessern die Übersichtlichkeit:

- Funktionale Applikation wird durch Hintereinanderschreibung notiert und linksassoziativ vereinbart.

- Formale Parameter können strukturiert sein (pattern), z.B.

$$x : l \, .$$

- Anstelle von *if* - *then* - *else* Ausdrücken sind zu einer linken Gleichungsseite mehrere rechte Seiten erlaubt, die durch disjunkte Prädikate (guards) geschützt sind.

Beispiele:

Die Gleichung

$$fac \; n = \underline{product} \; [1..n]$$

definiert die Fakultätsfunktion, wobei *product* eine Systemfunktion ist, die alle Elemente einer Liste multipliziert.

Ein Gleichungssystem zur Definition der Fakultätsfunktion ohne Verwendung der Systemfunktion *product* lautet:

$$
\begin{aligned}
fac \; 0 &= 1 \\
fac \; (n+1) &= (n+1) * fac \; n
\end{aligned}
$$

Die Funktion zur Berechnung des größten gemeinsamen Teilers (gcd) kann durch folgende Gleichungen definiert werden:

$$
\begin{aligned}
gcd \; a \; b &= gcd \, (a-b) \; b, \; a > b \\
&= gcd \; a \, (b-a), \; a < b \\
&= a, \; a = b
\end{aligned}
$$

Ein Gleichungssystem zum Sortieren durch direktes Einfügen lautet:

$$sort\ [] \ = \ []$$
$$sort\ (a:x) \ = \ insert\ a\ (sort\ x)$$
$$insert\ a\ [] \ = \ [a]$$
$$insert\ a\ (b:x) \ = \ a:b:x,\ a \leq b$$
$$= \ b:insert\ a\ x,\ a > b$$

Folgendes Gleichungssystem demonstriert die Verwendung von Funktionalen:

$$answer\ [] \ = \ twice\ twice\ twice\ suc\ 0$$
$$twice\ f\ x \ = \ f\ (f\ x)$$
$$suc\ x \ = \ x+1$$

Der bis hierher vorgestellte Sprachumfang entspricht bis auf triviale syntaktische Variationen der Metasprache der denotationellen Semantikmethode und ist bereits gut als Programmiersprache geeignet.

In der Sprache Miranda gibt es über den bisher vorgestellten Rahmen hinaus die Möglichkeit, Mengen über Prädikate zu definieren. Dadurch kann vielfach eine explizite Rekursion vermieden werden, was sehr zur Durchschaubarkeit der Programme beiträgt. Basierend auf der Mengentheorie von Zermelo und Fraenkel (s. [43]) sind in Miranda ZF-Ausdrücke zur Definition von Mengen erlaubt. Ein ZF-Ausdruck hat stets die Form

$$[e \mid p]\ ,$$

wobei e ein Ausdruck ist, und p eine nichtleere Folge von Generatoren und booleschen Ausdrücken über den in e frei vorkommenden Variablen. Dabei wird verlangt, daß jede solche Variable durch einen beschränkten Allquantor (Generator) gebunden ist.

Beispiele: Der ZF-Ausdruck

$$[n * n \mid n \leftarrow [1..100]]$$

hat die Liste der ersten hundert Quadratzahlen (in aufsteigender Reihenfolge) als Wert.

Der Ausdruck

$$[[i,j] \mid i \leftarrow [1..9];\ j \leftarrow [1..9];\ i + j = 10]$$

definiert alle Paare natürlicher Zahlen, deren Summe gleich 10 ist. Wünscht man nur die geordneten Paare zu definieren, so schreibt man

$$[[i,j] \mid i \leftarrow [1..9];\ j \leftarrow [i..9];\ i + j = 10]\ .$$

Schließlich sei noch ein Gleichungssystem zur Erzeugung aller Permutationen einer gegebenen Liste aufgeführt:

$$perm\ [] \ =\ [[]]$$
$$perm\ x\ =\ [a:y\mid a \leftarrow x;\ y \leftarrow perms\ (x--[a])]\ .$$

Abschließend soll zur Illustration der Nähe von funktionalen Programmen zur Spezifikation das 8-Damen-Problem in Miranda gelöst werden. Dabei sollen acht Damen so auf ein Schachbrett gestellt werden, daß keine davon eine andere schlagen kann.

Die Idee des Algorithmus' lautet: Setze von links nach rechts je eine Dame auf die nächste Spalte und prüfe, ob sie in bezug auf alle vorher gesetzten sicher ist. Eine geeignete Darstellung des Schachbrettes, besteht aus einer Liste von natürlichen Zahlen

$$[n_0,\ldots,n_7]\ ,$$

wobei in der i-ten Spalte eine Dame auf der n_i-ten Zeile steht.

Während man in einer herkömmlichen Programmiersprache einen „back-track"-Algorithmus formulieren würde, der bei Nichtauffinden einer sicheren Position die vorher gesetzte Dame neu aufstellen würde, läßt sich dieses Vorgehen in Miranda implizit ausdrücken, und somit entsteht ein übersichtliches, sich selbst erklärendes Programm:

$$queens\ 0\ =\ [[]]$$
$$queens\ (n+1)\ =\ [q:b\mid q\leftarrow[0..7];\ b\leftarrow queens\ n;\ safe\ q\ b]$$
$$safe\ q\ b\ =\ and\ [\sim checks\ q\ b\ i\mid i\leftarrow[0..\#b-1]]$$
$$checks\ q\ b\ i\ =\ q=b!i \lor abs(q-b!i)=i$$

Eine Berechnung des Ausdrucks

$$queens\ 8$$

ergibt dann die Liste aller Lösungen des 8-Damen-Problems.

Der Implementierung von Miranda unterliegt das Prinzip der „verzögerten Auswertung" (lazy evaluation) von Henderson und Morris [45], wodurch sicher gestellt wird, daß kein Teilausdruck ausgewertet wird, bevor nicht feststeht, daß sein Wert wirklich zur Berechnung des Endergebnisses gebraucht wird. Informell läßt sich diese Strategie wie folgt beschreiben: Man wertet einen Ausdruck stets von links nach rechts aus. Trifft man auf ein Funktionssymbol, so wird die entsprechende rechte Gleichungsseite ersetzt, wobei die formalen Parameter durch Zeiger auf die aktuellen Werte ersetzt werden. Trifft man auf einen solchen Zeiger, reduziert man den dazugehörigen Ausdruck so weit wie möglich und setzt dann erst eine Kopie an die Stelle des Zeigers.

Dieses Vorgehen führt dazu, daß keine unnötigen Reduktionen gemacht werden und sogar unendliche Listen behandelt werden können.

Beispiele:

$$ones \ = \ 1 : ones$$

$$repeat \ a \ = \ x$$
$$\underline{where} \ x = a : x$$

$$nats \ = \ [0..]$$

$$odds \ = \ [1,3..]$$

$$squares \ = \ [n * n \mid n \leftarrow [0..]]$$

$$primes \ = \ sieve \ [2..]$$
$$\underline{where} \ sieve \ (p : x) = p : sieve \ [n \mid n \leftarrow x; \ n \ \underline{mod} \ p > 0]$$

Weitere Konzepte von Miranda, auf die hier nicht weiter eingegangen werden soll, sind ein polymorphes Typkonzept im Sinne von Damas und Milner [30], benutzerdefinierte Typen und abstrakte Datentypen.

Kapitel 6

Anwendungen der denotationellen Semantik bei der Implementierung höherer Programmiersprachen

Die konventionelle Methode der Implementierung höherer Programmiersprachen ist die Erstellung von Compilern zur Übersetzung von Benutzerprogrammen in entsprechende Maschinenprogramme. In gewissem Sinne legt ein Compiler bereits die Semantik einer Sprache fest. Man kann nämlich vereinbaren, daß die Bedeutung eines Programms gerade diejenige Zustandstransformation ist, die durch das entsprechende Maschinenprogramm definiert wird. Natürlich ist ein solches Vorgehen i.a. unbefriedigend, da die gleiche Sprache bzgl. verschiedener Rechner und verschiedener Compiler immer dieselbe Bedeutung haben sollte, ein Äquivalenzbeweis wegen der Komplexität der Übersetzerprogramme und wegen fehlender Formalisierung der Semantik der Maschinensprachen aber meist nicht möglich ist. Liegt hingegen eine abstrakte formale Semantikbeschreibung einer Sprache vor, gibt es unterschiedliche Ansätze, daraus systematisch zu einer Implementierung zu gelangen.

Im nächsten Abschnitt werden solche Methoden besprochen, die durch Anwendung geeigneter Transformationen auf die Formeln der denotationellen Semantik eine automatische Codeerzeugung für konventionelle Maschinen ermöglichen. In Abschnitt 6.2 wird eine Implementierungsart erläutert, bei der zunächst die λ-Ausdrücke der Semantikdefinitionen in Ausdrücke der kombinatorischen Logik übersetzt werden, die dann auf einem Rechner mit spezieller Kellerarchitektur interpretiert werden können. Schließlich sollen in Abschnitt 6.3 drei Ansätze zur direkten Implementierung funktionaler Sprachen auf innovativen Rechnerarchitekturen vorgestellt werden.

Eine ausführliche und formale Abhandlung des Themas dieses Kapitels würde den Rahmen einer Semantikvorlesung und damit dieses Buches sprengen. Daher soll hier nur informell ein Überblick gegeben werden. Der interessierte Leser sei auf die Literatur verwiesen.

6.1   Systematische Codeerzeugung aus der Standardsemantik

Betrachtet man die Semantikfunktionen etwa der Sprache $PASCAL_0$, so könnte man zunächst vermuten, daß sich auf sehr einfache Weise daraus Code erzeugen läßt.

Der λ-Ausdruck zur Definition der Semantik der Zuweisung lautet:

$$\mathcal{C}\left[\!\left[E_1 := E_2\right]\!\right]\rho c = \mathcal{E}\left[\!\left[E_1\right]\!\right]\rho;\ LOC?\ \lambda l.\mathcal{R}\left[\!\left[E_2\right]\!\right]\rho;\ \underline{update}\ l\ c\ .$$

Hat man nun bereits Prozeduren zur Erzeugung von Code für die Berechnung der $\mathcal{E}$- bzw. $\mathcal{R}$-Semantik von Ausdrücken und Ablage der Ergebnisse in den Registern l bzw. l', so kann man diese wie folgt verbinden:

- Generiere den Code zur Berechnung von E_1 und zum Laden des Ergebnisses nach l.

- Schreibe Code zum Test, ob in l eine Adresse steht.

Für den positiven Fall:

- Erzeuge den Code zur Berechnung von E_2 und zum Laden des Ergebnisses nach l'.

- Schreibe Code zum Laden des Inhaltes von l' in den Speicherplatz, dessen Adresse in l steht.

Für den negativen Fall:

- Schreibe Code für eine entsprechende Fehlermeldung.

Die Semantik der Hintereinanderausführung von Anweisungen

$$\mathcal{C}\left[\!\left[C_1; C_2\right]\!\right]\rho c = \mathcal{C}\left[\!\left[C_1\right]\!\right]\rho;\ \mathcal{C}\left[\!\left[C_2\right]\!\right]\rho c$$

legt ebenfalls die Idee nahe, einfach induktiv den Code zur Ausführung von C_1 vor den Code zur Ausführung von C_2 zu schreiben.

Leider ist dieses Vorgehen nicht unmittelbar möglich, da die logische Struktur der λ-Ausdrücke zur Definition der Semantikfunktion nicht immer linear ist, sondern

Bäumen entspricht.

Die Ausdruckssemantik für die Addition sieht folgendermaßen aus:

$$\mathcal{E}[\![E_1 + E_2]\!]\rho k = \mathcal{R}[\![E_1]\!]\rho\ \lambda e_1.\mathcal{R}[\![E_2]\!]\rho\ \lambda e_2.k(e_1 + e_2)\ .$$

Die logische Struktur der rechten Seite dieser Gleichung läßt sich wie folgt verdeutlichen:

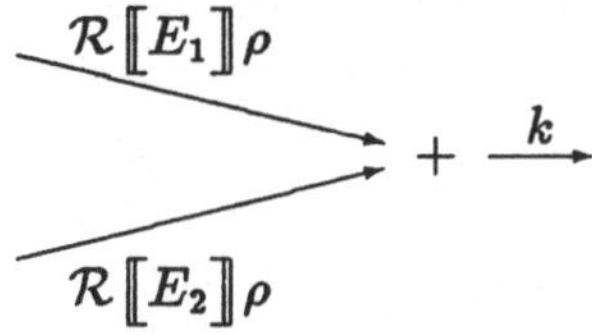

Würde man den Code zur Berechnung von E_1 ohne weitere Vorkehrungen vor den Code zur Berechnung von E_2 schreiben und dann entsprechende Befehle zur Ausführung der Addition und der Fortsetzung k, so würde bei der Berechnung von E_2 das Ergebnis der Berechnung von E_1 fälschlicherweise überschrieben.

Wand hat in [130] eine Methode beschrieben, wie man unter Verwendung spezieller Kombinatoren die logische Struktur der λ-Ausdrücke, die in den Semantikfunktionen verwendet werden, linearisieren kann. Dies sei hier zur Illustration für die Additionsausdrücke durchgeführt.

Die Syntax für Additionsausdrücke lautet:

$$E ::= I \mid E_1 + E_2\ .$$

Unter der Annahme, daß nur solche Identifier I verwendet werden, die als Speicheradressen vereinbart sind, vereinfacht sich die Semantikfunktion E wie folgt:

$$\mathcal{E} : EXP \longrightarrow EC \longrightarrow CC$$

$$\mathcal{E}[\![I]\!]ks = k(sI)$$

$$\mathcal{E}[\![E_1 + E_2]\!]k = \mathcal{E}[\![E_1]\!]\ \lambda e_1.\mathcal{E}[\![E_2]\!]\ \lambda e_2.k(e_1 + e_2)\ .$$

Will man Additionsausdrücke berechnen, ohne sie in den Kontext eines Programms einzubetten, muß man die Semantikfunktion $\mathcal{P}$ auch für Ausdrücke erklären:

$$\mathcal{P}[\![E]\!] = \mathcal{E}[\![E]\!]\ \lambda es.e\ .$$

Zur kombinatorischen Schreibweise dieser drei Semantikgleichungen definiert man drei Hilfsfunktionen:

$$\underline{halt} = \lambda es.e$$

$$\underline{fetch} = \lambda Iks.k(sI)s$$

$$\underline{add1} = \lambda abk.a\lambda e_1.b\lambda e_2.k(e_1 + e_2)$$

Jetzt wird die Baumstruktur der Semantik von Additionsausdrücken noch deutlicher:

$$\mathcal{P}\llbracket E \rrbracket \;=\; \mathcal{E}\llbracket E \rrbracket \; \underline{halt}$$

$$\mathcal{E}\llbracket I \rrbracket \;=\; \underline{fetch}\; I$$

$$\mathcal{E}\llbracket E_1 + E_2 \rrbracket \;=\; \underline{add1}\; \mathcal{E}\llbracket E_1 \rrbracket \; \mathcal{E}\llbracket E_2 \rrbracket \;.$$

Als Beispiel sei eine Reduktionsfolge angegeben, welche die Semantik des Ausdrucks $(X + Y) + Z$ in einen kombinatorischen Ausdruck überführt:

$$\begin{aligned}
\mathcal{E}\llbracket (X+Y)+Z \rrbracket &=\; \underline{add1}\; \mathcal{E}\llbracket X+Y \rrbracket \; \mathcal{E}\llbracket Z \rrbracket \\[4pt]
&=\; \underline{add1}\; (\underline{add1}\; \mathcal{E}\llbracket X \rrbracket \mathcal{E}\llbracket Y \rrbracket)\; \underline{fetch}\; Z \\[4pt]
&=\; \underline{add1}\; (\underline{add1}\; \underline{fetch}\; X\; \underline{fetch}\; Y)\; \underline{fetch}\; Z
\end{aligned}$$

Dieser Kombinatorausdruck entspricht folgendem Baum:

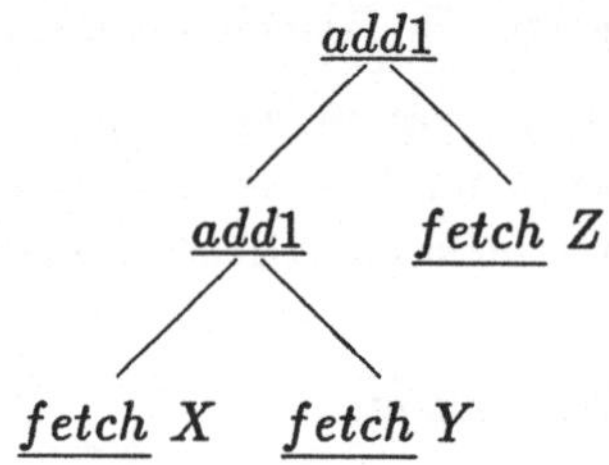

Solche Ausdrücke lassen sich zwar leicht über eine Kellerimplementierung interpretieren, sind aber zur Codeerzeugung noch nicht unmittelbar geeignet.

Der nächste Schritt ergibt sich aus der Beobachtung, daß in der ursprünglichen Gleichung für $\mathcal{E}\llbracket E_1 + E_2 \rrbracket$ die λ-Variablen e_1 und e_2 in den Operandenteil einer Applikation eingehen. Dies legt die Verwendung des Kombinators B nahe:

$$B = \lambda abx.a(bx)\;.$$

Verallgemeinert man den Kombinator B für $k \geq 0$ zu

$$B_k = \lambda(a,b)x_1 \cdots x_k.a(bx_1 \cdots x_k)\;,$$

so läßt sich die Semantikfunktion $\mathcal{E}$ für Additionen wie folgt formulieren:

$$\begin{aligned}
\mathcal{E}\llbracket E_1 + E_2 \rrbracket k &=\; \mathcal{E}\llbracket E_1 \rrbracket \;\lambda e_1.\mathcal{E}\llbracket E_2 \rrbracket \;\lambda e_2.k(e_1 + e_2)\;. \\[4pt]
&=\; B_1\,(\mathcal{E}\llbracket E_1 \rrbracket, \lambda k e_1.\mathcal{E}\llbracket E_2 \rrbracket \lambda e_2.k(e_1 + e_2)) \\[4pt]
&=\; B_1\,(\mathcal{E}\llbracket E_1 \rrbracket, B_2\,(\mathcal{E}\llbracket E_2 \rrbracket, \lambda k e_1 e_2.k(e_1 + e_2)))\;.
\end{aligned}$$

Mit der Hilfsfunktion

$$\underline{add} = \lambda k e_1 e_2.k(e_1 + e_2)$$

lassen sich die folgenden Gleichungen ableiten:

$$\mathcal{P}[\![E]\!] \;=\; B_0\,(\mathcal{E}[\![E]\!], \underline{halt})$$

$$\mathcal{E}[\![I]\!] \;=\; \underline{fetch}\; I$$

$$\mathcal{E}[\![E_1 + E_2]\!] \;=\; B_1\,(\mathcal{E}[\![E_1]\!], B_2\,(\mathcal{E}[\![E_2]\!], \underline{add}))\;.$$

Diese Formulierung entspricht einer Baumdarstellung, wobei interne Knoten mit B_i's markiert sind und die Blätter mit $\underline{halt}$, $\underline{fetch}\; I$ und $\underline{add}$.

Beispiel:

$$\mathcal{P}[\![(X + Y) + Z]\!]$$

$$= \; B_0\,(\mathcal{E}[\![(X + Y) + Z]\!], \underline{halt})$$

$$= \; B_0\,(B_1\,(\mathcal{E}[\![X + Y]\!], B_2\,(\mathcal{E}[\![Z]\!], \underline{add})), \underline{halt})$$

$$= \; B_0\,(B_1\,(\mathcal{E}[\![X + Y]\!], B_2\,(\underline{fetch}\; Z, \underline{add})), \underline{halt})$$

$$= \; B_0\,(B_1\,(B_1\,(\mathcal{E}[\![X]\!], B_2\,(\mathcal{E}[\![Y]\!], \underline{add})), B_2\,(\underline{fetch}\; Z, \underline{add})), \underline{halt})$$

$$= \; B_0\,(B_1\,(B_1\,(\underline{fetch}\; X, B_2\,(\underline{fetch}\; Y, \underline{add})), B_2\,(\underline{fetch}\; Z, \underline{add})), \underline{halt})\;,$$

als Baum dargestellt:

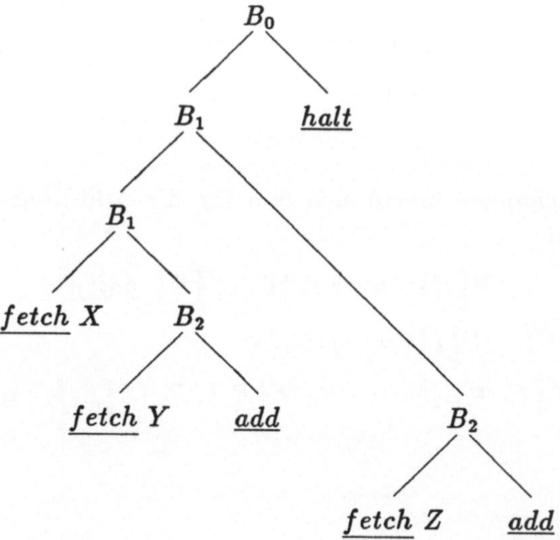

Diese Umformung allein ist im Hinblick auf eine Codeerzeugung noch nicht ausreichend. Die Kombinatoren B_i sind jedoch rechtsassoziativ, und diese Eigenschaft läßt sich zur Linearisierung der Struktur der Ausdrücke ausnutzen.

Lemma 6.1   *Sei $k \geq 0$ und $p \geq 1$.*

Es gilt:

$$B_k(B_p(a, b), c) = B_{k+p-1}(a, B_k(b, c)) \; .$$

Beweis:

$$B_k(B_p(a, b), c)x_1 \cdots x_{k+p-1}$$

$$= \; B_p(a, b)(cx_1 \cdots x_k)x_{k+1} \cdots x_{k+p-1}$$

$$= \; a(b(cx_1 \cdots x_k)x_{k+1} \cdots x_{k+p-1}) \;\; \text{da } p \geq 1$$

$$= \; a(B_k(b, c)x_1 \cdots x_k x_{k+1} \cdots x_{k+p-1})$$

$$= \; B_{k+p-1}(a, B_k(b, c))x_1 \cdots x_{k+p-1}$$

Q.E.D.

Wand zeigt in [130] sogar die volle Assoziativität. An dieser Stelle genügt jedoch die Rechtsassoziativität für die gewünschte Transformation der Additionsbäume in lineare Form. Diese Transformation heißt **rot** und ist wegen Lemma 6.1 semantikerhaltend.

$$\textbf{rot } [B_k(B_p(a, b), c)] \; = \; \textbf{rot } [B_{k+p-1}(a, B_k(b, c))]$$

$$\textbf{rot } [B_i(\underline{fetch}\ I, a)] \; = \; B_i(\underline{fetch}\ I, \textbf{rot } a)$$

$$\textbf{rot } [B_i(\underline{add}, a)] \; = \; B_i(\underline{add}, \textbf{rot } a)$$

$$\textbf{rot } \underline{halt} \; = \; \underline{halt}$$

$$\textbf{rot } \underline{add} \; = \; \underline{add}$$

Die Semantikgleichungen lassen sich nun für die Additionsausdrücke folgendermaßen formulieren:

$$\mathcal{P}[\![E]\!] \; = \; \textbf{rot } [B_0 \, (\mathcal{E}[\![E]\!], \underline{halt})]$$

$$\mathcal{E}[\![I]\!] \; = \; \underline{fetch}\ I$$

$$\mathcal{E}[\![E_1 + E_2]\!] \; = \; B_1 \, (\mathcal{E}[\![E_1]\!], B_2 \, (\mathcal{E}[\![E_2]\!], \underline{add})) \; .$$

Beispiel:

$$\mathcal{P}[\![(X + Y) + Z]\!] =$$

$$= \; \textbf{rot } [B_0 \, (\mathcal{E}[\![(X + Y) + Z]\!], \underline{halt})]$$

$$= \; \textbf{rot } [B_0 \, (B_1 \, (\mathcal{E}[\![(X + Y)]\!], B_2 \, (\mathcal{E}[\![Z]\!], \underline{add})), \underline{halt})]$$

$$= \; \textbf{rot } [B_0 \, (B_1 \, (B_1 \, (\mathcal{E}[\![X]\!], B_2 \, (\mathcal{E}[\![Y]\!], \underline{add})), B_2 \, (\underline{fetch}\ Z, \underline{add})), \underline{halt})]$$

$$= \textbf{rot } [B_0 \ (B_1 \ (\underbrace{B_1 \ (\underline{fetch} \ X, B_2 \ (\underline{fetch} \ Y, \underline{add})), B_2 \ (\underline{fetch} \ Z, \underline{add}))}_{a,\ b}, \underbrace{\underline{halt}}_{c})]$$

$$= \textbf{rot } [B_0 \ (B_1 \ (\underbrace{\underline{fetch} \ X}_{a}, \underbrace{B_2 \ (\underline{fetch} \ Y, \underline{add})}_{b}), \underbrace{B_0 \ (B_2 \ (\underline{fetch} \ Z, \underline{add}), \underline{halt})}_{c})]$$

$$= \textbf{rot } [B_0 \ (\underline{fetch} \ X, \underbrace{B_0 \ (B_2 \ (\underline{fetch} \ Y, \underline{add}), B_0 \ (B_2 \ (\underline{fetch} \ Z, \underline{add}), \underline{halt}))}_{a})]$$

$$= B_0 \ (\underline{fetch} \ X, \textbf{rot } [B_0 \ (\underbrace{B_2 \ (\underline{fetch} \ Y, \underline{add})}_{a}, \underbrace{}_{b} \underbrace{B_0 \ (B_2 \ (\underline{fetch} \ Z, \underline{add}), \underline{halt})}_{c})])$$

$$= B_0 \ (\underline{fetch} \ X, \textbf{rot } [B_1 \ (\underline{fetch} \ Y, \underbrace{B_0 \ (\underline{add}, B_0 \ (B_2 \ (\underline{fetch} \ Z, \underline{add}), \underline{halt}))}_{a})])$$

$$= B_0 \ (\underline{fetch} \ X, B_1 \ (\underline{fetch} \ Y, \textbf{rot } [B_0 \ (\underbrace{\underline{add}, B_0 \ (B_2 \ (\underline{fetch} \ Z, \underline{add}), \underline{halt})}_{a})]))$$

$$= B_0 \ (\underline{fetch} \ X, B_1 \ (\underline{fetch} \ Y, B_0 \ (\underline{add}, \textbf{rot } [B_0 \ (B_2 \ (\underline{fetch} \ Z, \underline{add}), \underline{halt})])))$$

$$= B_0 \ (\underline{fetch} \ X, B_1 \ (\underline{fetch} \ Y, B_0 \ (\underline{add}, \textbf{rot } [B_1 \ (\underline{fetch} \ Z, B_0 \ (\underline{add}, \underline{halt}))])))$$

$$= B_0 \ (\underline{fetch} \ X, B_1 \ (\underline{fetch} \ Y, B_0 \ (\underline{add}, B_1 \ (\underline{fetch} \ Z, \textbf{rot } [B_0 \ (\underline{add}, \underline{halt})]))))$$

$$= B_0 \ (\underline{fetch} \ X, B_1 \ (\underline{fetch} \ Y, B_0 \ (\underline{add}, B_1 \ (\underline{fetch} \ Z, B_0 \ (\underline{add}, \underline{halt}))))) \ ,$$

als Baum dargestellt:

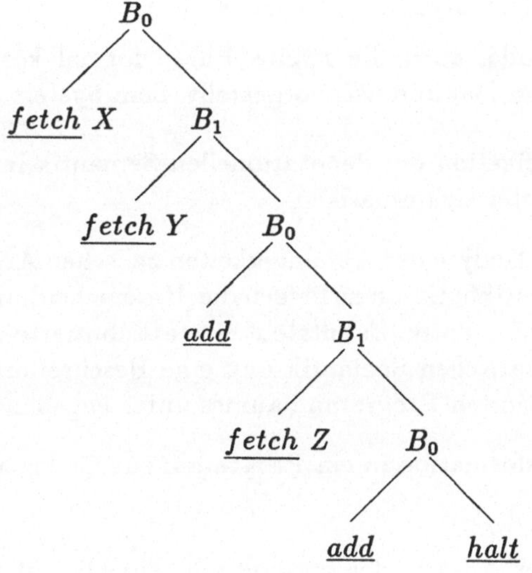

Aus diesem Ausdruck kann nun auf einfache Weise Code abgeleitet werden, indem der den Blättern entsprechende Code erzeugt und hintereinandergehängt wird.

Wand vervollständigt in [130] diese Methode für eine Beispielsprache mit Prozeduren.

Es gibt eine Vielzahl weiterer Ansätze der systematischen Codeerzeugung aus der denotationellen Semantik. Ohne Anspruch auf Vollständigkeit seien hier einige davon genannt:

Raskovsky und Collier entwickeln in [104] eine Zwischenstufe, die IDS (Implementation Denotational Semantics), auf der spezielle Strategien für die Implementierung formuliert werden können. Ihr compilererzeugendes System arbeitet dementsprechend in zwei Phasen:

1. Übersetzung von der abstrakten Standardsemantik in die Implementierungssemantik

2. Codeerzeugung aus der Implementierungssemantik

Während die erste Phase im wesentlichen von Hand gemacht werden muß, wird die zweite in starkem Maße vom System unterstützt. Zu jeder IDS-Gleichung wird eine BCPL-Prozedur erzeugt, die dann zur Codegenerierung verwendet werden kann. Die Äquivalenz zwischen der Standardsemantik und der IDS läßt sich mit bekannten Beweismethoden nachweisen. Eine Äquivalenz zwischen der IDS und den entsprechenden BCPL-Prozeduren wird nicht gezeigt. Man kann jedoch davon ausgehen, daß die von diesem System erzeugten Compiler wegen der systematischen Erzeugung recht zuverlässig sind.

Ein ähnlicher Ansatz wird auch von Bjørner [15], Jones [57] sowie Milne und Strachey [90] verfolgt. Hier werden insbesondere in der ersten Phase sehr allgemeine Softwareentwicklungsprinzipien eingesetzt, wie z.B. die schrittweise Verfeinerung abstrakter Datentypen (s. Hoare [49]).

Eine Methode, auch die zweite Phase formal korrekt zu entwickeln, wird von Ganzinger in [36] und [37] vorgestellt. Sein System arbeitet in drei Phasen:

1. Modifikation der denotationellen Semantik in eine Verallgemeinerung attributierter Grammatiken.

2. Eine Analyse der Abhängigkeiten zwischen Argumenten und Ergebnissen der Semantikfunktionen liefert die Unterscheidung von statischer und dynamischer Semantik. Es entsteht eine attributierte Grammatik zur Formalisierung der statischen Semantik und eine Beschreibung der Interpretation eines attributierten Programmbaumes unter gegebenen Eingabedaten.

3. Transformation in ein Programm zur Codegenerierung.

Ein weiterer Ansatz, der methodisch sehr elegant ist, in der technischen Durchführung aber sehr aufwendig, ist die algebraische Methode, die auf Morris [94] zurückzuführen ist. Der Grundgedanke dabei läßt sich wie folgt zusammenfassen: Ausgehend von einer höheren Programmiersprache L und einer Maschinensprache

T mit Semantikfunktionen in die Bereiche M bzw. U, definiert man zu einem gegebenen Compiler γ eine Codierungsfunktion δ (oder eine Decodierungsfunktion $\bar{\delta}$) und zeigt, daß folgendes Diagramm kommutiert:

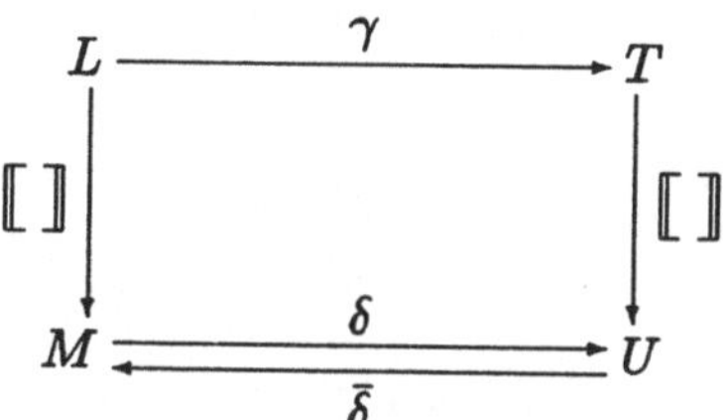

Von der Gruppe ADJ wird in [120] die Programmiersprache L als G-Algebra aufgefaßt, wobei G die abstrakte Syntax von L ist (jeder Syntaxregel entspricht eine algebraische Operation). Sowohl die Semantikfunktionen als auch der Compiler werden als Homomorphismen definiert. Da die Algebra L initial in der Klasse der G-Algebren ist, folgt die Kommutativität aus der Homomorphieeigenschaft der Codierungsfunktion δ. In [120] wird diese Methode auf eine kleine Beispielsprache mit Zuweisungen, while - Schleifen und Deklarationen angewendet.

Mosses hat in [97] diese Methode verfeinert, indem er unter Verwendung abstrakter Datentypen einen korrekten Compiler aus der Semantikdefinition von L konstruiert. Jones und Schmidt arbeiten ebenfalls in diesem algebraischen Rahmen und haben in [58] zwei Methoden zur Optimierung des erzeugten Codes beschrieben.

6.2 Implementierung nach Übersetzung in kombinatorische Ausdrücke

Aus der kombinatorischen Logik ist bekannt, daß sich jeder λ-Ausdruck in einen gleichbedeutenden Kombinatorausdruck, in dem nur die Kombinatoren S, K und I vorkommen, übersetzen läßt (s. Curry und Feys [29]). Turner hat in [123] die Idee verfolgt, solche Kombinatorausdrücke möglichst hardwarenah zu implementieren, da es einfacher erscheint, eine kleine Anzahl von bestimmten Operationen zu realisieren als die freie Verwendung von Abstraktion und Applikation. Hat man eine Maschine zur Auswertung der Kombinatoren S, K und I gegeben, so läßt sich ein Programm, dessen Semantik denotationell beschrieben ist, nach Übersetzung des entsprechenden λ-Ausdruckes in einen Kombinatorausdruck darauf ausführen. Natürlich ist eine solche Maschine auch dazu geeignet, funktionale Programme nach Übersetzung in Kombinatorausdrücke auszuwerten. Man kann also in diesem Sinne die systematische Übersetzung von λ-Ausdrücken in kombinatorische Ausdrücke als Compilierung verstehen und das Ergebnis einer solchen Übersetzung als Maschinenprogramm, wenn auch nicht für konventionelle Maschinen.

Die Grundidee bei der Übersetzung von λ-Ausdrücken in Kombinatorausdrücke ist die Elimination gebundener Variablen. Eine erste Form der Variablenelimination wurde bereits bei der Entwicklung der Standardsemantik häufig verwendet, nämlich die nach dem Gesetz der Extensionalität mögliche Transformation einer Gleichung der Form

$$fx = gx$$

in die Form

$$f = g$$

(vgl. 3.26.4). I.a. hat man jedoch Funktionsgleichungen der Art

$$fx = E \,,$$

wobei x in E beliebig (also nicht nur einmal ganz am Ende) vorkommen kann. Man sucht also nach einer Transformation $[x]$ mit der Eigenschaft: x kommt in $[x]E$ nicht frei vor und

$$[x]Ex = E \,.$$

Damit läßt sich dann die Gleichung

$$fx = E$$

in

$$f = [x]E$$

semantikerhaltend transformieren.

Die drei Kombinatoren

$$
\begin{aligned}
S \; f \; g \; x &= f \; x \; (g \; x) \\
K \; x \; y &= x \\
I \; x &= x
\end{aligned}
$$

erlauben eine induktive Definition der Transformation $[x]$ für applikative Ausdrücke E:

$$
\begin{aligned}
[x]x &= I \\
[x]y &= K \; y, \; y \neq x \\
[x](E_1 \; E_2) &= S \; ([x]E_1)([x]E_2) \,.
\end{aligned}
$$

Lemma 6.2 *Sei $x \in X$ und E ein applikativer Ausdruck.*
Es gilt:

$$[x]E \; x = E \,.$$

Beweis per Induktion über den Aufbau von E:

$$
\begin{aligned}
\underline{E = x} \qquad [x]E\ x\ &=\ I\ x = x = E \\
\underline{E = y \neq x}\quad [x]E\ x\ &=\ K\ y\ x = y = E \\
\underline{E = E_1\ E_2}\quad [x]E\ x\ &=\ S([x]E_1)([x]E_2)\ x \\
&=\ [x]E_1\ x\ ([x]E_2\ x) \\
&=\ E_1\ E_2 \ \text{ per Induktionsannahme} \\
&=\ E
\end{aligned}
$$

Q.E.D.

Dies ist bereits der erforderliche Algorithmus. Da die Semantikfunktionen in der Regel durch Gleichungen der Form

$$[\![\ ]\!]\ x_1 \cdots x_r = E$$

gegeben sind, wobei E ein applikativer Ausdruck ist, genügt es, die o.a. Transformation für alle Variablen $x_1, \ldots, x_r$ durchzuführen. Da bei diesen Transformationen sehr große Ausdrücke über den Kombinatoren S, K und I und den Basisfunktionen entstehen, führt Turner in [123] noch eine Optimierung unter Verwendung der Kombinatoren

$$B\ f\ g\ x = f\ (g\ x)$$

und

$$C\ f\ g\ x = f\ x\ g$$

ein:

$$
\begin{aligned}
&1. \quad S(K\ E_1)(K\ E_2)\ &&\Longrightarrow\quad K(E_1\ E_2) \\
&2. \qquad\quad S(K\ E)\ I\ &&\Longrightarrow\quad E \\
&3. \qquad\quad S(K\ E_1)\ E_2\ &&\Longrightarrow\quad B\ E_1\ E_2 \\
&4. \qquad\quad S\ E_1(K\ E_2)\ &&\Longrightarrow\quad C\ E_1\ E_2\ ,
\end{aligned}
$$

wobei Regel 3. nur dann angewendet wird, wenn Regeln 1. und 2. nicht anwendbar sind und entsprechend die Regel 4. nur dann, wenn Regeln 1. bis 3. nicht anwendbar sind.

Die Korrektheit dieser Optimierung läßt sich leicht durch Anwendung der entsprechenden Ausdrücke auf ein symbolisches Argument nachweisen.

Beispiel: Die Fakultätsfunktion ist durch folgende Gleichung definiert:

$$\underline{fac}\ n = \underline{cond}\ (\underline{eq}\ n\ 0)\ 1\ (\underline{times}\ n\ (\underline{fac}\ (\underline{minus}\ n\ 1)))\ .$$

Der Ausdruck $[n]\underline{fac}$ lautet:

$$S(S(S(K\ \underline{cond})(S(S(K\ \underline{eq})(K\ 0))I))(K\ 1))$$
$$(S(S(K\ \underline{times})I)(S(K\ \underline{fac})(S(S(K\ \underline{minus})I)(K\ 1))))\ .$$

Nach der o.a. Optimierung reduziert er sich zu:

$$S(C(B\ \underline{cond}\ (\underline{eq}\ 0))1)(S\ \underline{times}\ (B\ \underline{fac}\ (C\ \underline{minus}\ 1)))\ .$$

Wie man sieht, entsteht ein Code, der unerheblich länger ist als der Quelltext.

Die von Turner entworfene abstrakte Maschine zur Auswertung dieser kombinatorischen Ausdrücke legt den auszuwertenden Ausdruck in einem Kellerspeicher ab und arbeitet stets auf der Kellerspitze gemäß der Definition der Kombinatoren und der Basisoperationen. Eine ausführliche Beschreibung der Arbeitsweise findet man ebenfalls bei Turner [123].

6.3 Implementierung auf Reduktionsmaschinen

In diesem Abschnitt wird wieder die Idee verfolgt, einen funktionalen Ausdruck bzw. den semantischen Ausdruck eines beliebigen Programms durch aufeinanderfolgende Reduktionen in die Darstellung seines Wertes zu überführen. Wie bereits in Kapitel 4 Abschnitt 4 erwähnt, wurde ein solches System (SIS) von Mosses [96] in Aarhus entwickelt. Es existieren auch eine Reihe anderer λ-Kalkül Interpretierer, die sich für diesen Zweck eignen. Auf konventionellen Maschinen sind jedoch alle diese Systeme sehr ineffizient, so daß sie sich nur für Studienzwecke eignen. Hier sollen nun drei innovative Rechnerarchitekturen skizziert werden, die es gestatten, funktionale Ausdrücke effizient zu reduzieren. Die entscheidenden Vorteile gegenüber einer Implementierung durch Compilation bestehen darin, daß eine Einzelschrittausführung möglich ist, die dem Benutzer eine gute Programmierhilfe bietet, und daß die Verifikation der Implementierung einfach ist.

6.3.1 Die Reduktionsmaschine von Berkling und Kluge

Die funktionalen Ausdrücke werden intern als Baumstrukturen mit dem binären Applikationsoperator $\underline{ap}$ dargestellt.

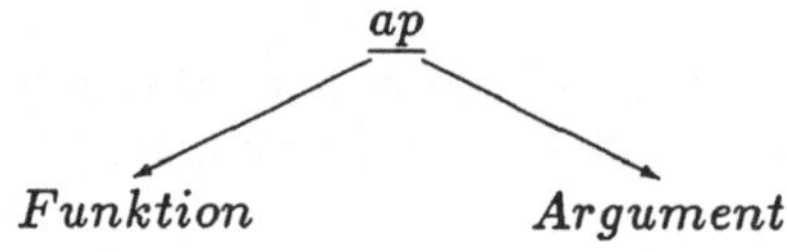

Diese Ausdrücke werden in Präfixnotation in einem Kellerspeicher abgelegt. Die Hauptfähigkeit des Rechners ist ein Traversierungsalgorithmus, der Ausdrücke auf reduzierbare Teilausdrücke untersucht und diese reduziert. Dieser Algorithmus wird auf einem System von Kellerspeichern realisiert, wobei ausschließlich eine Untersuchung der Kellerspitzen die Entscheidung erlaubt, ob reduziert wird oder nicht. Diese Implementierungsart eignet sich in besonderem Maße für die 'call-by-value' - Auswertungsstrategie, die jedoch nicht vollständig ist. Der bei der ersten Realisierung noch vorhandene Nachteil des aufwendigen Transportes großer Teilausdrücke von einem Keller in den anderen, wurde durch die Verwendung eines Hintergrundspeichers aufgehoben. Zeiger auf Teilausdrücke im Hintergrundspeicher werden zunächst wie atomare Objekte behandelt. Steht ein solcher Zeiger zur Ausführung an, wird er in den Kellerspeicher eingelesen und reduziert. Anschließend wird der reduzierte Ausdruck in den Hintergrundspeicher zurückgeschrieben, um eine wiederholte Auswertung zu vermeiden. (Mehrere Zeiger können auf denselben Ausdruck verweisen.)

Ein Hardwaremodell der Reduktionsmaschine wurde 1979 von Berkling und Kluge in der Gesellschaft für Mathematik und Datenverarbeitung erstellt und seither für Testzwecke erfolgreich verwendet (s. [13], [14] und [63]). Eine verteilte Version der Reduktionsmaschine läuft auf einem UNIMA-Rechner mit acht Prozessoren als Emulation (s. [62] und [142]). Ein Nachfolgemodell unter Verwendung der VLSI-Technologie wird konzipiert.

6.3.2 Die Baumarchitektur von Mago

Diese Architektur wurde speziell zur Auswertung von FP-Systemen (vgl. Kap. 5 Abschnitt 2) von Mago [79] entwickelt, ließe sich aber auch für eine allgemeinere Klasse funktionaler Ausdrücke erweitern. Der Kern des Rechners besteht aus einem Netz von autonomen Mikroprozessoren, die Zellen genannt werden. Eine Menge L von linear angeordneten Zellen nimmt den FP-Text in interner Darstellung auf, pro Zelle ein Symbol mit dazugehöriger Schachtelungstiefe. Diese L-Zellen sind durch eine darüberliegende Baumstruktur von sogenannten T-Zellen miteinander verbunden. Die T-Zellen übernehmen Organisationsaufgaben, Berechnungen und Datentransporte. Die Verbindungen zwischen den Zellen stellen Transportkanäle für die Kommunikation zwischen den Zellen dar.

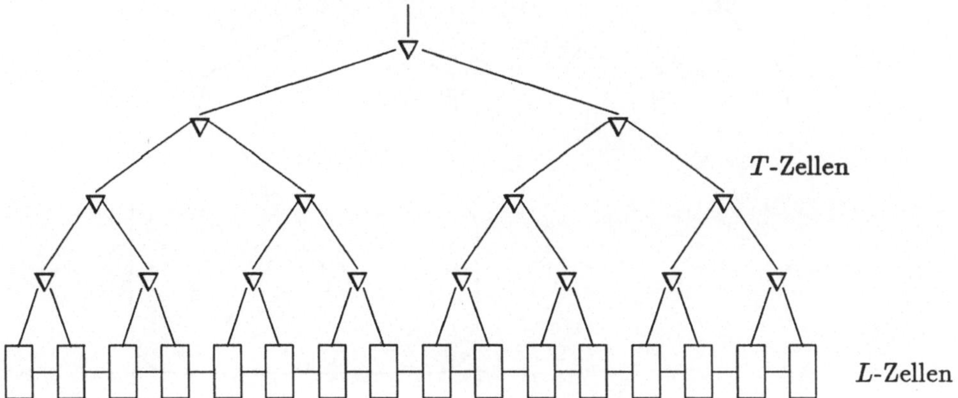

Zur Abarbeitung eines FP-Ausdruckes wird das Netzwerk so aufgeteilt, daß über jedem reduzierbaren Teilausdruck in L ein unabhängiger Teilbaum von T-Zellen entsteht, der die entsprechende Reduktion ausführt.

Das Problem bei dieser Realisierung besteht darin, daß die Länge eines FP-Ausdruckes sich während der Auswertung ständig verändert. Ein reduzierter Teilausdruck kann sowohl kürzer als auch länger als der entsprechende Redex sein. Daher wird der Anfangsausdruck so über die L-Zellen verteilt, daß zwischen je zwei Symbolen eine möglichst große Anzahl freier Zellen bleibt, die während der folgenden Reduktionen als Puffer verwendet werden können. Somit wird ein häufiges Verschieben der Inhalte der L-Zellen vermieden. Praktische Erfahrungen mit diesem Maschinenmodell stehen jedoch noch aus.

6.3.3   Die Graphreduktion nach Wadsworth

Bei dieser Implementierungsart werden die funktionalen Ausdrücke zunächst wieder als Binärbäume mit dem Konstruktor *ap* für die Applikation dargestellt. Nun erlaubt man mehrere Verweise auf einen Teilausdruck. Daduch entstehen aus den Binärbäumen sogenannte *dag's* (directed acyclic graphs). Die Reduktionen werden direkt auf der graphischen Darstellung definiert. Anstatt ein Argument mehrmals in einen Funktionsausdruck hineinzukopieren, werden nur die entsprechenden Zeiger auf das Argument gesetzt.

Beispiel: Der funktionalen Gleichung

$$f\ x = x * (3 + x)$$

entspricht die folgende Graphtransformation:

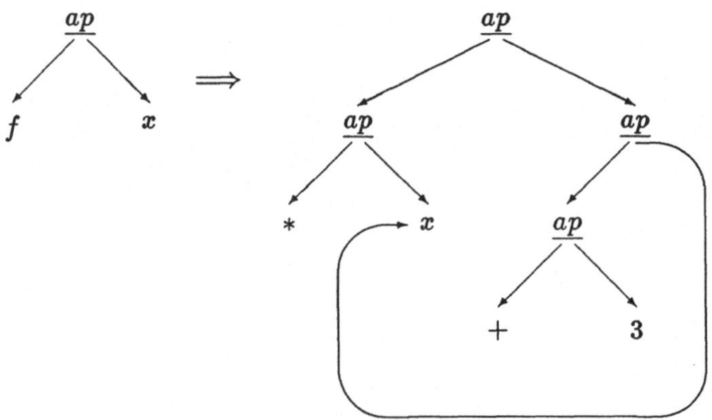

Der Aufruf $f(\underline{suc}\ 4)$ führt zu folgenden Reduktionen:

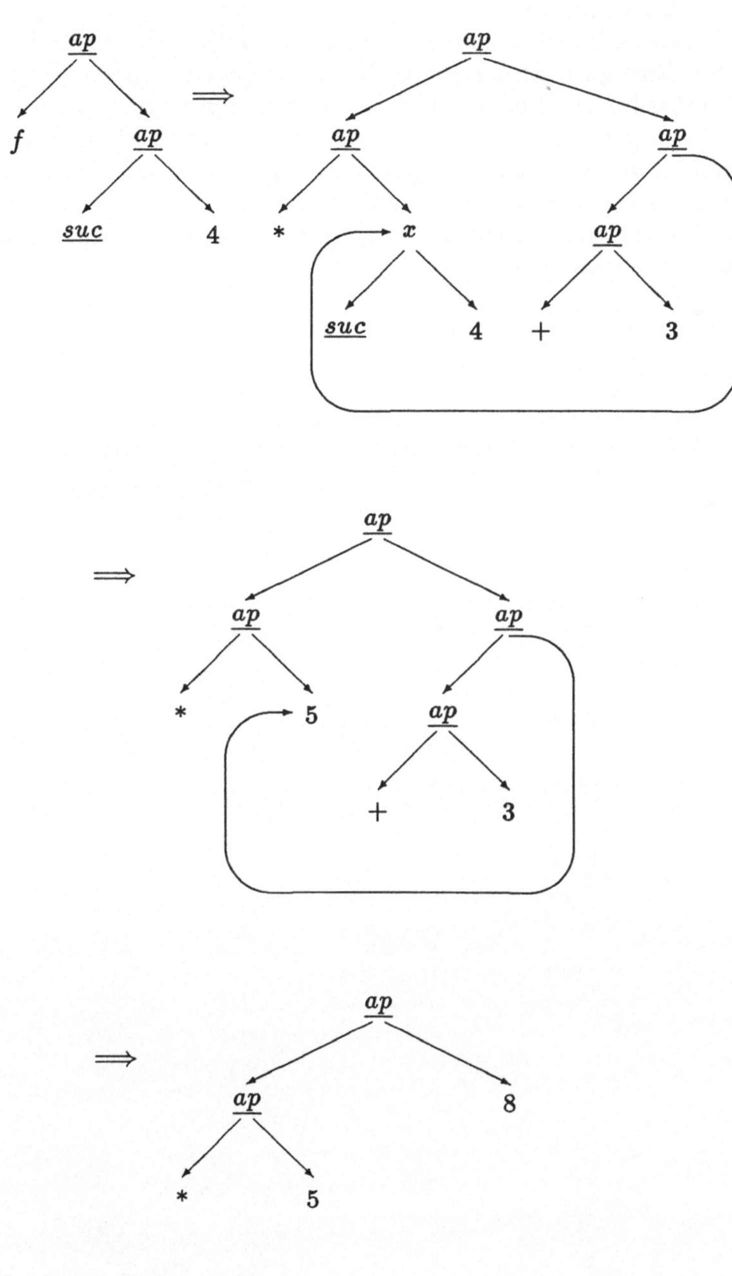

Der Vorteil bei Maschinenarchitekturen, die diese Darstellung zugrunde legen, besteht darin, daß eine korrekte Auswertungsstrategie ohne ein Kopieren von Teilausdrücken realisiert werden kann.

Die Graphreduktion wurde erstmalig von Wadsworth in [128] vorgestellt. Darauf
aufbauend entwickelten Johnsson und Augustsson die G-Maschine in Göteburg (s.
[56] und [6]). Eine gute Beschreibung der Implementierung funktionaler Sprachen
mittels Graphreduktion findet man in dem Buch von Peyton Jones [101].
Kersjes stellt in [60] eine Abstrakte Parallele Maschine PAM vor, die ein System
von Mikroprozessoren virtuell so organisiert, daß die Kommunikationsstruktur unter den Prozessoren gerade der graphischen Struktur des auszuwertenden Ausdruckes entspricht. Indermark u.a. implementieren diese PAM in OCCAM auf
einem Transputersystem [53].

Literaturverzeichnis

[1] Aho, A.V. und J.D. Ullman: *The Theory of Parsing, Translation and Compiling*, Vol.I: Parsing, Prentice-Hall (1972)

[2] Allen, J.: *Anatomy of LISP*, McGraw-Hill (1978)

[3] Apt, K.R.: *Ten Years of Hoare's Logic: A Survey - Part I*, ACM Transactions of Programming Languages and Systems 3,4 (1981), 431-483

[4] Arbib, M.A. und E.G. Manes: *Algebraic Approaches to Program Semantics*, Springer-Verlag (1986)

[5] Aubin, R.: *Mechanizing Structural Induction (Part I)*, Theoretical Computer Science 9,3 (1979), 329-345

[6] Augustsson, L.: *A Compiler for Lazy ML*, Proc. ACM Symp. on LISP and Functional Programming, Austin (1984), 218-227

[7] Babich, W.A. und M. Jazayeri: *The Method of Attributes for Data Flow Analysis*, Acta Informatica 10 (1978), 245-272

[8] Backus, J.: *The Syntax and Semantics of a Proposed International Algebraic Language of the Zürich ACM-GAMM Conference*, Proceedings International Conference Information Processing, UNESCO, Paris (1959), 125-132

[9] Backus, J.: *Can Programming be Liberated from the von Neumann Style? A functional Style and its Algebra of Programs*, Communications of the ACM 21,8 (1978), 613-641

[10] De Bakker, J.: *Mathematical Theory of Program Correctness*, Prentice-Hall (1980)

[11] Barendregt, H.P.: *The Lambda Calculus - Its Syntax and Semantics*, Studies in Logic and the Foundations of Mathematics, vol. 103, North-Holland (1981)

[12] Bauer, F.L. und H. Wössner: *Algorithmische Sprache und Programmentwicklung*, 2. Auflage, Springer-Verlag (1984)

[13] Berkling, K.: *Reduction Languages for Reduction Machines*, Proc. 2nd Annual Symposium on Computer Architecture, ACM/IEEE (1975), 133-140

[14] Berkling, K.: *Computer Architecture for Correct Programming*, Proc. 5th Annual Symposium on Computer Architecture, ACM/IEEE (1978), 78-84

[15] Bjørner, D.: *Programming Languages: Formal Development of Interpreters and Compilers*, ID673, Dept. of Comp. Science, Tech. Univ. of Denmark, Lyngby (1977)

[16] Bjørner, D. und C.B. Jones (Hrsg.): *The Vienna Development Method: The Meta-Language*, Lecture Notes in Computer Science No. 61, Springer-Verlag (1978)

[17] Bjørner, D. und O.N. Oest (Hrsg.): *Towards a Formal Description of Ada*, Lecture Notes in Computer Science No. 98, Springer-Verlag (1980)

[18] Brauer, W., W. Reisig und G. Rozenberg (Hrsg.): *Petri Nets: Central Models and their Properties*, Proceedings of an Advanced Course Bad Honnef, September 1986, Lecture Notes in Computer Science No. 254 und 255, Springer-Verlag (1987)

[19] De Bruin, A.: **Goto** *Statements: Semantics and Deduction Systems*, Acta Informatica 15 (1981), 385-424

[20] Burstall, R.M.: *Proving Properties of Programs by Structural Induction*, Computer Journal 12 (1969), 41-48

[21] Burstall, R.M.: *Program Proving as Hand Simulation with a Little Induction*, Proceedings IFIP Congress 74, North-Holland (1974), 308-312

[22] Burstall, R.M., D.B. MacQueen und D.T. Sanella: *HOPE - An Experimental Applicative Language*, Proceedings LISP-Conference, Stanford (1980), 136-143

[23] Carnap, R.: *Introduction to Semantics*, Havard University Press, Cambridge (1942)

[24] Carnap, R.: *Meaning and Necessity, A Study in Semantics and Modal Logic*, University of Chicago Press, Chicago (1947, erweiterte Auflage 1956)

[25] Church, A.: *The Calculi of Lambda Conversion*, Princeton University Press (1941)

[26] Cleveland, J.C. und R.C. Uzgalis: *Grammars for Programming Languages*, Elsevier Science Publ. , New York (1977)

[27] Cook, S.A.: *Soundness and Completeness of an Axiom System for Program Verification*, SIAM J. Comput. 7,1 (1978), 70-90

[28] Crowe, D.: *Generating Parsers for Affix Grammars*, Communications of the ACM 15,8 (1972), 728-732

[29] Curry, H.B., R. Feys und W. Craig: *Combinatory Logic, Vol. I*, North-Holland (1958)

[30] Damas, L. und R. Milner: *Principal Type Schemes for Functional Programs*, Proc. 9th ACM Symposium on Principles of Programming Languages (1982), 207-212

[31] Dijkstra E.W.: *A Discipline of Programming*, Prentice-Hall (1976)

[32] Donahue, J.E.: *Complementary Definitions of Programming Language Constructs*, Lecture Notes in Computer Science No. 42, Springer-Verlag (1976)

[33] Eick, A. und E. Fehr: *Inconsistencies of pure LISP*, 6th GI-Conference on Theoretical Computer Science in Dortmund, Lecture Notes in Computer Science No. 145, Springer-Verlag (1983), 101-110

[34] Floyd, R.W.: *Assigning Meanings to Programs*, Proceedings AMS Symposium on Applied Mathematics, Vol.19, American Mathematical Society, Providence R.I. (1967), 19-31

[35] Frege, G.: *Über Sinn und Bedeutung*, Zeitschrift für Philosophie und philosophische Kritik, 100 (1892), 25-50

[36] Ganzinger, H.: *Some Principles for the Development of Compiler Description from Denotational Language Definitions*, TUM-INFO der Tech. Univ. München (1979)

[37] Ganzinger, H.: *Transforming Denotational Semantics into Practical Attribute Grammars*, Semantics-Directed Compiler Generation, Procceedings of a Workshop in Aarhus, Denmark (Hrsg. N.D. Jones), Lecture Notes in Computer Science No. 94, Springer-Verlag (1980), 1-69

[38] Goguen, J.A., J.W. Thatcher, E.G. Wagner und J.B. Wright: *Initial Algebra Semantics and Continuous Algebras*, Journal of the ACM 24,1 (1977), 68-95

[39] Gordon, M.J.C.: *The Denotational Description of Programming Languages - An Introduction*, Springer-Verlag (1979)

[40] Gordon, M.J.C.: *Operational Reasoning and Denotational Semantics*, Stanford University, Computer Science Department, Memo AIM-264 (1975). Auch in: Huet,G. und G.Kahn (Hrsg.): Construction, Amélioration et Vérification des Programmes, Colloques IRIA (1975), 83-98

[41] Greibach, S. A.: *Theory of Program Structures: Schemes, Semantics, Verification*, Lecture Notes in Computer Science No. 36, (1975)

[42] Guessarian, I.: *Algebraic Semantics*, Lecture Notes in Computer Science No. 99, Springer-Verlag (1981)

[43] Halmos, P.R.: *Naive Set Theory*, Springer-Verlag (1960)

[44] Henderson, P.: *Functional Programming*, Prentice-Hall (1980)

[45] Henderson, P. und J.M. Morris: *A Lazy Evaluator*, Proceedings of the 3rd Symposium on Principles of Programming Languages (1976), 95-103

[46] Hesse, W.: *Vollständige formale Beschreibung von Programmiersprachen mit zweischichtigen Grammatiken*, Bericht 7623, Technische Universität München (1976)

[47] Hindley, J.R., B. Lercher und J.P. Seldin: *Introduction to Combinatory Logic*, Cambridge University Press, London (1972)

[48] Hoare, C.A.R.: *An Axiomatic Basis for Computer Programming*, Communications ACM 12,10 (1969), 576-580, 583

[49] Hoare, C.A.R.: *Proofs of Correctness of Data Representations*, Acta Informatica 1,4 (1972), 271-281

[50] Hoare, C.A.R.: *Communicating Sequential Processes*, Communications of the ACM 21,8 (1978), 666-677

[51] Hoare, C.A.R. und P.E. Lauer: *Consistent and Complementary Formal Theories of the Semantics of Programming Languages*, Acta Informatica 3 (1974), 135-153

[52] Hoare, C.A.R. und N. Wirth: *An Axiomatic Definition of The Programming Language PASCAL*, Acta Informatica 2 (1973), 335-355

[53] Indermark, K., H. Kuchen, R. Loogen und A. Maaßen: *Parallele Implementierung einer funktionalen Sprache*, Workshop Sprachen, Algorithmen und Architekturen für Parallelrechner, Bad-Honnef (1988)

[54] Irons, E.T.: *A Syntax Directed Compiler for ALGOL 60*, Communications of the ACM 4,1 (1961),51-55

[55] Jensen, K. und N. Wirth: *PASCAL User Manual and Report*, second edition, Springer-Verlag (1975)

[56] Johnsson, T.: *Efficient Compilation of Lazy Evaluation*, Proc. ACM Conference on Compiler Construction, Montreal (1984), 58-69

[57] Jones, C.B.: *Formal Definition in Compiler Development*, TR 25.145, IBM Laboratorium Wien (1976)

[58] Jones, N.D. und D.A. Schmidt: *Compiler Generation from Denotational Semantics*, Semantics-Directed Compiler Generation, Procceedings of a Workshop in Aarhus, Denmark (Hrsg. N.D. Jones), Lecture Notes in Computer Science No. 94, Springer-Verlag (1980), 70-93

[59] Kerner, I. (Hrsg.): *Revidierter Bericht über die algorithmische Sprache AL-GOL 68*, Akademie-Verlag, Berlin (1978) (deutsche Übersetzung von [138])

[60] Kersjes, W.H.: *Eine abstrakte Maschine zur optimalen Auswertung funktionaler Programme*, Schriften zur Informatik Nr. 104, RWTH Aachen (1985)

[61] Kleene, S.C.: *Introduction to Metamathematics*, North-Holland (1952)

[62] Kluge, W.E. *Cooperating Reduction Machines*, IEEE Transactions on Computers Vol. C-32 No. 11 (1983), 1002-1012

[63] Kluge, W.E. und H. Schlütter: *An Architecture for Direct Execution of Reduction Languages*, Proc. Int. Workshop on High-Level Language Computer Architecture, Fort Lauderale, Florida (1980), 174-180

[64] Knuth, D.E.: *Semantics of Context-free Languages*, Mathematical Systems Theory 2 (1968), 127-145. Korrektur in Mathematical Systems Theory 5 (1971), 95-96

[65] Knuth, D.E.: *The TEXbook*, Addison-Wesley (1984)

[66] Koster, C.H.A.: *Affix Grammars*, in J.E.L. Peck (Hrsg.): ALGOL 68 Implementation, North-Holland (1971), 95-109

[67] Landin, P.J.: *The Mechanical Evaluation of Expressions*, Computer Journal 6,4 (1964), 308-320

[68] Landin, P.J.: *A Formal Description of ALGOL 60*, Formal Language Description Languages for Computer Programming, Proceedings of the IFIP Working Conference on Formal Language Description Languages, North-Holland (1966), 266-294

[69] Langmaack, H.: *On Correct Procedure Parameter Transmission in Higher Programming Languages*, Acta Informatica 2 (1973), 110-142

[70] Langmaack, H.: *On Procedures as Open Subroutines I und II*, Acta Informatica 2 bzw.3 (1973 bzw. 1974), 311-333 bzw. 227-241

[71] Lamport, L.: *A Document Preparation System LaTeX User's Guide & Reference Manual*, Addison-Wesley (1986)

[72] Ledgard, H.F.: *Can We Do Better than BNF?*, Communications of the ACM 17,2 (1974), 94-102

[73] Ledgard, H.F.: *Production Systems: A Notation for Defining Syntax and Translation*, IEEE Transactions on Software Engineering, SE-3, no. 2 (1977), 105-124

[74] Lewis, P.M., D.J. Rosenkrantz und R.E. Stearns: *Attributed Translations*, Journal of Computer and System Sciences 9 (1974), 279-307

[75] Lippe, W.M. und F. Simon: *Applikative Programmierung*, Springer-Verlag (1989)

[76] Loeckx, J. und K. Sieber: *The Foundations of Program Verification*, B.G. Teubner, Stuttgart (1984)

[77] London, R.L., J.V. Guttag, J.J. Horning, B.W. Lampson, J.G. Mitchel und G.J. Popek: *Proof Rules for the Programming Language EUCLID*, Acta Informatica 10,1 (1978), 1-26

[78] Lucas, P. und K. Walk: *On the Formal Definition of PL/I* , in M. Halpern und C. Shaw (Hrsg.): Annual Review in Automatic Programming 6, Pergamon Press (1971), 105-182

[79] Mago, G.A.: *A Network of Microprocessors to Execute Reduction Languages*, International Journal of Computer and Information Sciences Vol. 8, No. 5 (1979), 435-471

[80] Manna, Z.: *Mathematical Theory of Computation*, McGraw-Hill computer science series (1974)

[81] Manna, Z., S. Ness und J. Vuillemin: *Inductive Methods for Proving Properties of Programs*, Communications of the ACM 16,8 (1973), 491-502

[82] Marcotty, M., H.F. Ledgard und G.V. Bochmann: *A Sampler of Formal Definitions*, ACM Computing Surveys 8,2 (1976), 191-276

[83] McCarthy, J.: *Recursive Functions of Symbolic Expressions and their Computation by Machine*, Communications of the ACM 3,4 (1960), 184-195

[84] McCarthy, J.: *Towards a Mathematical Science of Computation*, in C.M. Popplewell (Hrsg.): Proc. IFIP Congress 62, North-Holland (1963) 21-28

[85] McCarthy, J.: *A Basis for a Mathematical Theory of Computation*, in Brafford, P. und D. Hirschberg (Hrsg.): Computer Programming and Formal Systems, North-Holland (1963), 33-70

[86] McCarthy, J., R. Brayton, D. Edwards, P. Fox, L. Hodes, D. Luckham, K. Maling, D. Park und S. Russel: *LISP 1 Programmer's Manual*, Artificial Intelligence Group, Computation Center and Research Laboratory of Electronics, MIT-Press, Cambridge, Massachusetts (1960)

[87] McCarthy, J., P.W Abrahams, D.J. Edwards, T.P. Hart und M.I. Levin: *LISP 1.5 Programmer's Manual*, MIT-Press, Cambridge, Massachusetts (1960)

[88] McGowan, C.L.: *An Inductive Proof Technique for Interpreter Equivalence*, Courant Computer Science Symposium 2, 1970, in Rustin, R.(Hrsg.): Formal Semantics of Programming Languages, Prentice-Hall (1972), 139-147

[89] McGowan, C.L.: *The Correctness of a Modified SECD Machine*, Second ACM-Symposium on Theory of Computing (1970), 149-157

[90] Milne, R. und C. Strachey: *A Theory of Programming Language Semantics, Part a and b*, Chapman and Hall (1976)

[91] Milner, R.: *Implementation and Applications of Scott's Logic for Computable Functions*, Proceedings ACM Conference on Proving Assertions about Programs, Las Cruces, New Mexico (1972)

[92] Milner, R.: *A Calculus of Communicating Systems*, Lecture Notes in Computer Science No. 92, Springer-Verlag (1980)

[93] Milner, R.: *A Proposal for Standard ML*, ACM-Symposium on LISP and Functional Programming, Austin, Texas (1984), 184-197

[94] Morris, F.L.: *Advice on Structuring Compilers and Proving them Correct*, 1st ACM Symposium on Principles of Programming Languages, Boston (1973), 144-152

[95] Mosses, P.D.: *Compiler Generation Using Denotational Semantics*, Mathematical Foundations of Computer Science in Gdansk, Lecture Notes in Computer Science No. 45, Springer-Verlag (1976), 436-441

[96] Mosses, P.D.: *SIS – Semantics Implementation System (Reference Manual and User Guide)*, DIAMI MD - 30, Computer Science Dept., Aarhus University (1979)

[97] Mosses, P.D.: *A Construtive Approach to Compiler Correctness*, in Poceedings of the Seventh International Colloquium on Automata, Languages and Programming, Noordwijkerhout (Hrsg. J. de Bakker und J. van Leeuwen), Lecture Notes in Computer Science No. 85, Springer-Verlag (1980)

[98] Neel, D. und M. Amirchahy: *Semantic Attributes and Improvement of Generated Code*, Poceedings ACM 1974 Annual Conference (1974), 1-10

[99] Pagan, F.G.: *Formal Specification of Programming Languages: A Panoramic Primer*, Prentice-Hall (1981)

[100] Park, D.: *Fixpoint Induction and Proofs of Program Properties*, in B. Meltzer und D. Michie (Hrsg.): Machine Intelligence 5, Edinburgh University Press (1969), 59-78

[101] Peyton Jones, S.L.: *The Implementation of Functional Programming Languages*, Prentice-Hall (1987)

[102] Plotkin, G.D.: *Call-by-Name, Call-by-Value and the λ-Calculus*, Theoretical Computer Science 1, North-Holland (1975), 125-159

[103] Räihä, K.-J.: *On Attribute Grammars and their Use in a Compiler Writing System*, Report A-1977-4, Dept. of Computer Science, University of Helsinki (1977)

[104] Raskovsky, M. und P. Collier: *From Standard to Implementation Denotational Semantics*, in Semantics-Directed Compiler Generation, Procceedings of a Workshop in Aarhus, Denmark (Hrsg. N.D. Jones), Lecture Notes in Computer Science No. 94, Springer-Verlag (1980), 94-139

[105] Reisig, W.: *Petrinetze - Eine Einführung*, 2. Auflage, Springer-Verlag (1986)

[106] Riedewald, G., J. Małuszyński und P. Dembiński: *Formale Beschreibung von Programmiersprachen*, Oldenbourg (1983)

[107] Scott, D.S.: *Outline of a Mathematical Theory of Computation*, Proceedings of Fourth Annual Princeton Conference on Information Science and Systems, Princeton (1970), 169-176

[108] Scott, D.S.: *Continuous Lattices*, Technical Monograph PRG-7, Proceedings of Dalhousie Conference, Lecture Notes in Mathematics No. 274, Springer-Verlag (1972), 97-134

[109] Scott, D.S.: *Data Types as Lattices*, SIAM Journal on Computing, 5 (1976), 522-587

[110] Scott, D.S.: *Domains for Denotational Semantics*, Ninth International Colloquium on Automata, Languages and Programming in Aarhus, Lecture Notes in Computer Science No. 140, Springer-Verlag (1982), 577-613

[111] Scott, D.S. und C. Strachey: *Towards a Mathematical Semantics for Computer Languages*, in Proc. of the Symposium on Computers and Automata (Hrsg. J. Fox), Polytechnic Institute of of Brooklyn Press, New York (1971), 19-46; auch: Technical Monograph PRG-6, Programming Research Group, University of Oxford (1971)

[112] Smyth, M. und G.D. Plotkin: *The Category-Theoretic Solution of Recursive Domain Equations*, SIAM Journal on Computing, Vol.11, No. 4 (1982), 761-783

[113] Stoy, J.E.: *Denotational Semantics: The Scott-Strachey Approach to Programming Language Theory*, MIT-Press (1977)

[114] Strachey, C.: *Towards a Formal Semantics*, Formal Language Description Languages for Computer Programming, Proceedings of the IFIP Working Conference on Formal Language Description Languages, North-Holland (1966), 198-220

[115] Strachey, C. und C.P. Wadsworth: *Continuations - a Mathematical Semantics for Handling Full Jumps*, Technical Monograph PRG-11, Programming Research Group, University of Oxford (1974)

[116] Tarski, A.: *A Lattice-Theoretical Fixpoint Theorem and its Application*, Pacific Journal of Mathematics 5 (1955), 285-309

[117] Tarski, A.: *Logic, Semantics, and Meta-mathematics*, Oxford University Press, Oxford (1956)

[118] Tennent, R.D.: *The Denotational Semantics of Programming Languages*, Communications of the ACM 19 (1976), 437-453

[119] Tennent, R.D.: *A Denotational Definition of the Programming Language PASCAL*, Technical Report 77-47, Department of Computing and Information Science, Queen's University, Kingston, Ontario, Canada (1977)

[120] Thatcher, J.W., E.G. Wagner und J.B. Wright: *More on Advice on Structuring Compilers and Proving them Correct*, in Poceedings of the Sixth International Colloquium on Automata, Languages and Programming, Graz (Hrsg. H.A. Maurer), Lecture Notes in Computer Science No. 71, Springer Verlag (1979), 596-615

[121] Turner, D.A.: *SASL language Manual*, St. Andrews University (1976)

[122] Turner, D.A.: *The Future of Applicative Programming*, in Duijvestijn, A.J.W. und P.C. Lockemann (Hrsg.): Trends in Information Processing Systems, Lecture Notes in Computer Science No. 123, Springer Verlag (1981), 334-348

[123] Turner, D.A.: *A New Implementation Technique for Applicative Languages*, Software - Practice and Experience 9,1 (1979), 31-49

[124] Turner, D.A.: *Miranda: A non-strict functional language with polymorphic types*, in Functional Programming Languages and Computer Architecture (Hrsg. J.P. Jouannaud), Lecture Notes in Computer Science No. 201, Springer Verlag (1985), 1-16

[125] Turner, D.A.: *An Overview of Miranda*, SIGPLAN Notices vol. 21, no. 12 (1986), 158-166

[126] Turner, D.A.: *Miranda System Manual*, Copyright Research Software Limited (1987)

[127] Uhl, J., S. Drossopoulou, G. Persch, G. Goos, M. Dausmann, G. Winterstein und W. Kirchgässner: *An Attribute Grammar for the Semantic Analysis of Ada*, Lecture Notes in Computer Science No. 139, Springer-Verlag (1982)

[128] Wadsworth, C.: *Semantics and Pragmatics of the Lambda-Calculus*, Diss. Oxford (1971)

[129] Waite, D. und G. Goos: *Compiler Construction*, Springer-Verlag (1984)

[130] Wand, M.: *Deriving Target Code as a Representation of Continuation Semantics*, ACM Transactions on Programming Languages and Systems 4,3 (1982), 496-517

[131] Watt, D.A.: *An Extended Attribute Grammar for PASCAL*, SIGPLAN Notices Vol. 14, No. 2 (1979), 60-74

[132] Watt, D.A.: *The Parsing Problem for Affix Grammars*, Acta Informatica 8,1 (1977), 1-20

[133] Wegner, P.: *Programming Languages, Information Structures and Machine Organization*, McGraw-Hill, New York (1968)

[134] Wegner, P.: *Programming Language Semantics*, Courant Computer Science Symposium 2, 1970 in Rustin, R.(Hrsg.): Formal Semantics of Programming Languages, Prentice-Hall (1972), 149-248

[135] Wegner, P.: *Operational Semantics of Programming Languages*, ACM Symposium on Proving Assertions about Programs (1972)

[136] Wegner, P.: *The Vienna Definition Language*, Computing Surveys 4,1 (1972), 5-63

[137] Wilhelm, R.: *Computation and Use of Data Flow Information in Optimizing Compilers*, Acta Informatica 12 (1979), 209-225

[138] Van Wijngaarden, A.: *Revised Report on the Algorithmic Language ALGOL 68*, Springer-Verlag (1976)

[139] Wilner, W.T.: *Declarative Semantic Definition as Illustrated by a Definition of SIMULA 67*, Ph. D. dissertation Stanford University, Stanford, California (1971)

[140] Wirth, N.: *What Can We Do about the Unnecessary Diversity of Notations for Syntactic Definitions?*, Communications of the ACM 20,11 (1977), 822-823

[141] Zima, H.: *Compilerbau I und II*, Bibliographisches Institut, Zürich (1982) und (1983)

[142] Zimmer, R,: *A Heap-Supported Multiprocessor Reduction System*, Workshop Sprachen, Algorithmen und Architekturen für Parallelrechner, Bad-Honnef (1988)

Studienreihe Informatik

Herausgegeben von W. Brauer und G. Goos

P.C. Lockemann, H.C. Mayr: **Rechnergestützte Informationssysteme.** X, 368 S., 37 Abb. *1978.*

A.K. Salomaa: **Formale Sprachen.** Übersetzt aus dem Englischen von E.-W. Dieterich. IX, 314 S., 18 Abb., 5 Tab. *1978.*

F.L. Nicolet (Hrsg.): **Informatik für Ingenieure.** Unter Mitarbeit von W. Gander, J. Harms, P. Läuchli, F.L. Nicolet, J. Vogel, C.A. Zehnder. X, 187 S., 53 Abb., 20 Tab. *1980.*

A. Bode, W. Händler: **Rechnerarchitektur – Grundlagen und Verfahren.** XI, 278 S., 140 Abb., 4 Tab. *1980.*

B.W. Kernighan, P.L. Plauger: **Programmierwerkzeuge.** Übersetzt aus dem Englischen von I. Kächele, M. Klopprogge. IX, 492 S. *1980.*

A.N. Habermann: **Entwurf von Betriebssystemen – Eine Einführung.** Übersetzt aus dem Englischen von K.-P. Löhr. XII, 444 S., 87 Abb. *1981.*

T.W. Olle: **Das Codasyl-Datenbankmodell.** Übersetzt aus dem Englischen von H. Münzenberger. XXIV, 389 S. *1981.*

K.E. Ganzhorn, K.M. Schulz, W. Walter: **Datenverarbeitungssysteme – Aufbau und Arbeitsweise.** XVI, 305 S., 181 Abb., 1 Schablone als Beilage. *1981.*

B. Buchberger, F. Lichtenberger: **Mathematik für Informatiker I – Die Methode der Mathematik.** 2., korrigierte Auflage. XIII, 315 S., 30 Abb. *1981.*

F. Gebhardt: **Dokumentationssysteme.** 331 S., 14 Abb. *1981.*

E. Horowitz, S. Sahni: **Algorithmen – Entwurf und Analyse.** Übersetzt aus dem Amerikanischen von M. Czerwinski. XIV, 770 S. *1981.*

W. Sammer, H. Schwärtzel: **CHILL – Eine moderne Programmiersprache für die Systemtechnik.** XIII, 191 S., 165 Abb. *1982.*

P.C. Lockemann, A. Schreiner, H. Trauboth, M. Klopprogge: **Systemanalyse – DV-Einsatzplanung.** XIV, 342 S., 119 Abb. *1983.*

A. Bode, W. Händler: **Rechnerarchitektur II – Strukturen.** XI, 328 S., 164 Abb. *1983.*

H.A. Klaeren: **Algebraische Spezifikation – Eine Einführung.** VII, 235 S. *1983.*

H. Niemann: **Klassifikation von Mustern.** X, 340 S., 77 Abb. *1983.*

F.L. Bauer, H. Wössner: **Algorithmische Sprache und Programmentwicklung.** Unter Mitarbeit von H. Partsch, P. Pepper. 2., verbesserte Auflage. XV, 513 S. *1984.*

H. Stoyan, G. Görz: **LISP – Eine Einführung in die Programmierung.** XI, 358 S., 29 Abb. *1984.*

K. Däßler, M. Sommer: **Pascal – Einführung in die Sprache; DIN-Norm 66256; Erläuterungen.** 2. Auflage. Unter Mitarbeit von A. Biedl. XIII, 248 S. *1985.*

G. Blaschek, G. Pomberger, F. Ritzinger: **Einführung in die Programmierung mit Modula-2.** VIII, 279 S., 26 Abb. *1987.*

R. Marty: **Methodik der Programmierung in Pascal.** 3. Auflage. IX, 201 S., 33 vollständige Programmbeispiele. *1986.*

W. Reisig: **Petrinetze – Eine Einführung.** 2., überarbeitete und erweiterte Auflage. IX, 196 S., 111 Abb. *1986.*

J. Nievergelt, K. Hinrichs: **Programmierung und Datenstrukturen – Eine Einführung anhand von Beispielen.** XI, 149 S. *1986.*

E. Jessen, R. Valk: **Rechensysteme – Grundlagen der Modellbildung.** XVI, 562 S., 269 Abb. *1987.*

F. Stetter: **Grundbegriffe der Theoretischen Informatik.** VIII, 236 S., 39 Abb. *1988.*

H. Stoyan: **Programmiermethoden der Künstlichen Intelligenz. Bd. 1.** XV, 343 S. *1988.*

F. Puppe: **Einführung in Expertensysteme.** X, 205 S., 79 Abb. *1988.*

W. Heise, P. Quattrocchi: **Informations- und Codierungstheorie – Mathematische Grundlagen der Daten-Kompression und -Sicherung in diskreten Kommunikationssystemen.** 2., neubearbeitete Auflage. XII, 392 S., 114 Abb. *1989.*

E. Fehr: **Semantik von Programmiersprachen.** IX, 202 S., *1989.*